DAS ALTE WISSEN
DER AUFGESTIEGENEN MEISTER

KYLE GRAY

DAS ALTE WISSEN DER AUFGESTIEGENEN MEISTER

Die Verbindung mit den universellen Geistführern aktivieren

Aus dem Englischen übersetzt
von Angelika Hansen

IRISIANA

Die Originalausgabe erschien 2021 unter dem Titel
»Divine Masters, Ancient Wisdom«.

FSC www.fsc.org MIX Papier aus verantwortungsvollen Quellen FSC® C014496

Klimaneutral* Druckprodukt ClimatePartner.com/14044-1912-1001

Penguin Random House Verlagsgruppe FSC® N001967

Originally published in 2021 by Hay House UK Ltd.
1. Auflage

Projektleitung: Sven Beier
Umschlaggestaltung: Geviert, Grafik & Typografie
Umschlagmotiv: © Leanne Siu Anastasi;
shutterstock/Wongsakorn Dulyavit
Satz: Leingärtner, Nabburg
Druck und Bindung: GGP Media GmbH, Pößneck
Printed in Germany

ISBN: 978-3-424-15429-0

Ich bete dafür, dass ich diesem Thema gerecht geworden bin. Alte Weisheitstraditionen haben mich mein Leben lang interessiert, und viele Monate der Arbeit und Vorbereitung waren nötig, um zu entscheiden, welche Meister und Gottheiten hier aufgenommen werden sollen. Mein Ziel war es, ein ausgewogenes Konzept zu finden. Es gibt weltweit viele großartige Bewahrer der alten Weisheit, und ich bete darum, dass die 33, die hier aufzuführen ich mich entschieden habe, Ihren Weg unterstützen und Ihr Leben bereichern werden.

Es ist für mich von größter Bedeutung, Traditionen zu respektieren. Ich gebe zu, dass einige der Gottheiten in diesem Buch mit Traditionen verbunden sind, in die ich nicht eingeweiht bin. Allein aus diesem Grund schildere ich auch meine persönliche Perspektive und meine eigenen Erfahrungen, während ich gleichzeitig bestrebt bin, den Vorstellungen mit Respekt zu begegnen, die in all den Traditionen geteilt werden, die mit diesen Wesenheiten verbunden sind.

Ich weiß, es gibt viele Wege, Liebe und die Quelle der Schöpfung zu erfahren. Ich bete darum, dass ich mit diesem Buch die Tore geöffnet habe, um Liebe und Verbundenheit zu erfahren, und es auf eine Weise getan habe, die die Aufgestiegenen Meister ehrt und respektiert.

Ich bin dankbar für alles, was ich auf dem Weg gelernt habe und für die mannigfachen persönlichen Erfahrungen, die sich mir beim Schreiben dieses Buches eröffnet haben.

Möge es der Aktivierung der ewigen Weisheit dienen, die in Ihrer Seele lebt.

Inhalt

Liste der Aktivierungen

Einleitung

Es dauert nie lange, bis Sie heute in den meisten spirituellen Seminaren oder Ausbildungskursen der westlichen Welt mit zumindest einem der Aufgestiegenen Meister bekannt gemacht werden oder ihn beziehungsweise sie in Form einer Statue auf einem Altar oder eines Bildes an der Wand erblicken. Auch bekannt als die Meister der Weisheit oder die Göttlichen Meister, handelt es sich bei ihnen um eine Versammlung erleuchteter Wesen, von Geistführern und Seelen, die ihre Energie und Intelligenz der Heilung und dem Wohlbefinden der Welt gewidmet haben.

Es wird angenommen, dass diese Wesen universale spirituelle Lehrer sind, die auf einer mehrdimensionalen Ebene operieren, was bedeutet, dass sie frei sind von den Begrenzungen durch Zeit und Raum, und dass jeder sie kontaktieren und mit ihnen arbeiten kann, so wie bei den Engeln.

Aufgestiegene Meister tauchen seit jeher in unterschiedlichen spirituellen Traditionen unter verschiedenen Namen, jedoch mit ähnlichen Aufgaben, Botschaften und sogar an ähnlichen Orten auf. Buddhisten zum Beispiel glauben, dass Aufgestiegene Meister in Shambhala residieren, einer im Himalaya liegenden verborgenen Stadt; während viele *Sadhus*, die wandernden Asketen Indiens, von geheimen Tempeln sprechen; und die christliche Tradition geht davon aus, dass es eine Gemeinschaft der Heiligen gibt, eine Versammlung menschlicher Seelen und Engel im Himmel.

Ich hörte den Begriff »Aufgestiegene Meister« zum ersten Mal als Teenager, ungefähr zu der Zeit, als ich begann, mich ernsthaft mit Steinheilkunde und Energieheilung zu beschäftigen. Ich erinnere mich, wie meine Reiki-Lehrerin Avril, die eine echte Mentorin für mich war, darüber sprach, wie hilfreich es ist, ein spirituelles Wesen oder einen Geistführer zu haben, den man, wenn nötig, um Hilfe bitten kann. Man muss zuvor keine persönlichen Erfahrungen mit diesem Wesen gemacht haben und kann sich an diejenigen wenden, zu denen man sich hingezogen fühlt, entweder aufgrund ihrer Geschichte oder dessen, wofür sie stehen.

Ich weiß noch, wie ich Avril um ein Beispiel bat und sie mir von ihrer besonderen Verbindung mit Guanyin, erzählte, einer weiblichen Buddha- und Göttinnenfigur, die unbegrenztes Mitgefühl und bedingungslose Akzeptanz verkörpert. Ich mochte das Gefühl, das in mir aufstieg, während sie über diese Wesenheit sprach.

Dann zeigte sie auf einen kleinen Altar neben ihrem Erkerfenster, mit der hohen Porzellanfigur einer orientalischen Frau, die auf einer Lotosblüte stand.

»Das hier ist eine Statue von ihr«, sagte sie.

Faszinierend. Ich bekam am ganzen Körper Gänsehaut.

»Ich rufe sie herbei, wenn ich dir heute deine Reiki-Behandlung gebe.«

Ein wohlig-warmes Gefühl überkam mich.

Und so begann meine Reise zu den Meistern …

Avril geleitete mich immer tiefer in die spirituelle Praxis und Forschung. Ich kaufte jedes Buch zu dem Thema, das ich finden konnte, vergrub mich in die esoterischen Lehren westlicher Mystik und las alles, über Geheimgesellschaften wie den Hermetischen Orden der Goldenen Dämmerung (*Hermetic Order of the Golden Dawn*) bis hin zu den anspruchsvollen Texten Helena B. Blavatskys und den Abhandlungen von Alice Bailey.

Dabei habe ich zwar eine Menge gelernt, jedoch im Laufe der letzten 17 Jahre begriffen, dass es nichts Mächtigeres gibt als die persönliche Erfahrung. Das ist der Grund, warum ich Ihnen helfen möchte, Ihre eigene Verbindung zu diesen wunderbaren spirituellen Verbündeten herzustellen.

TEIL I

DIE MEISTER

Göttliche Quelle der Schöpfung,
ich bringe meine Absichten in Übereinstimmung
mit dem höchsten Gut.
Das Licht des Universums umgibt mich und
bietet mir den höchstmöglichen Schutz.
Ich bin geborgen in meinem Körper und meinem ganzen Wesen,
umgeben von Engeln des Lichts.
Ich bin bereit, eine spirituelle Reise anzutreten.
Ich bin bereit, mein Bewusstsein zu vertiefen und
meine spirituelle Verbindung zu intensivieren.
Danke, großer Lehrmeister in meinem Inneren,
dass du mir den Weg zeigst.
Die Macht des Kosmos existiert in mir.
Ich werde geführt vom Licht der Sterne.
Ich befinde mich in Übereinstimmung mit
dem höchsten Gut und der höchsten Wahrheit.
Und so ist es.

KAPITEL 1

Wer sind die Meister?

»Wie oben, so unten.«

DIE SMARAGD-TAFEL

Traditionell sind die Aufgestiegenen Meister – oder Mahatmas (Sanskrit für »große Seelen«), wie sie ursprünglich genannt wurden, als sie erstmals in den theosophischen Schriften des späten 19. Jahrhunderts vorgestellt wurden – Wesen, die vor uns auf der Erde gelebt haben und heute in der Lage sind, den Menschen auf einer geistigen Ebene göttliche Intelligenz und Hilfe anzubieten. Jesus und Buddha sind wunderbare Beispiele dafür. Obgleich sie mit zwei Weltreligionen verbunden sind, existieren sie jenseits konfessioneller Grenzen, und viele Menschen überall auf der Welt fühlen sich mit ihrer Kraft, Präsenz und Energie verbunden.

Zu den ursprünglichen Meistern im Bereich der Theosophie gehörten keine zuvor bekannten spirituellen Wesenheiten wie Jesus und Buddha. Doch im Laufe der Jahre haben die Ideen, Verbindungen und Erfahrungen, die den »Lehren der Aufgestiegenen Meister« hinzugefügt wurden, spezifische Traditionen transzendiert und sie zunehmend universaler gemacht.

Ich persönlich fühle, dass jeder, der auf bemerkenswerte Weise den Planeten bereichert hat – entweder durch soziales Engagement, außerordentliche Führungsqualitäten oder mittels besonderer Talente, die der Menschheit zugutekamen – ein Aufgestiegener Meister ist. Extrem einflussreiche Seelen wie Martin Luther King Jr., Bob Marley und Mutter Teresa sind allesamt großartige Beispiele. Ich bin ehrlich davon überzeugt, dass wir alle Aufgestiegene Meister in unserer eigenen Ahnenreihe haben. Vielleicht gab es da einen Urgroßvater oder eine Urgroßmutter, die etwas besonders Mutiges getan oder außergewöhnlich schwierige Umstände überlebt haben. Wer immer sie sein mögen, wir können mit dem Geist und der Intelligenz der Aufgestiegenen Meister Kontakt aufnehmen und von ihrer Weisheit und Führung profitieren.

Viele der Aufgestiegenen Meister in diesem Buch bewältigten extrem herausfordernde Umstände während ihres irdischen Lebens. Es ist die Art und Weise, wie sie diese Herausforderungen überwunden haben, die sie in die Lage versetzt, eine »erleuchtete« Perspektive aus den höheren Sphären anzubieten.

Gottheiten, Meister und Lichtwesen

Die Informationen über die Meister unterscheiden sich in geringem Maße von Lehrer zu Lehrer. In den ursprünglichen Texten war zum Beispiel nie klar, ob die Meister, die telepathisch kommunizierten, noch als erleuchtete Wesen auf der Erde weilten oder Geistführer waren, die sich mit uns durch eine Art spiritueller Kommunikation verbanden. Ich denke, es ist wichtig zu verstehen, dass alle spirituellen Dinge von Natur aus sehr persönlich sind. Versuchen Sie, den Weg oder die Idee zu finden, die am meisten im Einklang mit Ihrer eigenen Energie und Wahrheit ist. Darüber hinaus ist mir klar geworden, dass jedes Medium und alle spirituellen Lehrer ihre Arbeit durch den »Filter« ihrer persönlichen Sichtweise teilen. Und das ist völlig okay, weil es *ihre* Wahrheit ist.

Als ich vor dem Schreiben dieses Buches begann, das Thema gründlich zu recherchieren, war es meine Absicht, tief in das Geheimnis der traditionellen Lehren über die Aufgestiegenen Meister und der Theosophie einzutauchen. Nachdem ich einige Zeit über dieses Thema meditiert und geistigen Rat gesucht hatte, sagte mir mein Gefühl, dass ich ein breiteres Spektrum an Aufgestiegenen Meistern vorstellen sowie Gottheiten und andere Lichtwesen hinnehmen musste.

Während ich mein Wissen über die traditionellen Meister in der Theosophie, wie zum Beispiel Morya, Kuthumi, Saint Germain und Djwal Khul recherchierte, kam ein wichtiger Punkt zum Vorschein, nämlich der extreme Mangel an weiblicher Energie. Ich erkannte, dass die Aufgestiegenen Meister zwar etwas Neues gebracht hatten, Gedanken und spirituelle Ideen jenseits der Weltreligionen. Ihre Darstellung war jedoch tief vom patriarchalischen System der damaligen Zeit geprägt. Dafür gab es einen Grund. Helena Blavatsky, eine der Begründerinnen der Theosophie und der Bewegung der Aufgestiegenen Meister, war asexuell, höchstwahrscheinlich, weil sie mit 17 Jahren zur Heirat gezwungen worden war. Diese Abkopplung von ihrer weiblichen Energie beeinflusste ihre Lehren, die keine erleuchtete Perspektive auf Frauen boten. Meine Wahrheit bietet diese Perspektive.

Jene patriarchalische Energie führte zur sogenannten »ICH BIN«-Bewegung (engl. *»I AM« Activity*), einer spirituellen Bewegung des 20. Jahrhunderts, die eindeutig von Blavatsky beeinflusst war. Lehrer in dieser Bewegung waren, so scheint mir, entweder Christen, ehemalige Christen oder Menschen, die christliche Konzepte in ihre Lehren einbrachten, um sie der christlichen Gesellschaft, in der sie lebten, schmackhaft zu machen. Man kann dies deutlich in ihren Texten sehen, insbesondere bei den Gebeten zu den Meistern.

Ich glaube, es ist wichtig zu verstehen, dass wir alle in der Lage sind, spirituelle Lehren mit anderen zu teilen, und dass wir dies stets durch unsere eigenen Filter tun. Das ist das Schöne am Menschsein: Wir alle machen unsere eigenen Erfahrungen und teilen sie mit anderen aus dieser Sicht.

Als ich auf Social Media verlauten ließ, dass ich ein Buch über die Meister schreibe, fragte ich, mit welchen Wesenheiten sich die Menschen verbunden fühlten und arbeiteten. Es überraschte mich nicht, dass viele in ihren Antworten auch Gottheiten erwähnten. Daher bringt dieses Buch Göttinnen, Götter, heilige Wesen, New-

Age-Meister und Lichtwesen zusammen. Ich habe mich bewusst zurückgehalten, auch Erzengel zu erwähnen, einfach weil ich bereits an anderer Stelle ausführlich über Engelwesen geschrieben habe und somit in diesem Buch mehr Raum für einige der anderen Ehrfurcht gebietenden Wesenheiten im Universum gegeben ist.

Dieses Buch ist ein »Who's Who« der Himmelswesen, doch das ist nicht alles. Vielmehr habe ich eine Kollektion von Wesenheiten zusammengestellt, die ich im Laufe meines Lebens kennengelernt und mit denen ich gearbeitet habe. Sollten Sie auf Informationen stoßen, die nicht mit Ihren übereinstimmen, oder die sich von dem unterscheiden, was Sie an anderer Stelle gehört oder gelernt haben – oder wenn Sie fühlen, dass etwas Wichtiges ausgelassen wurde –, seien Sie bitte versichert, dass das völlig okay ist. Ich ermutige Sie, tief in Ihr eigenes Herz einzutauchen und sich mit der Wahrheit zu verbinden, die Ihrem höchsten Gut dient.

Universale spirituelle Führer

Es ist wichtig zu erwähnen, dass die Aufgestiegenen Meister für *jeden* da sind. Individuelle Meister mögen früher mit einem bestimmten Weg oder einer Tradition verbunden gewesen sein, doch mittlerweile transzendieren sie alle Limitierungen, einschließlich die von Zeit und Raum. Sie sind universale spirituelle Führer, die jederzeit und überall von jedem Menschen kontaktiert werden können. Wir alle können unsere ganz eigenen persönlichen Erfahrungen mit ihnen haben.

Dennoch gibt es ein paar allgemeine Hinweise, die beachtet werden sollten. Es ist wichtig, all diesen wunderbaren Wesen mit dem größten Respekt zu begegnen, in dem Wissen, dass in jedem von ihnen ein Funke der göttlichen Quelle lebt. Jede Göttin oder Gottheit ist letzten Endes ein Aspekt von Gott. Dann gibt es noch die Avatare der östlichen Traditionen. *Avatara* bedeutet »Abstieg«, ist also im Grunde genommen eine andere Bezeichnung für physische Inkarnation. Ein Avatara ist ein Meister oder eine Gottheit, die in einen physischen Körper hinabgestiegen ist, um eine Verkörperung der göttlichen Quelle in die Welt zu bringen.

Heilige Verkörperungen der göttlichen Quelle

Als jemand, der eine Zeit lang in einem Aschram in Indien gelebt hat, möchte ich Ihnen an dieser Stelle gerne noch ein paar praktische Tipps geben. Auch hier ist Respekt der Schlüssel. Platzieren Sie ein Bild oder die Statue einer Gottheit nie auf dem Boden, es sei denn, der Ort ist ein wenig erhöht. Zum Beispiel sieht man Buddha-Statuen stets auf einem Block aus Holz, Marmor oder Stein sitzen, sodass er erhöht ist. Und halten Sie diese heiligen Objekte immer sauber. Behandeln Sie sie mit Respekt, so wie Sie es bei einer lebenden Gottheit tun würden, die in Ihrem Haus zu Gast ist.

Hier ein weiterer Punkt, den Sie beim Umgang mit heiligen Objekten beachten sollten. Wenn Ihnen eine Person, die dieser Tradition verbunden ist, zu verstehen gibt, dass Ihr Umgang respektlos oder verletzend ist, setzen Sie alles daran, die Situation zu entschärfen. Wir beide wissen, dass Sie nie die Absicht hatten, jemanden zu beleidigen.

Dies bringt uns zu einem weiteren wichtigen Punkt: Absicht ist alles.

Unsere Absicht ist letztlich das, was wir tief in unserem Herzen tragen. Sie ist es, worauf das Universum hört und reagiert. Uns auf die höchste Absicht einzustimmen wird uns immer helfen, uns mit spiritueller Energie zu verbinden. Sollte die Verbindung auf einer spirituellen Ebene etwas Neues für Sie sein, wird Ihre Absicht Sie auf diesem Weg führen und Sie zudem auf Kurs halten und veranlassen, sich energetisch zu schützen.

Dies scheint mir der richtige Moment, um Ihnen gleich zu Beginn zu versichern, dass es bei solchen spirituellen Verbindungen nichts zu befürchten gibt. Wenn ich sage »energetisch zu schützen«, meine ich damit nicht, dass Sie sich davor schützen müssen, irgendetwas falsch zu machen. Ich möchte Ihnen vielmehr bewusst machen, dass Ihre Empfindsamkeit für irdische Energien verstärkt wird, wenn Sie sich auf einer spirituellen Ebene öffnen. Ich habe einen ganzen Abschnitt über spirituellen Schutz geschrieben (siehe Seite 84), auf dass Ihre Erfahrungen, Aktivierungen und Verbindungen mit den göttlichen Ebenen angenehm sein mögen.

Hier sind ein paar wichtige Aspekte, die Sie jetzt schon wissen sollten:

- Sie sind mächtig.
- Sie sind der Hüter Ihres Geistes und Ihres Körpers.
- Wo immer Liebe gegenwärtig ist, gibt es keinen Raum für Angst.
- Ihre Seele ist erfüllt von Liebe.
- Sie sind Liebe.
- Sich auf spiritueller Ebene zu verbinden ist ein Abenteuer.
- Sie sind von Engeln umgeben, die Ihnen den Weg weisen.
- Ihr Geist ist so laut wie Ihre Bereitschaft, hinzuhören. Seien Sie bereit, hinzuhören.
- Sie haben immer eine Wahl.
- Nichts kann ohne Ihre Einladung Ihr Energiefeld betreten.
- Sie sind in Sicherheit.

KAPITEL 2

Die Geschichte der Meister

»Es gibt keine höhere Religion als die Wahrheit.«

HELENA P. BLAVATSKY

Was ich bei den Lehren der Aufgestiegenen Meister am meisten liebe, ist ihre starke Verbindung mit der östlichen Philosophie, insbesondere den indisch-tibetischen Traditionen wie Hinduismus und Buddhismus. Seit der Highschool interessiere ich mich für diese beiden Traditionen. Tatsächlich würde ich so weit gehen zu behaupten, dass meine damaligen Religionslehrer mit die einflussreichsten spirituellen Lehrer waren, die ich je hatte.

Eine besonders starke Verbindung war die zwischen mir und der Direktorin der religionswissenschaftlichen Abteilung, Mrs. B. Ich glaube, ursprünglich war dies darauf zurückzuführen, dass sie meinen älteren Cousin in der Highschool sehr gern hatte, der zudem ein sehr eifriger Schüler war. Erst als sie eines Tages mitbekam, wie ich mich in ein Buch über spirituelle Gesetze vertiefte, nahm unsere Beziehung ihren Anfang; und schon bald darauf machte sie mich mit östlicher Philosophie bekannt, und von da an gab es kein Zurück mehr.

Mrs. B. war eine Lehrerin, bei der das Lernen Spaß machte. Sie beschrieb zum Beispiel eine bestimmte Idee und lud uns ein, in der Gruppe darüber zu diskutieren. Das fühlte sich genau richtig an für mich, und ich hatte immer irgendwas zu dem jeweiligen Thema zu sagen. Ich genoss es, Geschichten über Rama und Sita aus der Hindu-Tradition zu erfahren, auch wenn ich mir nie hätte vorstellen können, dass diese Personifizierungen des Göttlichen ein wichtiges Thema in den Yogakursen sein würden, die ich eines Tages geben würde.

Mrs. B. selbst könnte Buddhistin gewesen sein. Ich erinnere mich, wie sie einmal ein Oberteil trug, das ihren Hals freiließ, um den sie eine Goldkette mit einem kleinen Anhänger von Gautama Buddha trug.

Ich erzählte Mrs. B. von meinem Interesse an Engeln, spirituellen Gesetzen, Aufgestiegenen Meistern und alles, was damit zu tun hatte. Wir trafen uns in den Pausen, und ich legte ihr meine Engelkarten, was sie ganz besonders liebte.

Darüber hinaus leitete sie während des Unterrichts Meditationen und veranstaltete sogar Treffen von Amnesty International, sowie eine weitere Meditation in der Mittagspause. Sie war wahrhaft inspirierend, doch eines Tages verkündete sie, dass sie in Pension gehen und jemand anders die Leitung der Abteilung Religionslehre übernehmen würde. Leider war ich einer von nur zweien aus meinem Jahrgang (von fast 200 Schülern), der sich für die weiterführende Klasse in Religionslehre anmeldete, woraufhin die Schule aufgrund des allgemeinen Mangels an Interesse den Kurs strich. Dies war einer von vielen Gründen für mich, frühzeitig von der Schule abzugehen. Ich hatte mir vorgestellt, eines Tages Religionslehrer zu werden. Und auf eine bestimmte Weise ist es ja auch so gekommen. Damals in der Highschool hatte ich zudem davon geträumt, Indien zu besuchen, und seither hat mein spiritueller Weg mich diverse Male nach Südindien geführt, um meine Yogapraxis weiterzuentwickeln und die Verbindung mit mir selbst zu vertiefen.

Die östliche Philosophie ist in den Leben und Lehren der hier vorgestellten Meister sehr wichtig, und viele von ihnen kommen aus dem Osten. Ich bin davon überzeugt, dass es in allen Kulturen Meister gibt – einige davon sind bereits entdeckt, andere warten noch darauf, entdeckt zu werden –, doch viele spirituelle Traditionen sind von den Lehren des Ostens intensiv beeinflusst worden. Sie helfen uns dabei, ein tieferes Verständnis für die Ideen und Energien der Meister zu entwickeln.

Spirituelle Gemeinsamkeiten

Durch meine Studien der östlichen Philosophie und Yogalehren bin ich zu der Erkenntnis gelangt, dass es viele übereinstimmende oder ähnliche Ideen in anderen Traditionen gibt, auf die wir in diesem Buch noch eingehen werden. Hier ist ein kurzer Überblick über einige der weit verbreiteten Ideen, die nahelegen, dass diese Meister real sind und der Erde dienen.

Shambhala und Shangri-La

In der tibetisch-buddhistischen Tradition ist Shambhala, auch als Shangri-La bekannt, ein mystisches Land an einem Ort, der nur als eine andere Dimension beschrieben werden kann. Von diesem heiligen Ort, der sowohl in der Praxis des Kalachakra-Tantra als auch in der Folklore und mündlichen Überlieferungen erwähnt wird, heißt es, dass er ein goldenes gesegnetes Land sei, wo viele erleuchtete Wesen, Bodhisattvas und Buddhas zusammenkommen. Eine andere weit verbreitete Vorstellung besagt, dass diese Gruppe leuchtender Wesen sich an einem zukünftigen Datum versammeln wird, um die Welt von aller Dunkelheit zu befreien. (Siehe auch Kapitel 4.)

Die Gemeinschaft der Heiligen

In vielen Richtungen des Christentums, einschließlich des griechisch-orthodoxen Glaubens, wird von einer Gemeinschaft von Seelen auf Erden als auch im Himmel gesprochen, die sich dem Wohlergehen der Welt verpflichtet haben. Sie alle sind durch ihre Gemeinschaft mit Jesus Christus miteinander »verflochten«, wie durch einen unsichtbaren Faden. Was mich dabei am meisten fasziniert, ist die Tatsache, dass es Gebete und Andachten gibt, die diesen heiligen Seelen gewidmet sind und in denen Menschen nach göttlicher Inspiration und Orientierung suchen.

Der Rat des Lichts

In seinem 1795 erschienenen Buch *Die Wolke über dem Heiligtum* schrieb der deutsche Mystiker und Philosoph Karl von Eckartshausen über eine »Gruppe von Mystikern, die nach ihrem physischen Tod aktiv geblieben sind«. Wenn Sie mich fragen, kann es gut sein, dass uns dieser Gedanke bis heute stark beeinflusst und darüber hinaus eine Verbindung zwischen verschiedenen Traditionen hergestellt hat. Ohne Frage hat er viele okkulte Persönlichkeiten und Schlüsselfiguren der westlichen Mysterien-Tradition beeinflusst, unter anderem A. E. Waite – Dichter, Mystiker, Mitglied des Hermetic Order of the Golden Dawn und Mitschöpfer des Rider-Waite-Tarots – und den berüchtigten Schwarzmagier Aleister Crowley.

Heute wird die Bezeichnung Rat des Lichts verwendet, um die Göttlichen Meister zu beschreiben.

Die geheimen Häuptlinge

The Hermetic Order of the Golden Dawn, oder kurz Golden Dawn, war eine Geheimgesellschaft, die sich dem Studium magischer, okkulter und metaphysischer Ideen widmete. Viele ihrer Mitglieder, einschließlich Waite und Crowley, übten Einfluss auf die spirituelle Kultur aus, wie wir sie heute kennen. Ihr ursprüngliches System war dem der Freimaurer sehr ähnlich, doch viele ihrer Praktiken waren stärker auf die Anrufung der Engel sowie die persönliche Entwicklung durch das Studium des Tarots, der Astrologie und der Kabbala fokussiert.

Entsprechend ihren Lehren waren die »Geheimen Häuptlinge« (engl. *Secret Chiefs*) transzendente kosmische Autoritäten, die man herbeirufen und sogar auf den »inneren Ebenen« der Geisterwelt treffen konnte.

Spirituelle Lehrer

Ich finde es spannend zu sehen, dass sich ein Faden durch die spirituellen Traditionen zieht, der zu den heutigen Lehren der Aufgestiegenen Meister führt. Es hilft uns zu erkennen, dass viele Einflüsse zusammengekommen sind, um demjenigen Form zu geben, was wir heute wissen.

Auf der ganzen Welt glauben die Menschen daran, dass die Seele nach dem Tod irgendwohin geht. Und dass jemand oder etwas über uns wacht. Wenn wir daran glauben, dass unsere Ahnen und Engel da sind, um uns zu führen und zu beschützen, ist es kein großer Schritt zu glauben, dass Seelen, die während ihrer Inkarnation auf Erden wichtige Erfahrungen gemacht haben, ihre Führung auch von einer spirituellen Dimension aus anbieten.

Viele Leute haben im Laufe der Jahrhunderte gelehrt, dass dem so ist. Sie alle entstammten verschiedenen Traditionen und Glaubenssystemen. Das war nicht immer einfach, und in allen Glaubenssystemen hat es von Zeit zu Zeit Kontroversen, Anfeindungen und Egos gegeben, die dieser Botschaft in die Quere kamen. Sie nicht auf diese Tatsache aufmerksam zu machen, würde bedeuten, Ihnen einen schlechten Dienst zu erweisen.

Nachdem das geklärt ist, wollen wir uns jetzt einige Persönlichkeiten anschauen, die die Lehre von den Aufgestiegenen Meistern geprägt haben.

Helena Petrovna Blavatsky und die Theosophie

All jene, die mit den Aufgestiegenen Meistern arbeiten, sind zweifellos von der Arbeit, den Erkenntnissen und Erfahrungen dieser Frau beeinflusst worden: Helena Petrovna Blavatsky, oder HPB. Sie wurde 1831 in eine aristokratische russisch-deutsche Familie auf dem Gebiet der heutigen Ukraine geboren. Es wird gesagt, dass sie immer eine ungewöhnliche Persönlichkeit war, die viele

Dinge wusste und viele Fragen stellte. Sie war größtenteils eine Autodidaktin, extrem belesen und entwickelte ein ausgeprägtes Interesse an spirituellen Themen, Geheimgesellschaften und höchstwahrscheinlich an der Freimaurerei; wohl nicht zuletzt, weil ihr Urgroßvater, Prinz Pavel Wassiljewitsch Dolgorukow, Freimaurer war und eine umfangreiche Bibliothek mit besonders vielen Büchern über Philosophie, Spiritualität und okkulte Themen besaß.

Nach ihrer Ehe (angeblich um ihre Schwägerin zu beeindrucken, die glaubte, dass HPB keine begehrenswerte Frau sei), die gerade mal drei Wochen dauerte, begab sich HPB im Alter von 17 Jahren auf eine spirituelle Suche. Später behauptete sie, dass sie durch Europa, Nord- und Südamerika sowie Indien gereist war und lebende Meister der alten Weisheit getroffen hatte, wenn auch einige Forscher bestreiten, dass ihre Geschichten der Wahrheit entsprechen.

Um 1870 war sie definitiv Teil der Spiritismus-Bewegung und 1873 zog sie nach New York. Dort lernte sie Henry Steel Olcott kennen, einen Militäroffizier und Rechtsanwalt, der zu dem Zeitpunkt als Zeitungsjournalist arbeitete. Ein Artikel von ihm in der *New York Sun,* der sich mit Spiritismus beschäftigte, weckte HPBs Aufmerksamkeit. Später trafen sich die beiden bei einer spiritistischen Sitzung, und als verwandte Seelen mit einem gemeinsamen Interesse an spiritueller Entwicklung gründeten sie 1875, zusammen mit ein paar anderen Leuten, die Theosophische Gesellschaft (engl. *Theosophical Society*).

Diese Gruppe, die sich mit spirituellen Studien und Praktiken beschäftigt, existiert bis heute und beschreibt sich selbst als »eine konfessionslose Gruppe von Suchern nach der Wahrheit, die bestrebt sind, Brüderlichkeit zu fördern und der Menschheit zu dienen«. Ich habe einige Male einen Ableger der Gesellschaft in Glasgow besucht. Beim letzten Treffen, bei dem ich anwesend war, gab es einen schamanischen Trommelkreis. Während ein besonderer

Schwerpunkt der Theosophischen Gesellschaft auf östlichen Religionen und östlicher Philosophie liegt, erforscht sie generell die Erfahrung von Spiritualität, egal in welchem Kontext.

Mit Olcotts Unterstützung veröffentlichte HPB 1877 ihr erstes Buch »Isis entschleiert« (*Isis Unveiled*), in dem sie eine Vielzahl von esoterischen Ideen unter einen Hut brachte und klar machte, dass ihre Mission darin bestand, die alte Weisheit wiederzubeleben. Daraufhin wurde die Theosophische Gesellschaft weithin bekannt; unter anderem wurde der amerikanische Erfinder Thomas Edison ein bedeutendes Mitglied und ein Freund von Blavatsky und Olcott.

Es wird erzählt, dass Henry Olcott eines Nachts die volle materielle Manifestation eines indischen Meisters erlebte, der neben seinem Bett stand und ihm auftrug, die Theosophische Gesellschaft nach Indien zu bringen. Er und Helena verließen ihr bequemes Leben in New York und begaben sich auf eine dreimonatige Schiffspassage nach Indien.

Im Februar 1879 kamen sie in Bombay (heute Mumbai) an. Es wird gesagt, dass sie bei ihrer Ankunft den Boden küssten und mit offenen Armen empfangen wurden, als die Einheimischen merkten, dass es sich bei ihnen nicht um christliche Missionare handelte, die sie bekehren wollten.

Im Juli des gleichen Jahres trafen sie Alfred Percy Sinnet, den Herausgeber des *Pioneer*, einer englischsprachigen Zeitung, die bis heute im Umlauf ist. Das Treffen wurde arrangiert, weil Alfred ein begeisterter Spiritist war und die Theosophische Gesellschaft kurz zuvor begonnen hatte, ihr eigenes monatliches Magazin, *The Theosophist*, herauszugeben.

Als er von den »Mahatmas« hörte, war Sinnet sofort daran interessiert, mit ihnen in Kontakt zu treten, und überzeugte Blavatsky, ihn dabei zu unterstützen. Im Laufe der nächsten vier Jahre (1880–84) erhielt Sinnet Briefe von den Meistern Koot Hoomi (KH) und Morya (M), die insgesamt 1400 Seiten umfassten.

Angeblich gelangten sie auf verschiedene paranormale Wege zu ihm, zum Beispiel, indem sie sich einfach in der Luft über dem Kopf eines Menschen manifestierten oder während einer spiritistischen Sitzung in einer Holzkiste mitten an der Wand erschienen.

So überrascht es nicht, dass viel darüber spekuliert wurde, woher diese »Mahatma-Briefe« oder »Meister-Briefe« wirklich kamen. Manche Leute glaubten, dass die Meister tatsächlich existierten; andere fragten sich, ob Blavatsky die Briefe selbst verfasste (vielleicht durch Automatisches Schreiben) oder ob sie ihr direkt von den Meistern diktiert wurden; ob diese Meister Menschen aus Fleisch und Blut waren oder es sich um die vollkommen erleuchteten spirituellen Formen von Personen handelte, denen sie auf ihren Reisen durch Indien, Tibet und Ägypten begegnet war. Die Briefe selbst waren spirituelle Abhandlungen mit einer indisch-tibetischen Ausdrucksweise. Zum Teil waren sie nur sehr schwer verständlich, vergleichbar mit einer Unzahl gechannelter Schriften, wie sie heute im Internet zu finden sind.

Im Jahre 1884 führte die Society for Psychical Research eine umfassende Untersuchung der paranormalen Phänomene im Zusammenhang mit Helena Blavatsky durch, die zu dem Schluss kam, dass sie eine Betrügerin war und die Mahatmas eine Erfindung. Es ist jedoch wichtig festzustellen, dass circa 100 Jahre später, im Jahre 1986, diese Befunde neu überprüft und revidiert wurden. Die Mahatma-Briefe befinden sich jetzt in der British Library, der Nationalbibliothek Großbritanniens.

Die Theosophische Gesellschaft konnte sich fest in Indien etablieren, mit einem Hauptquartier in Bombay, über das ganze Land verteilten Zweigniederlassungen, vielen örtlichen Mitgliedern und ein paar Interessierten aus dem Westen, die sich von dem damals existierenden kolonialen Weltbild entfernt hatten. Dennoch hat es den Anschein, dass das Ganze ein bisschen zu viel für Blavatsky wurde. Ab 1885, als die Theosophische Gesellschaft ein rapides Wachstum mit 121 Vertretungen weltweit verzeichnen konnte, und obwohl ihre Gesundheit zu wünschen übrigließ, begleitete sie Henry Olcott auf einer Reise durch Europa.

Als sie 1887 in London ankamen, gründete Blavatsky ihre eigene Loge, die viele der Londoner Theosophen anzog. Zudem etablierte sie die Theosophical Publishing Company und vollendete 1888 ihr nächstes Buch, »Die Geheimlehre« (*The Secret Doctrine*), in dem sie ihre Ideen über das Universum, die Planeten, die Menschheit, die Seele und das Leben nach dem Tod formulierte. Sie war die erste spirituelle Lehrerin, welche die Akasha-Chronik erwähnte.

Schließlich übergab sie 1890 die Leitung der »Blavatsky Lodge« einer sozialen und politischen Aktivistin namens Annie Besant und etablierte die europäische Hauptniederlassung der Theosophischen Gesellschaft im Haus von Besant. Am 8. Mai 1891 verstarb sie dort an der Grippe. Um das Andenken an ihren Tod zu zelebrieren, halten Theosophen überall auf der Welt jedes Jahr am 8. Mai – bekannt als White Lotus Day – eine Gedenkfeier ab.

In Helene Blavatskys Leben gab es fraglos einige bemerkenswerte Momente. Berichten zufolge hielt sie im Weißen Haus in Washington eine Séance ab und inspirierte Mahatma Gandhi, der während seines Jurastudiums in England außerordentliches Mitglied der Londoner Niederlassung der Theosophischen Gesellschaft war, die »Bhagavad Gita« zu lesen. Dieses Werk wurde zu Gandhis Leitstern, als er Indien in die Unabhängigkeit führte. Darüber hinaus war Blavatsky enorm einflussreich, da sie wahrscheinlich die erste weibliche spirituelle Sucherin aus dem Westen war, die sich ganz in die östlichen Traditionen vertiefte und so die Leidenschaft der Menschen im Westen befeuerte, nach Ägypten und Indien zu reisen, »um sich selbst zu finden«. Genau genommen können wir Blavatsky für Bücher wie »Eat, Pray, Love« danken.

Ich denke es ist wichtig, dass ich meine persönliche Sichtweise von diesen frühen Meistern und natürlich auch von Helena

Blavatsky teile, wobei ich Sie ausdrücklich ermutigen möchte, sich Ihre eigene Meinung zu bilden. Natürlich könnten ihre Meister echte physische Menschen gewesen sein, wandernde Yogis oder weise Männer; oder es hätten Geistwesen sein können, denen sie in transzendentalen meditativen Zuständen begegnete. Ich glaube, dass wir alle die Fähigkeit haben, uns mit dem Geist, dem Herzen und dem Verstand anderer Wesenheiten jenseits der materiellen Welt zu verbinden. Ich glaube, wir alle können uns an jene wenden, die vor unserer Zeit auf der Erde gelebt haben, und sie bitten, uns zu führen und zu helfen, Herausforderungen zu überwinden, ähnlich jenen, mit denen sie selbst konfrontiert waren.

Abgesehen davon hatte ich schon von Morya und Kuthumi gehört, bevor ich mich mit dem Leben und Werk Blavatskys beschäftigte. Ich habe sie immer als sehr real empfunden, weswegen ich annehme, dass sie wahrscheinlich Menschen waren, die sie auf ihren Reisen getroffen hatte. Der Name Morya könnte benutzt worden sein, um die wahre Identität eines lebenden Meisters zu schützen. Höchstwahrscheinlich handelte es sich um Ranbir Singh, den Maharadscha von Kaschmir und Jammu, der 1845 interveniert hatte, um die Briten davon abzuhalten, das Land zu besetzen. Er starb auf mysteriöse Weise ein Jahr nach dem letzten Mahatma-Brief. Morya ist ein Meister des spirituellen Schutzes, der uns führen kann, um wichtige Grenzen in unserem Leben zu ziehen, damit wir energetisch vor Angriffen gesichert sind (siehe Seite 230).

Zweifellos gibt es im Leben, bei den Entdeckungen und Erfahrungen von Helena Blavatsky einige Dinge, die nicht klar sind; klar ist jedoch, dass sie mächtig und einflussreich war. Sie hat wahrscheinlich jeden von uns allen dadurch beeinflusst, dass sie die Mysterien des Ostens entdeckt und im Westen bekannt gemacht hat. Sicher, es ist gut möglich, dass ein gewisses Talent zur Selbstdarstellung mit ihren Praktiken einherging, doch welches Medium oder welcher spirituelle Lehrer ist frei davon? Oder frei vom Ego? Außerdem ist es wichtig zu erwähnen, dass sie weder ein Medium sein noch Menschen dazu bekehren wollte, an Medialität zu glauben; stattdessen war es ihr Anliegen, eine vereinte Welt zu schaffen, die erkannte, dass wir alle über einen Geist und ein Bewusstsein verfügen. Ich glaube, dass ihre Bemühungen, ein Gefühl der Verbundenheit in der Philosophie und Religion zu schaffen, heute Früchte tragen. Man kann zum Beispiel Buddha-Statuen in christlichen Haushalten finden, und immer mehr Menschen im Westen richten ihren Blick nach Osten, um Antworten auf wichtige Fragen zu finden. Und natürlich hat sich der Einfluss der Aufgestiegenen Meister bis heute fortgesetzt …

Guy Warren Ballard und die »ICH BIN«-Bewegung

Guy Warren Ballard, ein amerikanischer Bergbauingenieur, war tief beeindruckt von seinen Gesprächen mit dem Aufgestiegenen Meister Saint Germain, dem er zum ersten Mal 1930 am Fuß des Mount Shasta in Kalifornien begegnete. Unter dem Künstlernamen Godfré Ray King schrieb Ballard die Bücher »Enthüllte Geheimnisse« (*Unveiled Mysteries*) und »Die magische Gegenwart« (*The Magic Presence*). Gemeinsam mit seiner Frau Edna gründete er eine Bewegung, die als »ICH BIN«-Bewegung (*»I AM« Activity*) bekannt ist. Diese Bewegung existiert bis heute in Form des Verlags Saint Germain Press.

Die von der »ICH BIN«-Bewegung durchgeführten Übungen kombinieren die Kraft des Geistes mit Affirmationen und Visualisierungen und laden dabei die Gegenwart der Meister ein. Da diese Bewegung in den USA der 1930er-Jahre begann, weisen die Lehren einen stark patriotisch-christlichen Unterton auf. Die Ballards behaupteten, sie seien die echten und einzigen autorisierten Botschafter von Saint Germain, betrachteten jedoch Jesus als besonders wichtig und holten auch andere Aufgestiegene Meister hinzu, unter anderem Lady Nada und Erzengel Michael.

Obgleich viele der Ideen und Übungen der »ICH BIN«-Bewegung und der Saint Germain Press ziemlich intensiv und speziell zu sein scheinen, haben sie ganz klar die moderne spirituelle Praxis beeinflusst. Zum Beispiel ist das Schwert der Blauen Flamme (*Sword of the Blue Flame*) – ein Instrument, das uns von Negativität befreien kann – dem Schwert sehr ähnlich, das ich visualisiere, wenn ich die Erzengel darum bitte, die Energieschnüre zu durchtrennen, die mich an vergangene Ängste binden. Außerdem muss ich zugeben, dass die kunstvollen Illustrationen der »ICH BIN«-Bewegung einfach schön sind.

Die Prophets, die Church Universal and Triumphant und The Summit Lighthouse

Mark L. Prophet und seine Frau, Elizabeth Clare Prophet, waren höchst umstrittene Führer einer religiösen Sekte, die eng mit manchen Lehren der Aufgestiegenen Meister in Verbindung gebracht wurde. Es ist aber wichtig, darauf hinzuweisen, dass die beiden ein Paradebeispiel dafür sind, wie das Ego und Machtmissbrauch eine spirituelle Botschaft verzerren können.

Mark L. Prophet, ein selbst ernannter Prophet, gründete 1958 die Church Universal and Triumphant, bekannt als CUT, wie auch die Bewegung The Summit Lighthouse. In den 1960er-Jahren lernte er bei einer seiner Veranstaltungen seine zukünftige Ehefrau Elizabeth kennen, deren Mutter sich für Theosophie, die »ICH BIN«-Bewegung und Christian Science interessierte. 1973 wurde Elizabeth Clare Prophet die Leiterin von CUT.

CUT baute eine Gefolgschaft auf, und viele der Mitglieder berichteten von tiefgreifenden Veränderungen in ihrem Leben. CUT gab die Lehren der Aufgestiegenen Meister und der Violetten Flamme wieder und organisierte spirituelle Retreats, die eindeutig von Helena Blavatskys und Guy Ballards Arbeit beeinflusst waren. Allerdings wurde dieses Wissen benutzt, um eine neue religiöse Organisation mit Dogmen, Regeln und Vorschriften zu gründen. Interessanterweise fand dies großen Anklang bei der Generation der Baby-Boomer, die dazu beitragen wollten, die Welt zu verbessern. Viele gingen so weit, dass sie ihre Unternehmen verkauften oder sich ihre Lebensversicherungen auszahlen ließen, um das Geld der Organisation zu spenden.

1989 allerdings fanden sich Elizabeth Clare Prophet und The Summit Lighthouse im Zentrum unerwünschten Medieninteresses wieder, als bekannt wurde, dass sie Waffen gehortet und begonnen hatten, auf einer 17 Millionen Dollar teuren Ranch in Montana Bunker zu bauen, weil Mark Prophet einen Atomkrieg vorausgesagt hatte.

In einem Interview von 2008 sagte Elizabeth Clare Prophets Sohn, seine Mutter habe zugegeben, dass sie ihre Macht missbraucht habe und es bedauere, wie sich die Dinge entwickelt hatten. Sie starb 2009 an Alzheimer.

Alice Bailey

Alice Bailey, geboren 1880, war eine britische Schriftstellerin, ein Medium und Mitglied der Theosophischen Gesellschaft, bevor sie begann, in mehr als 20 Büchern ihre eigenen metaphysischen Lehren und Methoden zu verbreiten. Sie behauptete, diese Lehren seien ihr telepathisch von einem Meister der Weisheit diktiert worden, bekannt als »der Tibeter« oder »DK«, der sich später als Djwal Khul herausstellte (siehe Seite 132).

Alice Bailey glaubte, dass alle traditionellen religiösen Konzepte ein gemeinsames Ziel hatten: Liebe. Sie war die Erste, die die Begriffe »Age of Aquarius« (Wassermannzeitalter) und »New Age« (Neues Zeitalter) benutzte. Ihre Lehren sind weit verbreitet, und eines ihrer Gebete, »The Great Invocation« (Die große

Invokation), geschrieben 1937, kommt oft bei spirituellen Treffen und Meditationsveranstaltungen zum Einsatz und dient als Antwort auf tragische globale Ereignisse. Manche ihrer Arbeiten sind in letzter Zeit als rassistisch und antisemitisch kritisiert worden, einschließlich einige der Formulierungen in dem oben genannten Gebet. Es stimmt, dass vieles nicht mehr zeitgemäß ist und sie einen limitierten Blick auf verschiedene Ethnien hatte. Es ist jedoch wichtig festzustellen, dass Bailey die Vision einer universellen Spiritualität hegte, die Konfessionsgrenzen transzendierte. Sie glaubte, »jede Klasse von Menschen ist eine Gruppe von Brüdern«. (»Brüder« und »Bruderschaft« sind häufig benutzte Begriffe in älteren New-Age-Texten, die von dem patriarchalischen System jener Zeit beeinflusst waren.)

Grace Cooke und die White Eagle Lodge

Die Britin Grace Cooke war im frühen 20. Jahrhundert ein bekanntes Medium, die von einem Aufgestiegenen Meister namens White Eagle Belehrungen erhielt und 1936 mit ihrem Mann, Ivan Cooke, die spirituelle Organisation *The White Eagle Lodge* gründete. Die Lodge ist nach wie vor aktiv, mit Niederlassungen in den USA und Australien, und kombiniert die Lehren von White Eagle und spiritistischen Ideen mit einer irgendwie christlichen Herangehensweise. Sie lehrt Astrologie und Heilung und ist besonders im Bereich der »Fernheilung« einflussreich. Wenn Sie jemals als Sender oder Empfänger mit energetischer Fernheilung in Kontakt gekommen sind, dann hat die Arbeit von Grace Cooke und White Eagle dazu beigetragen.

So, das war sie also, die kurze Geschichte der Meister und ihres Einflusses auf die heutigen spirituellen Bewegungen.

KAPITEL 3

Was bedeutet »aufgestiegen«?

»Steige auf mit dem größten Bewusstsein von der Erde zum Himmel. Werde eins mit der Macht von allem, was ist.«

Die Smaragd-Tafel

Die Meister werden als »aufgestiegen« betrachtet, weil sie über eine erhöhte Wahrnehmung und ein erweitertes Bewusstsein verfügen und auf die geistige Ebene zurückgekehrt sind. In ihrer letzten irdischen Existenz hat sie eine Kette von Ereignissen zu einem tieferen Verständnis des Lebens und der Liebe geführt. Nach meiner Auffassung mussten sie – wie bei einem Initiationsritual – herausfordernde Umstände überwinden, sie hatten keine andere Wahl. Ein gutes Beispiel hierzu wäre Morya, der sein Land vor den britischen Besatzern schützte. Dies verlieh ihm ein tieferes Bewusstsein dafür, was nötig ist, um Menschen zu beschützen und für ihre Sicherheit zu sorgen. Von einer höheren Ebene aus betrachtet, ist Moryas Energie darauf ausgerichtet, um dabei zu helfen, Grenzen zu schaffen, negative Kräfte aus unserem Leben zu entfernen und unsere Energie zu schützen.

Der Begriff »Aufstieg« – eine Erklärung

Eine christliche Tradition

Der Begriff des Aufstiegs begegnet uns in der Bibel in Form der »Himmelfahrt«. Die Geschichte besagt, dass Jesus 40 Tage nach seiner Auferstehung elf seiner Jünger zum Dorf Bethanien am Ölberg geführt hat, wo er ihnen Belehrungen gab und prophezeite, dass sein Name in der ganzen Welt bekannt werden würde. Dann begann er, immer höher aufzusteigen, bis er in den Wolken verschwand. Später erschienen zwei Männer (höchstwahrscheinlich Engel) in der Menge, von Kopf bis Fuß in Weiß gekleidet, und erklärten, dass Jesus zu Gott zurückgekehrt sei. Sie fügten hinzu, dass er auf die Welt zurückkommen würde, gaben jedoch nicht an, wo oder wann.

Selbst wenn diese Himmelfahrtslegende nicht buchstäblich genauso passiert ist, verdeutlicht sie auf eindrückliche Weise, dass wir die Fähigkeit haben, aufzusteigen und den Tod zu überwinden. Ich glaube, dass die Engel – als sie verkündeten, dass Jesus zurückkehren würde – dies im geistigen Sinne meinten, nämlich dass er in der Lage sein würde, mit seinen Jüngern vom Himmel aus zu kommunizieren. In Wahrheit würde er durch ihre Herzensverbindung bei ihnen bleiben.

Es gibt eine ähnliche Geschichte, die mit Maria zu tun hat, der Mutter von Jesus. In ihrem Falle heißt es, dass am Ende ihres Lebens, als ihr physischer Körper bereit war zu sterben, ihre Seele ihre rechtmäßige Position im Himmel einnehmen würde. Ein Ereignis, das als »Mariä Himmelfahrt« bekannt ist.

Heute sehnen sich viele Menschen, die den Weg der Spiritualität gehen, »aufzusteigen«; wenn auch, um ganz ehrlich zu sein, jeder eine andere Vorstellung davon hat, wie sich das vollziehen wird. Doch selbst wenn sich jene, die den Weg des Aufstiegs gehen, der dahinter stehenden christlichen Lehren nicht voll bewusst sind, werden sie dennoch von ihnen beeinflusst. Dieser Einfluss kann frei von jeglichem Dogma sein – zumindest ist das meine Meinung. Daher wird es Menschen geben, die glauben, dass ihr physischer Körper nach der entsprechenden Vorbereitung zu reinem Licht wird und sie hinauf in die Wolken schweben oder »in die fünfte Dimension übergehen«. Andere hingegen glauben, dass ihre Seele zum Zeitpunkt ihres physischen Todes in die spirituelle Dimension aufsteigen wird, von wo aus sie ihren Weg zur Meisterschaft fortsetzen wird.

So wie ich es sehe, hat das Aufsteigen nichts damit zu tun, den physischen Körper zu verlassen, sondern, ganz in ihm anzukommen und ihn mit unserem Geist zu verbinden. Es geht darum, unseren Körper liebevoll zu behandeln, uns im Leben von unserem Herzen führen zu lassen und zu erkennen, dass in unserem Inneren eine Präsenz existiert – eine ewige Präsenz des Lichts. Es geht darum, dass nach unserem irdischen Tod, diese Präsenz, dieser Funke weiterleben wird, und dass alles, was unsere Erfahrungen im Leben uns gelehrt haben, in das Herz des Universums zurückgetragen wird.

Samadhi

Samadhi ist ein tiefer meditativer Bewusstseinszustand, den man in vielen östlichen Traditionen, wie dem Hinduismus, Jainismus, Buddhismus und Sikhismus, kennt. Im Sanskrit bedeutet dieses Wort »zusammensuchen« oder »sammeln«. Es repräsentiert das ganze Selbst, geht jedoch gleichzeitig darüber hinaus. Letztendlich ist Samadhi ein Zustand absoluter Seligkeit, in dem wir mit dem Ganzen verschmelzen. Anstatt unser Ego oder unseren Intellekt agieren zu lassen, erleben wir die Welt durch einen erweiterten Bewusstseinszustand der Liebe. In der Yogalehre besteht das Ziel darin, diese Ebene höchster Seligkeit und Verbundenheit mithilfe von Yogaübungen und Meditation zu erreichen. Mir scheint, als ob wir denselben Zustand durch den Prozess des Aufstiegs zu erlangen versuchen.

Darüber hinaus ist Samadhi ein Zustand, den viele von uns durch ihre persönliche spirituelle Praxis erreichen können. Wir werden Momente dieser Seligkeit in unserem Leben erfahren, in denen wir wissen, dass wir Teil von etwas Größerem sind und uns mit der Quelle der Schöpfung vereint fühlen. Die traditionellen yogischen Kunstwerke und nicht wenige Buddha-Statuen zeigen den Meister mit fast geschlossenen Augen im Zustand von

Samadhi. Wenn ich jemanden mit einem ähnlichen Blick im Zustand der Seligkeit betrachte, bezeichne ich das als »Samadhi-Augen«. Jemanden zu erblicken, der auf diese Weise von innen heraus leuchtet, ist ein Moment der Gotteserfahrung!

Maha ist Sanskrit für »groß(artig)«, und es gibt sogar einen Prozess, der *Maha-Samadhi* genannt wird und am Ende des Lebens eines Yogi eintritt. Viele der wunderbaren indischen Überlieferungen berichten von Momenten wie diesen, und auch Paramahansa Yogananda erwähnt sie in seinem Buch »Autobiographie eines Yogi«. Was passiert in diesen Momenten? Der Yogameister begibt sich in einen tiefen meditativen Zustand, und anstatt am Ende der Meditation wieder zurückzukommen, geht er hinüber in die nächste Dimension. Ich liebe die Vorstellung, wie diese Yogameister sich in einen so tiefen Zustand des Friedens versenken und irgendwann in der Lage sind, erneut mit dem Licht zu verschmelzen.

Letztendlich hat Aufstieg nichts damit zu tun, den physischen Körper zu verlassen oder zu transformieren, sondern eine Verbindung mit dem höheren Bewusstsein zu schaffen. Es geht darum, aufzuwachen, unsere Schwingung zu erhöhen und aus dem Herzen heraus zu leben. Um ehrlich zu sein, werden wir alle, die wir den spirituellen Pfad beschreiten, diesen Prozess durchleben. Er beginnt, wenn wir einen Moment des »Aufwachens« erleben – wenn wir erkennen, dass es im Leben um mehr geht als darum, was es zum Abendessen gibt, dass unser Leben kein Zufall ist, und dass wir letztendlich eine Aufgabe haben und Teil eines größeren Ganzen sind.

Ein Ziel

Obgleich die Idee des Aufstiegs in vielen Teilen der Welt und in unterschiedlichen Traditionen auf unterschiedliche Weise vermittelt wird, ist sie der Erleuchtung ähnlich – dem westlichen Begriff für das buddhistische Konzept des »Erwachens«. Allen spirituellen Richtungen ist so etwas wie ein »Ziel« gemeinsam, oder – falls Ihnen dieses Wort nicht zusagt – eine Absicht. Wenn wir etwas unternehmen, sei es Sport zu machen oder eine Diät auszuprobieren, bezwecken wir damit ein bestimmtes Resultat. Mit der spirituellen Praxis verhält es sich genauso. Unser »Wunsch« oder unsere »Absicht«, warum wir diesen Weg gehen, muss keinesfalls egoistisch sein, sondern kann ehrlich aus dem Herzen kommen und im besten Interesse aller sein. Wir können uns mit Meditation und Spiritualität beschäftigen, weil wir zum Beispiel ein positiverer Mensch werden oder einen liebevolleren Umgang mit unserer Familie pflegen wollen. Ich glaube, dass es bei dem Prozess des Aufstiegs in erster Linie darum geht, anderen zu Diensten zu sein und ihr Leben zu bereichern.

Ich denke, wenn wir in diesem Leben unsere Aufgabe auf Erden erfüllt haben und der Tod unseres physischen Körpers bevorsteht, haben wir die Möglichkeit, der Erde weiterhin als Geistführer oder Meister zu dienen, anstatt wiedergeboren zu werden – es sei denn, wir möchten es. Die Meister waren dazu in der Lage, und es ist das, wonach auch wir beim Prozess des Aufstiegs streben. Beim Aufstieg geht es einzig darum, unser Leben auf das Licht auszurichten und die Absicht zu hegen, in liebevoller Weise auf die Welt einzuwirken. Dieser Wunsch mag sich in diesem Leben vielleicht noch nicht voll entfalten – es könnten mehrere dafür nötig sein –, aber es ist eine wundervolle Absicht!

Der Prozess des Aufstiegs

Für mich geht es beim Aufstieg darum, unsere Schwingung zu erhöhen, alle Formen von Karma zu überwinden, ohne Einschränkung die Energie der Vergebung zu verkörpern und ein herzzentriertes Leben zu führen.

Unsere Schwingung erhöhen

Bei dem Vorgang des Aufsteigens geht es letzten Endes darum, wie ein Leuchtturm zu werden und so hell wie möglich zu strahlen. Um dies zu erreichen, müssen wir tief in unser Inneres hinabsteigen und die nötige Arbeit verrichten, um uns selbst wirklich zu erkennen und unsere Schwingung zu erhöhen. Selbst wenn der Aufstieg kein bewusstes Ziel ist, entfaltet er sich ganz natürlich für jeden, der sich zutiefst dazu berufen fühlt, die beste Version seiner selbst zu werden. Jeder der sich selbstlos verpflichtet, ein sinnerfülltes Leben zu führen, ist auf dem Weg des Aufstiegs. Die Betreffenden verkörpern die Qualitäten eines Erdenengels – jemand, der bewusst seine Schwingungsfrequenz erhöht, um dem Planeten Wellen der Liebe, Güte und Herzlichkeit zu bringen.

Unsere Schwingung zu erhöhen bedeutet, jedes Handeln und Nicht-Handeln, jede Entscheidung und Erfahrung mit dem Licht in Übereinstimmung zu bringen. Es geht darum, uns unseres Einflusses auf andere bewusst zu sein, in positiver Weise auf die Welt einzuwirken und die Erde in einem besseren Zustand zu verlassen, als wir sie vorgefunden haben.

Es gibt jedoch keine Möglichkeit, den Vorgang des Aufsteigens im Schnelldurchlauf zu absolvieren. Wir können nicht einfach eine höhere Schwingung »anknipsen«, um mit Herausforderungen schneller fertig zu werden. Der Vorgang des Aufsteigens hat damit zu tun, die Dunkelheit frontal anzugehen, mit dem Schatten-Selbst fertig zu werden und uns sogar den Aspekten unseres Selbst zu stellen, die wir lieber umgehen würden. All dies kann nur dadurch erreicht werden, dass wir uns voll und ganz dieser Aufgabe widmen.

Karmische Lektionen überwinden

Karma ist eine Kette von Handlungen und Folgen. Häufig wird Karma missverstanden oder falsch interpretiert, im Sinne von »Was man sät, das wird man ernten«. Es ist jedoch mehr als das. Es handelt sich um das Gesetz von Ursache und Wirkung, eine spirituelle Macht, die zu der Entfaltung dessen beiträgt, was noch kommen wird. Ich persönlich habe anhand der indisch-tibetischen Traditionen gelernt, dass es bei Karma weniger um Bestrafung geht als vielmehr darum, zielbewusst zu handeln, mit Mitgefühl und Güte. Die Idee dahinter ist, dass wir, wenn wir in unserem Leben liebevolles Mitgefühl und Großherzigkeit kultivieren, weniger Herausforderungen und Beschränkungen in unseren künftigen Leben erfahren werden.

Karma entfaltet sich für jeden Menschen anders, doch ich glaube, dass es bei der Überwindung von Karma darum geht, jeden Moment der Herausforderung direkt anzugehen; oder, wenn wir die Gelegenheit sowie die mentale und emotionale Stärke dazu besitzen, jeglichen Schaden, den wir selbst verursacht haben, rückgängig zu machen.

Wenn wir darüber reden, Karma rückgängig zu machen, bezieht sich das auf die Herausforderungen, denen wir uns noch stellen müssen. Das können Lektionen aus einer früheren Inkarnation sein, die sich in diesem Leben fortziehen, oder verdrängte Probleme aus diesem Leben, die noch nicht gelöst wurden. Wann immer wir uns mit Herausforderungen konfrontiert sehen, die wir lieber vermeiden würden und uns klar darüber werden, was wir tun müssen, um unsere Aufgabe zu erfüllen, lösen wir damit eine karmische Lektion. Das ist es, was die Meister als »einweihende Erfahrung« bezeichnen.

Vergebung verkörpern und ein herzzentriertes Leben führen

Ich habe gelernt, dass Vergebung viele Bedeutungen haben kann. Es geht nicht nur darum, »einfach etwas loszulassen«, oder »jemanden mit seinen Fehlentscheidungen davonkommen zu lassen«, oder negative Lebensentscheidungen aus unserer Vergangenheit zu umgehen. Vielmehr geht es darum, sich dafür zu entscheiden, über all diese Situationen hinauszuwachsen und bewusst Veränderungen vorzunehmen, um in Zukunft von der höchstmöglichen Perspektive aus zu leben. Letztendlich geht es darum, unsere Sichtweise zu ändern und die Welt sowie uns selbst mit den Augen der Liebe zu betrachten. Vergebung ist der Moment, in dem wir unsere Unschuld zurückgewinnen, in dem wir erkennen, dass uns in einer vergangenen Situation das nötige Urteilsvermögen und Gewahrsein fehlten. Vergebung bedeutet, darauf zu vertrauen, dass wir dank unseres jetzigen Wissensstands eine bessere Wahl treffen können. Es geht darum, sich nicht länger durch das schlechte Urteilsvermögen oder die negativen Entscheidungen eines anderen einschränken zu lassen. Vergebung bedeutet, Frieden zu verkörpern. Es bedeutet, die eigene Verletzlichkeit zu erfahren, um Furchtlosigkeit zu erlangen. Es ist der Moment, in dem wir zutiefst menschlich sind. Durch Vergebung können wir authentisch ein herzzentriertes Leben führen.

Ein herzzentriertes Leben ist im Grunde genau das, was es umschreibt: aus dem Herzen zu leben. Für mich bedeutet es, dass wir uns unserer Entscheidungen, unseres Handelns und Nicht-Handelns bewusst sind. Es bedeutet, wirklich nach innen zu gehen und uns bewusst zu machen, ob wir durch unsere Lebensentscheidungen nicht nur anderen Menschen dienen, sondern dabei auch selbst liebevoll behandelt und unterstützt werden. Es geht darum, uns selbst zu meistern.

Selbstbeherrschung

Meister über das eigene Selbst zu sein bedeutet, uns voll bewusst zu werden, wer wir sind. Es bedeutet, dass wir unsere Emotionen kennen und eins werden mit ihnen, anstatt sie zu unterdrücken oder zu meiden. Mit Selbstbeherrschung reagieren wir nicht einfach, sondern sind uns unserer Emotionen bewusst und erkennen, dass es sich dabei um mächtige Boten aus unserem Inneren handelt. Genau wie die Yogis und Yoginis Samadhi erfahren, gehen wir die Dinge auf eine bewusste, überlegte und liebevolle Weise an, anstatt von unserem selbstsüchtigen Ego aus zu reagieren. Wir betreten einen Bereich der Gelassenheit, reiner Verletzlichkeit und Muts. Meister über sich selbst zu sein bedeutet letztendlich, den inneren Buddha zu erwecken und zu ermöglichen, dass dieser weise Lehrer sich in unserer Seele erhebt und nach außen strahlt.

Der Himmel auf Erden

Ein herzzentriertes Leben zu führen bedeutet auch, den Himmel auf Erden zu erfahren, Samadhi, reine Ekstase und die Vernetzung von allem, was ist. Anstatt jenseits unseres Körpers aufsteigen zu wollen, steigen wir in ihm auf. Viele denken, dass es beim Aufstieg darum geht, den Körper hinter sich zu lassen – und ich glaube, dass es letztlich so ist –, doch in der Zeit zwischen Geburt und physischem Tod sind wir verkörpert. Unser Ziel muss sein, voll in unserem Körper anzukommen und uns in unserer Haut wohlzufühlen. Es geht darum zu erkennen, dass wir eine Seele haben und dass diese Seele in unserem Körper wohnt. Unser Körper ist ein Vehikel, mit dem wir respektvoll und fürsorglich umgehen sollten. Durch die Lehren meiner Freundin, der Gelehrten Meggan Watterson, habe ich erfahren, dass dieses Vehikel auf Altgriechisch *anthropos* – vollkommen menschlich, vollkommen göttlich – genannt wird.

Auf eine Weise zu leben, die vollkommen menschlich und vollkommen göttlich ist, und die Verbundenheit aller Dinge zu erfahren, ist etwas, nach dem wir uns alle zutiefst sehnen. Der Mensch hat von Natur aus ein tiefes Verlangen nach Verbundenheit; die Seele sehnt sich danach, dass der Mensch eins wird mit allem.

Und wenn dann die Zeit des Übergangs kommt und wir den physischen Körper zurücklassen, geht es beim Aufstieg darum zu erkennen, dass wir unser bestmögliches Leben gelebt, alle unerledigten Dinge erledigt und unser Licht verkörpert haben und dass wir uns jetzt an unseren rechtmäßigen Platz innerhalb des Kosmos begeben.

Aufgestiegene Meister haben diesen Vorgang erfolgreich abgeschlossen. Daher können sie uns nicht nur durch unsere Erfahrungen im Leben führen, sondern ein Vorbild für uns sein. Ihr Beispiel ermutigt uns, den Weg des Lichts zu gehen und uns ganz auf das Leben einzulassen.

Ich bin überzeugt, dass viele Menschen, die auf Erden Großartiges geleistet haben, das Potenzial dazu haben, nach ihrem Übergang ein Meister oder zumindest ein spiritueller Führer zu werden. Um ehrlich zu sein, nicht alle Meister, die in diesem Buch beschrieben werden, wussten, dass sie diese spirituelle Ebene erreichen würden, und ich glaube auch nicht, dass es ihr Ziel war. Sie haben einfach aus dem Herzen heraus gelebt. Ich denke, wir sollten es ihnen gleichtun. Sie können uns den Weg weisen, wenn wir uns mit ihnen verbinden.

KAPITEL 4

Der Hohe Rat und die ätherischen Rückzugsorte

»Während wir uns auf das Goldene Zeitalter hinbewegen, werden die Schleier fallen und die Menschen der Erde sich der Menschen des Universums bewusst werden.«

EDGAR CAYCE

Die Idee einer Kongregation erleuchteter Wesen, die sich in einem magischen Land, einer Geisterwelt oder anderen Dimension versammeln, taucht in vielen spirituellen Traditionen weltweit auf. Diese Gemeinde der Erleuchteten, kosmischen Lichtwesen, Aufgestiegenen Meister und Engel ist unter vielen verschiedenen Namen bekannt, unter anderem Geheime Häuptlinge, Große Weiße Bruderschaft (zu der jedoch auch Frauen gehören) und Rat des Lichts. Viele der Meister, die Teil dieser Gemeinschaft sind, werden in diesem Buch beschrieben, während viele andere nicht von uns erreicht werden können. Sie alle sind seit Hunderten, wenn nicht sogar Tausenden von Jahren unsere Wegbereiter gewesen.

Dieser Hohe Rat, wie ich ihn hier nennen werde, bewahrt die Akasha-Chronik, das spirituelle »Buch des Lebens«, das jedes Ereignis aufzeichnet – jedes Auf und Ab, jede Erfahrung sämtlicher Inkarnationen über alle Zeiten hinweg. Nach unserer Rückkehr in die spirituelle Dimension benutzen wir diese Aufzeichnungen, um unser Leben zu überprüfen, eine Inventur unserer Leistungen vorzunehmen und unser Karma zu verstehen. Das ist der Moment, wenn wir die Gelegenheit erhalten, wieder auf die Welt zu kommen und weiter zu lernen, oder unsere spirituelle Rolle anzunehmen, beispielsweise um Geistführer und, in manchen Fällen, ein Meister zu werden.

Ich weiß nicht, wie es Ihnen geht, aber ich habe Seelenerinnerungen, aufblitzende Momente aus einer Zeit, bevor ich mich in diesem Körper befand und noch in der spirituellen Dimension existierte. Ich erinnere mich, wie ich an einem Tisch saß, in einem Raum voller Licht, mit anderen Wesen und Aufgestiegenen Meistern. Ich fühlte mich zugleich von absoluter Größe und familiärer Geborgenheit umgeben. Ich erinnere mich, wie ich über Seelenverträge und wichtige Lektionen sprach und hoffte, dass ich mich in diesem Leben an meinen kosmischen Ursprung erinnern würde. Außerdem erinnere ich mich, dass diese Meister Teil meiner spirituellen Entwicklung sein würden und ich sie von der irdischen Ebene aus kontaktieren könnte.

Ich weiß, dass ich nicht die einzige Seele bin, die an jenem Tisch saß. Viele von uns, die den Ruf verspüren, sich spirituell weiterzuentwickeln, haben jenen Ratssaal viele Male aufgesucht, um sich auf ihre kommende Lebenszeit vorzubereiten. Es fühlt sich nicht so an, als würde dieser Raum auf der linearen Zeitachse existieren, sondern jenseits von ihr. Während ich darüber schreibe, fühle ich mich wieder in diesen ehrwürdigen Saal in einer höheren Dimension oder einem anderen Universum zurückversetzt.

Ich glaube, dass wir alle die Fähigkeit haben, uns an Aspekte dieser Begegnungen mit dem Hohen Rat unserer spirituellen Ahnen zu erinnern. Ich würde sogar noch weiter gehen und sagen, dass Sie dieses Buch nicht nur lesen und sich intuitiv dazu aufgerufen fühlen, Kontakt mit den Meistern aufzunehmen, einfach weil Sie neugierig sind oder lernen wollen, sondern weil Sie auf einer spirituellen Ebene dabei sind, diese Erinnerungen freizuschalten.

Der Gedanke, sich an Dinge jenseits dieser Lebenszeit erinnern zu können, ist nicht neu. Ebenso wenig die Idee, sich für eine Reinkarnation zu entscheiden. Es wird gesagt, dass Seine Heiligkeit der Dalai Lama wählen kann, ob er reinkarnieren will oder nicht. Das Gleiche gilt auch für andere Lamas. Als ich dieses Buch schrieb, im Jahre 2020, hatten wir das Vergnügen, auf dem gleichen Planeten zu existieren wie Tenzin Gyatso, der 14. Dalai Lama. Was bedeutet, dass er die 14. Wiederkehr derselben Seele ist. Am Ende jedes Lebens gibt er ein Zeichen, wo in der Welt er sich reinkarnieren wird. Es zieht dann ein Suchtrupp los, um nach dieser neuen Inkarnation zu forschen. Sobald sie gefunden ist, normalerweise in der Form eines sehr kleinen Jungen, wird eine Reihe von Tests durchgeführt, um zu überprüfen, ob er wirklich der wiedergeborene Dalai Lama ist. Dazu gehört das Identifizieren persönlicher Objekte, beispielsweise Gebetsperlen, aus der vorherigen Inkarnation. Das bedeutet, der Dalai Lama übernimmt seine Position aufgrund von Informationen aus einem früheren Leben, an die er sich im gegenwärtigen Leben erinnert. Ich finde das richtig cool!

Haben Sie Erinnerungen an ein früheres Leben? Sind Sie jemals an einem Ort gewesen, der sich vertraut angefühlt hat, Sie aber nicht wussten, warum? Reagieren Sie besonders auf einen bestimmten Heiligen, Meister oder Lehrer aus der Vergangenheit? Vielleicht liegt es daran, dass Sie ihn oder sie in einem früheren Leben kannten. Oder im Jenseits. Hatten Sie jemals das Gefühl, vor dem Hohen Rat gestanden zu haben? Was hat man Ihnen gesagt?!

Ätherische Rückzugsorte

Der »Raum«, in dem der Hohe Rat zusammenkommt, ist ein sogenannter ätherischer Rückzugsort. Dabei handelt es sich um jenseitige Orte, die wir im Traumzustand, in der Meditation oder zwischen einer Lebenszeit und der nächsten besuchen können. Es sind Energie-Portale, die wir durchschreiten, um unsere spirituelle Erkenntnis zu vertiefen. Selbst wenn wir uns nicht an das erinnern, was dort passiert: Ich weiß aus Erfahrung, dass wir Informationen empfangen, die wir bei Bedarf nutzen können.

Ich erinnere mich, wie ich zum ersten Mal einen ätherischen Rückzugsort entdeckte. Es geschah, als ich mit anderen medial interessierten Personen in einem Kreis zusammensaß. Sich regelmäßig zu treffen, um zu meditieren, empfand ich als sehr förderlich, und jene Zeit war extrem wichtig für mein spirituelles Wachstum. Normalerweise wurden wir auf einer geführten Meditation zu einer Art Strand oder Höhle gebracht, wo wir geliebte Menschen und manchmal auch unsere Geistführer trafen. Ich liebte diese Meditationen, und im Laufe der Jahre dauerten sie immer länger, und wir gingen tiefer und tiefer hinein. Dann eines Nachts, ich muss ungefähr 16 gewesen sein, entschied meine Lehrerin, dass wir alle auf unsere eigene Meditationsreise gehen sollten, anstatt uns führen zu lassen.

Ich erinnere mich an diesen speziellen Abend, denn als sie uns auf unseren eigenen Weg losschickte, fühlte es sich an, als ob etwas Großes in Bewegung geraten war. Ich höre noch ganz deutlich die Musik. Es war der Gesang amerikanischer Ureinwohner – durchdringend, leidend und mächtig zugleich. Das dumpfe Trommeln und der unaufhörliche Gesang übten eine hypnotische Wirkung aus. Ich weiß noch, dass ich ständig schluckte und das Gefühl hatte, vornüber zu fallen. Sie kennen das Gefühl, wenn man während eines Fluges oder auf dem Rücksitz eines Autos einnickt? Genauso fühlte es sich an.

Ich ging tiefer und tiefer, als ich mich plötzlich in einem gigantischen Gebäude wiederfand. Der Boden bestand aus schwarzen und weißen Kacheln – eine Mischung aus Freimaurertempel und Modenschau von Chanel. Als ich meine Füße bewegte, entstand ein Echo, weil die Wände so weit auseinander waren und die Decke so hoch. Ich erinnere mich, dass ich eine riesige Treppe sah, die sich rechts und links vor mir auftat, und einem Wesen begegnete. Ich kann ich mich jedoch weder an sein Gesicht erinnern noch an das, was danach passierte. Ich weiß nur, dass es etwas Großartiges war.

Als ich in meinen Normalzustand zurückkehrte, waren ungefähr 40 Minuten vergangen, doch ich hatte das Gefühl, es seien nur fünf gewesen. Später wurden wir alle aufgefordert, unsere Erfahrungen zu teilen. Als ich an der Reihe war, und noch bevor ich etwas sagen konnte, meinte jemand: »Nun, wir wissen, dass Kyle etwas Tolles erlebt hat … Hat noch jemand von euch gesehen, wie seine Seele seinen Körper verlassen hat?« Jemand anderes meinte: »Ich dachte, es wäre nur mir so gegangen, doch in meiner Meditation sah ich Kyle vorbeigehen, so als wollte er weiter in den nächsten Raum. Ich nahm einfach an, dass er aufs Klo wollte, oder so.«

Meine Lehrerin, ein äußerst erfahrenes Medium, erklärte, dass ich tatsächlich den Raum verlassen hatte. »Kyle hat sich auf eine Seelenreise begeben und kann uns nun erzählen, wohin er gegangen ist!«

»Echt, das habe ich getan?«, sagte ich. »Ich dachte, ich wäre einfach eingeschlafen, weil ich ständig vornüberfiel.«

»Du bist nicht nach vorne gefallen, Kyle. Du hast die ganze Zeit aufrecht gesessen. Doch ich sah deine Seele, wie sie deinen physischen Körper verließ und durch eine Art Portal ging.«

Einerseits war ich überrascht, doch andererseits auch wieder nicht. Ich begann, den anderen im Kreis von meiner Erfahrung zu erzählen.

»Du bist zu den Großen Hallen des Lernens gegangen«, sagte mir meine Lehrerin. »Einige der besten Medien, die mir je begegnet sind, haben davon berichtet, an diesen spirituellen Rückzugsort gebracht worden zu sein. Es ist ein Ort, wo große Meister Informationen in deine Seele übertragen, die deiner spirituellen Entwicklung helfen werden.«

Das war also der Abend, an dem ich in die ätherischen Rückzugsorte der Meister eingeweiht wurde.

Wir müssen nicht meditieren, um diese Orte zu erreichen. Ich weiß mit Sicherheit, dass viele von uns Träume haben, in denen sie diese geweihten Orte aufsuchen. Ich kann die vielen Träume, in denen ich mich auf heiligem Boden bewegte, mit wilden Tieren rannte und mich in Harmonie mit der Natur befand, nicht mehr zählen. Ich hatte Träume, in denen ich die Lamas im Himalaya und heilige Tempel im Herzen der Pyramiden besucht habe. Ich weiß, dass diese Träume eine Mischung aus Seelenerinnerungen und Orten sind, an die ich mich auf meinen Seelenreisen begeben habe.

Falls Ihnen all dies bekannt vorkommt, vertrauen Sie darauf, dass es so ist. Sie befinden sich in einem Prozess, ähnlich dem, den ich durchlaufen habe. Entdecken Sie Ihre spirituelle Wahrheit und erinnern Sie sich an die heiligen Informationen, die in Ihrem innersten Wesen gespeichert sind. Dies ist eine ganz besondere Zeit.

Es gibt viele Ideen und Konzepte im Hinblick auf die spirituellen und ätherischen Rückzugsorte, und man sollte nicht vergessen, dass spirituelle Erlebnisse häufig sehr persönlich sind und es in Ordnung ist, dass gegensätzliche Vorstellungen existieren. Wir alle verarbeiten unsere Erfahrungen mit dem Verstand, der uns in unserer gegenwärtigen menschlichen Hülle gegeben ist.

Waren Sie jemals an einem solchen Rückzugsort? Sind Sie jemals in einem Traum oder einer Meditation an irgendeinen Ort gebracht worden? Erinnern Sie sich, einen Tempel, eine gigantische Halle oder ein magisches Königreich besucht zu haben?

Hier sind ein paar typische Erfahrungen aufgelistet, die man häufig macht, wenn man einen spirituellen Rückzugsort in einem Traum oder einer Meditation aufsucht:

- Sie fühlen oder träumen, dass Sie Ihren Körper verlassen und ein weit entferntes Land besuchen.
- Sie wissen nicht, wo Sie sind, aber es fühlt sich vertraut an.
- Sie sehen leuchtende Farben und feine Details.
- Sie spüren, dass Sie nicht allein sind.

- Sie treten in Kontakt mit spirituellen Meistern, Ältesten oder anderen Wesen des Lichts.
- Wenn Sie aufwachen, wissen Sie, dass Sie während des Schlafs gereist sind.

Ich glaube, das Ziel bei dem Besuch ätherischer Rückzugsorte besteht darin, in direkten Kontakt mit jener Energie zu treten, mit der wir uns im Gebet verbinden. Wenn wir zu diesen heiligen Orten reisen, werden uns dort die unglaublichsten Erfahrungen zuteil, und wir fühlen uns verbunden mit etwas, das größer ist als wir selbst.

Darüber hinaus empfangen wir energetische Upgrades, Übertragungen und Aktivierungen. Lichtkodierte Informationen werden direkt von der Quelle in unser Energiefeld transferiert. Sie stehen uns dann zur richtigen Zeit und am richtigen Ort zur Verfügung.

Man kann es mit der Einstimmung beim Reiki vergleichen: Sie empfangen eine direkte Übertragung der Energie-Codes, Informationen und des Lichts, um Sie auf Ihrem weiteren Weg zu unterstützen.

Hier ist eine Liste verschiedener ätherischer Rückzugsorte, doch sollten Sie wissen, dass es überall in der göttlichen Matrix (siehe Kapitel 5) viele weitere gibt. Es ist gut möglich, dass Sie einige dieser Orte während Ihrer eigenen Meditationen und Traumerfahrungen kennenlernen.

Die Großen Hallen des Lernens

Diese Hallen sind der Ort einer heiligen Mysterienschule, an den wir uns begeben können, um unsere spirituelle Verbindung zu entwickeln. Sie sind von besonderer Bedeutung für alle, die als Medium arbeiten oder ihre Fähigkeit entwickeln wollen, Energien zu bündeln.

Die Violette Flamme

Die Violette Flamme ist ein ätherischer Rückzugsort, welcher der Umwandlung und Transformation gewidmet ist. Diese riesige violette und manchmal goldfarbene Flamme kann uns helfen, spirituelle Alchemie zu erleben. Indem wir unsere Ängste oder Bedenken dieser Flamme übergeben, erlauben wir den Energien der Dunkelheit und Angst zu verbrennen und als Licht wiedergeboren zu werden, gleich einem Phönix, der aus der Asche steigt.

Siehe hierzu auch Lady Portia (S. 248) und Saint Germain (S. 253).

Die Hallen von Amenti

Die Hallen von Amenti sind der Ort, an dem die Energien der »Smaragd-Tafel« (siehe Seite 283) gespeichert sind. Sie werden von Thot überwacht, und es heißt, dass es sich dabei um einen heiligen Raum des Lernens handelt, der auf energetischem Wege aus Atlantis an einen ätherischen Platz über oder innerhalb der Großen Pyramide von Gizeh transportiert wurde. Wir müssen jedoch nicht nach Ägypten reisen, um dorthin zu gelangen, da es sich um einen energetischen Raum handelt. Wir können uns dahin begeben, um in die Geheimnisse göttlicher Magie eingeweiht zu werden, damit wir die Energien des Himmels und der Erde nutzen und mit ihnen arbeiten können. Viele Menschen haben berichtet, die Hallen von Amenti als einen Raum mit vielen Säulen erlebt zu haben, einen tempelähnlichen Ort mit einem riesigen Altar, in dem alles von einer leuchtenden smaragdgrünen Farbe umgeben ist.

Siehe hierzu auch Thot (Seite 280).

Shambhala

Shambhala, auch als Shangri-La bekannt, ist eine verborgene Stadt des Lichts, die sich angeblich irgendwo im Himalaya in der Nähe von Tibet befindet. Sie ist stark mit östlichen Traditionen wie dem Buddhismus verbunden. Laut theosophischen Lehren können wir an diesem heiligen ätherischen Rückzugsort mit einigen der größten spirituell Eingeweihten, erleuchteten Lehrern und Aufgestiegenen Meistern in Kontakt treten, die je auf Erden wandelten. Im Buddhismus und im Hinduismus gilt Shambhala als das Zuhause von Shiva und Buddhas (erleuchteten Wesen), und, der alttibetischen Bön-Tradition folgend, begeben sich auch heute noch jedes Jahr Tausende auf eine Pilgerreise zum Berg Kailash, dem vermeintlichen Ort der verborgenen Stadt, von der es heißt, dass sie Glück bringt.

Die Verborgenen Tempel des Himalaya

In seinem Buch »Autobiographie eines Yogi« berichtet Paramahansa Yogananda darüber, wie er in einen verborgenen Tempel im Himalaya gebracht worden sei und Mahavatar Babaji (siehe Seite 211) getroffen habe. In vielen yogischen Traditionen geht man davon aus, dass einige der größten spirituell Eingeweihten, Sadhus und Yogis einen so tiefen Zustand der Erweckung erreicht haben, dass sie in der Lage waren, Leben und Tod zu transzendieren und diese Verborgenen Tempel zu erreichen, in denen all die großartigen Lehren der yogischen Traditionen gespeichert sind.

Lemuria und Lemurische Tempel der Heilung

Es wird gesagt, dass Lemuria eine vorgeschichtliche Zivilisation im pazifischen Ozean war. Man geht davon aus, dass die Einwohner dieses heiligen Landes in vollkommener Harmonie mit der Natur lebten und – ähnlich wie in dem Film »Avatar« – eine

Verbindung zu allen Lebewesen hatten und ihre physische Existenz transzendieren konnten.

Obwohl das physische Lemuria seit Langem untergegangen ist, existieren immer noch spirituelle Erinnerungen an diesen Ort und seine heilenden Gewässer. Viele Suchende sind dorthin geführt worden, um spirituelle Upgrades und göttliche Heilung zu empfangen. Wenn Sie sich besonders verbunden fühlen mit Lemuria, kann es sein, dass Sie in weit zurückliegenden Zeiten dort gelebt haben, oder dass eine Seele, die in Lemuria ein Heiler oder weiser Mensch gewesen ist, Ihnen heute als einer Ihrer Geistführer zur Seite steht.

Physische Orte

Es gibt jede Menge Informationen über bestimmte Gegenden auf der Landkarte, »in« oder »über« denen spirituelle Rückzugsorte auf mehrdimensionalen Ebenen liegen. Meine eigene Erfahrung zeigt mir, dass es uns nicht möglich ist, all die tatsächlich existierenden, spirituellen Dimensionen aus unserer menschlichen Perspektive heraus voll zu begreifen. Was ich jedoch mit Sicherheit weiß, ist, dass es viele spirituelle Rückzugsorte und ätherische Räume gibt, die wir besuchen können. Wenn Sie das Gefühl haben, in einer Art heiligem Land gewesen zu sein, entweder im Traum, während einer Meditation oder in einem früheren Leben, glaube ich Ihnen!

Nicht wenige spirituelle Autoren sagen zudem, dass manche Örtlichkeiten, unter anderem Mount Shasta in Nordkalifornien, die physischen Rückzugsorte der Meister sind. Es gibt viele heilige Orte auf der Welt, und ich spüre, dass die Ansammlung von Energien an diesen spirituellen »Hotspots« es uns ermöglichen kann, von da aus in die geistigen Gefilde aufzubrechen. Ich erinnere mich, dass ich bei meinem Besuch des Arunachaleshwara-

Tempels in der indischen Stadt Tiruvannamalai Engel sah, die ich nie zuvor erblickt hatte.

In Glastonbury, im Südwesten von England, erlebte ich auf äußerst eindrucksvolle Weise die Präsenz der Schwarzen Madonna. Daher verstehe ich, warum viele dieser spirituellen Orte, besonders in den letzten paar Jahrhunderten, mit den Aufgestiegenen Meistern in Verbindung gebracht wurden.

Abgesehen davon habe ich das Gefühl, dass das menschliche Bestreben, die Aufgestiegenen Meister bestimmten Lokalitäten zuzuordnen, diesen unnötige Grenzen setzt. Meiner Erfahrung nach können wir uns stets mit den Meistern und ihrem uralten Wissen verbinden, wo immer wir sind und wann immer wir möchten. Außerdem glaube ich, dass wir über unsere physische Welt hinausblicken und erkennen müssen, dass die Energien der Meister in Bereichen existieren, die jenseits unserer Vorstellung liegen.

Die einzigen beiden Ausnahmen, die ich mache, wenn es darum geht, die Meister mit bestimmten Orten zu verknüpfen, sind die Verborgenen Tempel im Himalaya und die verborgene Stadt von Shambhala. Diese Örtlichkeiten sind seit Hunderten, wenn nicht sogar Tausenden von Jahren Teil des östlichen Glaubenssystems. Doch obwohl sie als physische Orte betrachtet werden, denke ich, dass sie in Wahrheit ätherische Rückzugsorte sind, die nur mittels spiritueller Erfahrungen besucht werden können.

Denken Sie daran, Sie können sich überall mit den Meistern verbinden.

TEIL II

DIE VERBINDUNG HERSTELLEN

Ich rufe die Göttlichen Meister, Bewahrer
der alten Weisheit, den Rat des Lichts.
Versammlung großer Seelen, danke, dass Ihr mir helft,
ein tiefgehendes Verständnis für den Aufstieg zu erlangen.
Ich bin bereit, mir Dinge zeigen zu lassen
und gelehrt und geführt zu werden.
Danke für das Herunterladen von Informationen
auf meine Frequenz, die meine spirituelle Suche
und mein Bestreben fördern werden.
Gebt mir auf liebevolle Weise in meinen Träumen,
Meditationen und Momenten der Kontemplation Hinweise,
die mir helfen werden, dieses Wissen zu verinnerlichen.
Danke, dass Ihr mich zu aufschlussreichem,
wahrhaftem und erleuchtetem Wissen führt.
Danke, dass Ihr mich führt, um einen Moment
von Samadhi zu erleben.
Ich bin offen, Verbundenheit und Seligkeit zu erfahren.
Ich bin bereit.
Und so ist es.

KAPITEL 5

Die göttliche Matrix

»Was immer einen direkt betrifft, betrifft indirekt alle. Ich kann nie sein, was ich sein soll, bevor du nicht bist, was du sein sollst. Dies ist die wechselseitige Struktur der Realität.«

MARTIN LUTHER KING JR.

Das ganze Universum ist miteinander verbunden. Alles, was jemals war, ist und sein wird, ist vernetzt durch ein unsichtbares Energieband, das jedes Lebewesen aus der Vergangenheit, Gegenwart und sogar Zukunft vereint.

Das ist nichts Neues. Wir haben es zum Beispiel von Jesus, Buddha und selbst Bob Marley gehört. Mittlerweile bieten Wissenschaftler Beweise an, die uns helfen, diese Verbundenheit zu verstehen.

Albert Einstein war ein begnadeter Mann, dessen Arbeit nicht nur die Wissenschaft entscheidend voranbrachte, sondern auch das Verständnis des menschlichen Geistes. In einem seiner berühmtesten Zitate, auf die ich oft in meinen Vorträgen und Seminaren Bezug nehme, stellte er fest: »Energie kann nicht vernichtet werden. Sie kann lediglich von einer Form in eine andere umgewandelt werden.«

Mir erscheint das sehr einfach und verständlich. Energie ist unzerstörbar, doch kann sie ihre Form ändern. Für mich ist die Seele Energie. Diese Energie lebt in unserer menschlichen Hülle und wird so lange dort leben, bis die menschliche Hülle bereit ist, ihre nächste Form anzunehmen. Es erinnert mich an die Entwicklung, die eine Raupe durchläuft, um zum Schmetterling zu werden; wie sie eine radikale Transformation vollzieht, um eine noch schönere Version ihrer selbst zu werden.

Ich war schon immer fasziniert von dem Konzept der Einheit. Zu Beginn meiner Vorträge und Seminare erinnere ich die Teilnehmer gerne daran, dass wir alle aus derselben Quelle der Schöpfung kommen und alle zu derselben Quelle zurückkehren werden. Keiner ist heiliger oder besonderer als der andere. Wir sind alle gleich.

Und wir sind alle miteinander verbunden. Vielleicht verstehen wir nicht ganz, *wie* wir verbunden sind, doch wir wissen, dass dem so ist. Ich nenne unsere Verbundenheit gerne die »göttliche Matrix«. Es handelt sich um den universellen Geist, die Macht, das Licht, das Quantenfeld und auch das, worauf wir uns beziehen, wenn wir den einfachen Begriff »Geist« benutzen. Es ist der Ort, an den wir alle eines Tages zurückkehren – doch es ist ebenso der Ort, an dem wir uns jetzt befinden.

Am besten lässt es sich meines Erachtens als Gitter beschreiben. Wir alle sind Punkte auf diesem Gitternetz und dadurch miteinander verbunden. Ich bin mit Ihnen verbunden und Sie mit mir. Wir sind beide mit all unseren Ahnen und Liebsten verbunden. Wir sind darüber hinaus sowohl mit all den unterschiedlichen Aspekten unserer selbst verbunden, in Vergangenheit, Gegenwart und Zukunft, als auch mit all den großen Seelen, die je waren, sind und sein werden. Sie sind jetzt, in diesem Moment, mit Engeln und Meistern und erleuchteten Wesen verbunden. Und durch dieses unsichtbare Energieband haben wir alle die Fähigkeit, die göttliche Intelligenz anzuzapfen, die durch die Matrix pulsiert.

Der Grund, warum wir uns nicht immer dieser Verbindung oder Intelligenz bewusst sind, ist, dass sie auf einer anderen Schwingungsebene operiert, als wir sie von der dreidimensionalen Welt her kennen. Um sich auf diese höhere Schwingung einzustimmen, müssen wir unsere eigene Schwingung erhöhen. Wir müssen die bewusste Entscheidung treffen, aus dem dreidimensionalen Zustand in einen höher-dimensionalen Zustand zu gelangen. Das kann durch tiefes Atmen und Meditation erreicht werden.

Ich erinnere mich, wie ich eines Tages meditierte und darum bat, dass mir »die wahre Bedeutung von allem« offenbart werde. Ich hatte schon immer wichtige Fragen dazu, wie das Universum erschaffen wurde und wie das alles funktioniert. An jenem Tag versuchte ich herauszufinden, wie die Engel in das große Ganze passten. Da ich die meiste Zeit meines Lebens damit verbracht hatte, mit ihnen zu arbeiten, schien es mir eine total natürliche und folgerichtige Frage zu sein.

Als ich darum bat, man möge mir Einblick in »die wahre Bedeutung von allem« gewähren, erblickte ich eine riesige goldene Blume des Lebens und wurde im gleichen Moment an einen Ort gebracht, den ich nur als das Herz des Universums beschreiben kann. Es war, als würde ich in eine dieser Plasmalampen schauen, die in den frühen 2000er-Jahren praktisch jeder in meiner Highschool-Klasse zu Weihnachten bekommen hatte. Die Hauptenergiequelle befand sich im Zentrum, und von da aus trugen Energiefäden das Licht nach außen. Jeder Strahl war einzigartig, aber jeder war ein Teil des Ganzen.

Ich erkannte, dass sich Engel und Meister ähneln, da sie mit einer gemeinsamen Quelle verbunden sind, sich jedoch individuell ausdrücken und in Erscheinung treten. Diese Vision half mir darüber hinaus zu verstehen, dass die »Hierarchie« des Gött lichen nicht so sehr vertikal als vielmehr kreisförmig aufgebaut ist – wir alle sammeln Energie aus dem Herzen des Universums und drücken sie auf unsere Art aus. Wir alle haben unsere eigene Rolle zu spielen, doch wir sind alle aus dieser einen Energie erschaffen. Nichts und niemand ist getrennt. Wir alle sind Ausdruck des zentralen Energiebündels, vergleichbar den Energiefäden, die individuell in einer Plasmakugel tanzen.

Die gleiche Vision führte mich zu der Erkenntnis, dass wir jedes Mal, wenn wir Engel, Geistführer oder Meister anrufen, das

Herz der Schöpfung anrufen. Wann immer wir uns mit dem Geist eines Aufgestiegenen Meisters verbinden, verbinden wir uns direkt mit dem göttlichen Geist der Schöpfung.

Diese Vision half mir, vieles zu verstehen, doch warum genau war mir die riesige goldene Blume des Lebens gezeigt worden?

Formen der Verbindung

Die Blume des Lebens

Glyphen und Bilder der Blume des Lebens sind überall auf der Welt gefunden worden, sogar auf über 5000 Jahre alten Säulen in Ägypten. Sie ist mit keiner bestimmten religiösen oder spirituellen Ausrichtung verbunden, was stimmig ist, da sie die Verbundenheit aller Dinge repräsentiert.

Die Blume des Lebens

Ich hatte im Laufe der Jahre immer wieder in spirituellen Kreisen die Blume des Lebens gesehen, und um ehrlich zu sein, als ich sie an jenem Tag in meiner Vision sah, dachte ich nur: »Oh, was für eine hübsche Darstellung der Verbundenheit aller Dinge« – ohne zu erkennen, dass die Blume des Lebens in Wahrheit ein mächtiges Symbol für die Verbundenheit des Universums ist. Ich liebe die heilige Geometrie, ich finde sie einfach wunderschön. Doch erst als ich mit den Recherchen für dieses Buch begann, wurde mir klar, dass die Blume des Lebens buchstäblich ein zweidimensionales Bild der göttlichen Matrix ist. Daher ist sie auch ein kraftvolles Bild, auf das wir uns fokussieren und worüber wir meditieren können, um unser göttliches Potenzial zu aktivieren und die Intelligenz der Meister anzuziehen.

Die Blume des Lebens besteht grundsätzlich aus 19 sich perfekt überschneidenden Kreisen, die 36 Bögen bilden. Doch wenn Sie beginnen, tiefer hineinzuschauen, stellen Sie fest, dass andere Bilder und Informationen enthüllt werden. Im Inneren der Blume des Lebens können Sie geometrische Formen, Strukturen, sogar die Fibonacci-Sequenz finden. Im Folgenden seien nur einige der Formen erwähnt, die Sie darin finden können.

DNA

Die DNA ist Träger genetischer Information und in fast allen lebenden Organismen zu finden, einschließlich uns Menschen. Zu denken, dass wir ein Bild unserer DNA in der Blume des Lebens finden können, ist faszinierend und erinnert uns daran, dass unser menschliches Selbst auf das größere Ganze und das Göttliche ausgerichtet ist.

DNA-Strang

Außerdem fasziniert mich die Tatsache, dass der DNA-Strang, den wir in der Blume des Lebens sehen können, den Umlaufbahnen von Sirius A und B äußerst ähnlich ist. Sirius ist ein binäres Sternensystem, dessen beide Sterne, A und B, einander alle 50 Jahre umkreisen. Beide haben starke Verbindungen zu Sternenwesen (siehe Seite 276).

Das Ei des Lebens

Dieses Bild setzt sich aus einer Ansammlung von Kreisen zusammen, die identisch sind mit der zellularen embryonischen Struktur in ihrer dritten Phase. Sie erinnern sich vielleicht noch an den Biologieunterricht, wo Sie gelernt haben, dass sich eine Zelle im Laufe ihrer Entwicklung multipliziert. Wir alle haben so angefangen, als kleine Zelle, bevor wir uns zu dem entwickelt haben, was wir heute sind.

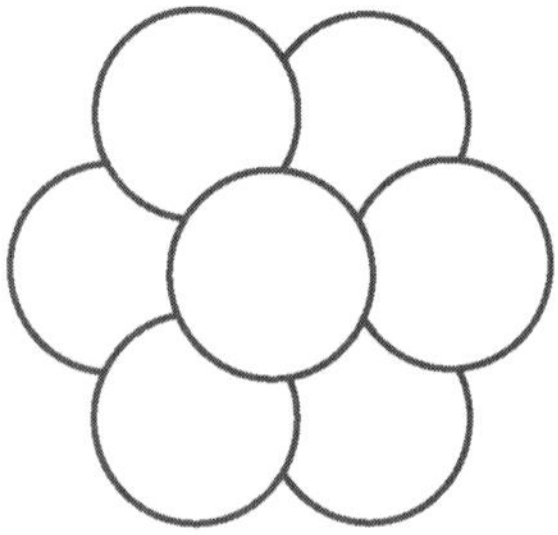

Das Ei des Lebens

Die Frucht des Lebens

Die Frucht des Lebens ist eine Ansammlung von 13 Kreisen, die die Struktur von Atomen und Molekülen nachbildet.

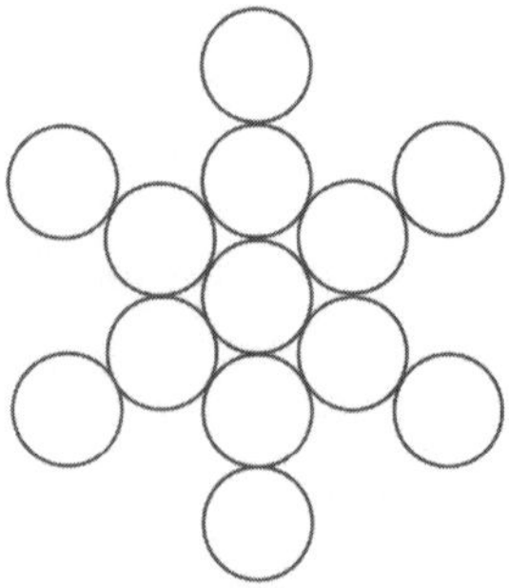

Die Frucht des Lebens

Metatrons Würfel

Wenn Sie die Kreise der Frucht des Lebens miteinander verbinden, erhalten Sie Metatrons Würfel, der alle platonischen Festkörper beinhaltet, die sich auf die fünf Elemente der antiken Alchemie beziehen:

- Hexaeder: Erde
- Oktaeder: Luft
- Tetraeder: Feuer
- Ikosaeder: Wasser
- Dodekaeder: Äther

Metatrons Würfel

Verbinden mit der Matrix

Vielleicht fragen Sie sich, was die göttliche Matrix mit den Aufgestiegenen Meistern zu tun hat. Ich versichere Ihnen, dass ich Ihre Frage respektiere und würdige. Es ist wichtig, Fragen zu stellen und sich mit den Dingen vertraut zu machen.

Der Grund, warum die göttliche Matrix wichtig ist, lautet einfach: Verbundenheit. Sie und wir alle sind Teil der göttlichen

Matrix, die so anschaulich in der Blume des Lebens Ausdruck findet, und das Gleiche gilt für die Meister. Daher sind ihre Weisheit und Führung jederzeit für Sie verfügbar. Wie cool ist das denn?!?

Sich mit der göttlichen Matrix zu verbinden ist einfach, weil Sie bereits mit ihr verbunden sind. Sie leben, atmen und erfahren sie jetzt, in diesem Moment. Legen Sie Ihre Hände auf Ihr Herz. Es ist eine Art Walkie-Talkie, das Ihnen erlaubt, sich bewusst mit der Matrix zu verbinden, und damit mit den Meistern.

Mit der Blume arbeiten

Die Blume des Lebens ist ein weiteres mächtiges Werkzeug, um sich bewusst mit der göttlichen Matrix zu verbinden. Sie gibt uns die Möglichkeit, uns der Verbindung mit der Welt bewusst zu werden – und, noch wichtiger, welche Rolle wir in ihr spielen. Sie vereint alle Aspekte der Schöpfung. Sie repräsentiert unsere DNA; die Zellen, die sich vervielfältigten, um uns zu erschaffen; die Elemente, die durch unser Wesen fließen; die Atome und Moleküle, aus denen wir aufgebaut sind; und die Tatsache, dass wir im Einklang sind mit allem, was ist.

Als ich dieses Buch schrieb, wollte ich unbedingt mehr über die heilige Geometrie lernen und mich durch die Blume des Lebens mit der göttlichen Matrix verbinden. Womit ich meine, mich *bewusst* zu verbinden, denn je bewusster ich mir der heiligen Geometrie wurde, desto mehr erkannte ich, dass ich sie bei mir zu Hause schon seit einigen Jahren unbewusst angewandt hatte. 2017, beim Engel-Kongress in Salzburg, gab es auf dem »Spirituellen Marktplatz« einen Stand, der jede Menge unterschiedlicher Objekte mit Abbildungen aus der heiligen Geometrie verkaufte. Ich erinnere mich, dass ich nicht viel Zeit hatte, um herumzustöbern, aber unbedingt was von dieser Firma kaufen wollte. Also sagte ich zu meinem Veranstalter: »Gib mir einen Moment Zeit«, bevor ich mir unbesehen ein paar dieser Objekte griff und sie an der Kasse bezahlte. Ich erinnere mich, dass das Ganze teurer war, als ich gedacht hatte, und dass der Händler mir eine braune Papiertüte aushändigte, vollgestopft mit Dingen, die ich gekauft hatte. Wie leicht man sich doch hinreißen lässt! Ich hatte drei ausgeschnittene Formen der heiligen Geometrie gekauft. Eine davon war ein Samen des Lebens aus Glasfaser, eine andere ein metallener Getreidekreis, der einen Engel darstellte, ungefähr 20 x 20 cm groß. Und der letzte Ausschnitt war eine vergoldete Blume des Lebens. Ja, vergoldet! Keine Frage, manchmal bin ich einfach etwas zu extravagant.

Ich packte meine neuen Schätze erst aus, als ich wieder zu Hause war. Dann legte ich den Samen des Lebens ohne nachzudenken auf meinen Altar, der im Erdgeschoss neben dem Fenster steht, hing den Engel-Getreidekreis direkt gegenüber meinem Bett auf, so als würde er über mich wachen, und stellte die vergoldete Blume des Lebens auf meinen Nachttisch. Sie alle befinden sich nach wie vor am selben Platz. Als ich also darüber nachzudenken begann, dass die göttliche Matrix durch die Blume des Lebens dargestellt wird, fing ich an, mit der goldenen Schönheit zu meditieren, und wenn ich zu Bett ging, legte ich Kristalle daneben. Wann immer ich einen Energieschub brauchte, legte ich diese Kristalle auf meine Chakra-Punkte und machte eine Viertelstunde lang eine Art »Power-nap«-Meditation. Ich hatte das Gefühl, dass ich mich – um die Heiligkeit der heiligen Geometrie wirklich zu verstehen – auf ihre Frequenz einlassen musste.

Dann eines Nachts dämmerte es mir: Um mich *wirklich* in die Blume zu versenken, musste ich sie zeichnen. Also nahm ich mein vergoldetes Schmuckstück, einen Zeichenblock und einen Stift und begann, den ersten Kreis nachzuzeichnen, dann den zweiten, dritten und vierten. Irgendwie fühlte sich das Zeichnen dieser Struktur natürlich an. Ich tat es, ohne wirklich darüber nachzudenken. Es scheint, dass man das Zeichnen der heiligen Geometrie nicht nur durch die praktische Anwendung lernt, sondern auch, indem man sich durch die Meditation annähern kann. Es dauerte nicht lange, und ich zeichnete Blumen des Lebens in Notizheften, auf dem Computer, auf Zeichenpapier und auf jede verfügbare freie Fläche. Warum versuchen Sie es nicht selbst mal?

Die Blume des Lebens zeichnen

Ich empfehle Ihnen, einen Zirkel oder runden Winkelmesser zu benutzen, um Ihre Blume zu zeichnen. Ich habe festgestellt, dass ich nicht so aufmerksam bin, wenn ich einen Zirkel benutze, doch wenn Sie ihn gerne benutzen, dann tun Sie es. Sie können auch eine Münze oder etwas anderes nehmen, das rund und flach ist. Es wird jedoch schwieriger, die zentralen Achsenpunkte richtig auszurichten, wenn Sie durch das, was Sie benutzen, nicht hindurchsehen können.

Ich habe einen ganzen Zeichenblock der heiligen Geometrie gewidmet, doch Sie können auf alles zeichnen, vom Notizheft bis zur Rückseite von Briefumschlägen. Schon häufig habe ich die Blume des Lebens und den Samen des Lebens als Kreidegemälde auf Bürgersteigen gesehen. Sie zaubern jedes Mal ein Lächeln auf meine Lippen.

Sobald Sie alles bereit haben:

- Nehmen Sie Ihren Zirkel oder Winkelmesser und zeichnen Sie einen Kreis in die Mitte des Papiers.
- Jetzt legen Sie den zentralen Achsenpunkt Ihres Winkelmessers auf den Rand des ersten Kreises und zeichnen einen zweiten Kreis. Sie haben nun eine Fischblase (Vesica piscis), die so aussieht:

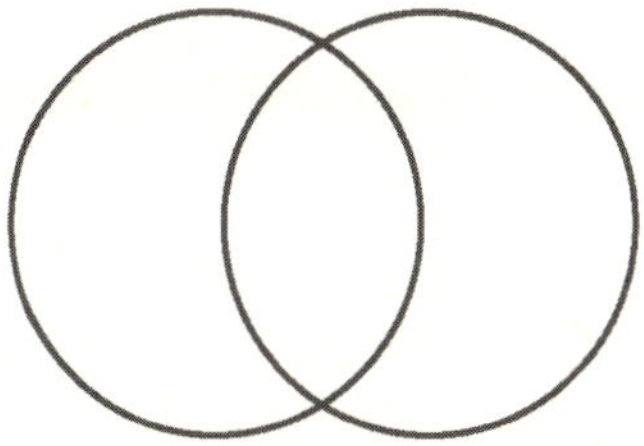

Die Fischblase

- Dann gehen Sie zum gegenüberliegenden Rand des mittleren Kreises, richten das Ende Ihres Winkelmessers auf den Rand des zweiten Kreises und die zentrale Achse auf die Linie des ersten Kreises aus und zeichnen Ihren nächsten Kreis.
- Zeichnen Sie dasselbe diagonal, und Sie haben fünf Kreise.
- Jetzt haben Sie in den vier Ecken fischblasenartige Formen. Nehmen Sie Ihren Winkelmesser und richten Sie seine Mittelachse so aus, dass sie die Mitte der »Blume« berührt und auf die Zentralachse innerhalb der Fischblasen-Formen ausgerichtet ist. Jetzt haben Sie neun sich überschneidende Kreise in perfekter Anordnung. Dies ist der Samen des Lebens. In ihm können Sie auch das Ei des Lebens finden. Sie sind dabei, sich in Einklang mit den Energien der menschlichen Schöpfung zu bringen.
- Dies ist der Moment, wo es besonders spannend und aufregend wird. Jetzt, wo jeweils zwei Kreise sich überschneiden, richten Sie die zentrale Achse Ihres Winkelmessers auf das Zentrum der beiden Kreise aus und ziehen einen weiteren Kreis. Setzen Sie diese Kreise immer weiter fort, und da ist sie, die Blume des Lebens!
- Das Ziel ist eine Blume, die vertikal und horizontal jeweils fünf Kreise lang ist, in der sowohl die Frucht des Lebens als auch Metatrons Würfel zu sehen ist.

Ich schlage Ihnen vor, mit verschiedenen Mustern aus der heiligen Geometrie zu arbeiten und vielleicht ein Lineal zu Hilfe zu nehmen, um die Linien miteinander zu verbinden und Formen zu zeichnen. Doch bevor Sie damit anfangen, empfehle ich Ihnen, die folgende Übung auszuprobieren, um sich bewusst mit der Matrix zu verbinden.

Verbindung herstellen mit der göttlichen Matrix

Nachdem Sie die Blume des Lebens fertig haben, halten Sie sie in Ihren Händen, konzentrieren Sie Ihren Blick auf den zentralen Punkt und atmen Sie tief ein und aus.

Während Sie auf diesen zentralen Punkt blicken, erkennen Sie, dass er sinnbildlich ist für Ihre Verbindung mit allem, was ist.

Sprechen Sie die folgende Affirmation:

Ich bin eins mit allem, was ist, für immer mit dem Leben verbunden.
Ich bin eins mit allem, was ist, erfüllt von Liebe und Licht.
Ich bin eins mit allem, was ist. Die göttliche Intelligenz steht jetzt für mich bereit.
Ich bin eins mit allem, was ist, im Einklang mit der göttlichen Matrix.

Halten Sie inne und genießen Sie ganz bewusst das Gefühl der Verbundenheit.

Die sieben Strahlen

Die sieben Strahlen (engl.: *seven rays*) werden in vielen spirituellen Kreisen weltweit erwähnt. Die Zahl Sieben gilt seit jeher aus unterschiedlichen Gründen als besonders und heilig. So hat die Woche sieben Tage, es gibt sieben Kontinente, sieben Ozeane und sogar sieben Wirbel im Nacken sowie die sieben Hautschichten des Körpers.

Die sieben Strahlen werden als Verlängerungen der göttlichen Energie betrachtet, die uns erlauben, in diversen Bereichen unseres Lebens energetische Hilfe herunterzuladen und aufzunehmen. Jeder dieser Strahlen ist mit einem Erzengel und Aufgestiegenen Meister verbunden, die im Wesentlichen die energetischen Bewacher dieser göttlichen Energiequellen sind.

Wie in vielen anderen Fällen der Spiritualität heutzutage gibt es im Hinblick auf diese geistigen Strahlen jede Menge gegensätzlicher Meinungen. Ich habe mir lange den Kopf über all das zerbrochen, bevor mir klar wurde, dass ich meine Engelführer und die Göttlichen Meister bitten musste, mir die Information zu vermitteln, die ich brauchte. Als Antwort stellte sich bei mir das deutliche Gefühl ein, dass ich die Information bereits kannte und geteilt hatte, ohne sie jedoch in ein kohärentes Ganzes zusammenzufügen.

Als ich darüber nachdachte, wurde mir klar, dass ich stets bestimmte Erzengel mit bestimmten Farben verbunden hatte. Meine Zuordnung ihrer Gaben und Heilungsabsichten beruhte auf meinen Interpretationen der Farben, die ich gesehen hatte, als ich mit ihnen verbunden war. Ich hatte in meinem Buch »Hallo Engel!« bereits ausführlich über Erzengel geschrieben, und mein damaliger Ansatz ähnelte dem, den ich benutzte, als ich die Informationen über die Göttlichen Meister für dieses Buch sammelte. Es stimmte also, ich musste nur die Informationen verknüpfen und so weitermachen wie bisher.

Um die sieben Strahlen zu verstehen, stellen Sie sich einen Diamanten vor. Wenn er vom Licht geküsst wird, leuchtet sein Innerstes auf und strahlt Licht aus, das von anderen Oberflächen reflektiert wird. Diese Reflexionen werden regenbogenfarbig sein, und je nachdem, wohin sie ausstrahlen, treten einige Farben klarer und dominanter hervor als andere. Die Quelle der Schöpfung ist so wie dieser Diamant. Sie ist ein Lichtbringer und Lichtverteiler. Jede Nuance des reflektierten Lichts besitzt unterschiedliche Eigenschaften und Gaben. Wenn wir uns mit speziellen Meistern verbinden, kann es sein, dass wir eine bestimmte Farbe sehen oder uns zu ihr hingezogen fühlen. Dabei handelt es sich jedes Mal um eine Botschaft. Wir laden dabei die energetischen Frequenzen herunter, die uns dieser Meister darbietet.

Die sieben Strahlen werden oft in einer bestimmten Anordnung gezeigt, so als ob es eine Art Hierarchie innerhalb des spirituellen Bewusstseins geben würde. Meine Geistführer haben mich darüber informiert, dass es sich hierbei um einen Irrtum handelt und diese spirituellen Strahlen nicht auf eine lineare Weise aus dem Herzen der Quelle entspringen, sondern eher in einer kreisförmigen. Mir wurde ein Bild der spirituellen Ebene in Form einer Sphäre unendlichen Lichts gezeigt, das in sieben Richtungen ausstrahlt. In jede dieser Richtungen leuchtet einer der Strahlen, die jeden Menschen erreichen und von allen zu jeder Zeit herbeigerufen werden können. Wenn wir uns selbst visualisieren, eingetaucht in die Farbe eines bestimmten Strahls, ziehen wir gleichzeitig die höheren Schwingungen der Meister und Engelsführer dieses geistigen Strahls in unser direktes Umfeld.

Auf den folgenden Seiten finden Sie Anrufungen für die einzelnen Strahlen, damit Sie ihre Energien auf sich ziehen und sie in Ihrer Welt direkt erfahren können. Am Ende bringt Sie die abschließende Aktivierung mit der göttlichen Matrix in Einklang.

Der Saphirblaue Strahl

- *Energetische Schlüsselwörter:* Willenskraft, Intention, Schutz
- *Erzengel:* Michael und Faith
- *Göttliche Meister:* Morya, Mutter Maria

Der Saphirblaue Strahl ist die Energie der Wahrheit und Integrität. Wenn wir blaue Energien herbeirufen oder mit ihnen in Berührung kommen, nehmen wir das reine Licht der Quelle in uns auf, das uns hilft, unseren Willen und unsere Absichten zu stärken.

Anrufung
Ich bin eins mit dem Saphirblauen Strahl.
Ich lebe meine Absicht und Integrität.
Ich stimme mich auf die höchste Wahrheit ein.

Der Goldgelbe Strahl

- *Energetische Schlüsselwörter:* Weisheit, Erleuchtung, Intelligenz
- *Erzengel:* Uriel, Raguel, Raziel
- *Göttlicher Meister:* Kuthumi

Der Goldgelbe Strahl ist die Energie von Weisheit und Erleuchtung. Wenn wir gelbe oder goldene Energien anrufen, erwecken wir die unendliche Intelligenz in unserer Seele und verbinden uns mit den Erinnerungen, Erkenntnissen und Erfahrungen, die wir in all unseren Inkarnationen gesammelt haben.

Anrufung
Ich bin eins mit dem Goldgelben Strahl.
Ich bin auf Weisheit und Intelligenz ausgerichtet.
Ich stimme mich auf das Licht der Erkenntnis ein.

Der Rosarote Strahl

- *Energetische Schlüsselwörter:* Göttliche Liebe und Mitgefühl.
- *Erzengel:* Gabriel und Hope
- *Göttliche Meister:* Paul der Venezianer und Lady Nada

Der Rosarote Strahl des Herzens ist die Energie der göttlichen Liebe und des Mitgefühls, die direkt aus dem Herzen der Quelle strömt. Wenn wir rosarote Energien herbeirufen oder mit ihnen in Berührung kommen, können wir davon ausgehen, dass sich unser Herzbereich transformiert und öffnet, um mehr Raum zu schaffen für das Geben und Empfangen von Liebe in all ihren Formen und Varianten.

Anrufung
Ich bin eins mit dem Rosaroten Strahl.
Ich bin mit der göttlichen Liebe verbunden.
Ich stimme mein Wesen auf grenzenloses Mitgefühl und Selbstfürsorge ein.

Der Kristalline Strahl

- *Energetische Schlüsselwörter:* Klarheit, Wunder, Aufstieg
- *Erzengel-Wesenheiten:* Heiliger Geist und die Shekinah
- *Göttliche Meister:* Serapis Bey, Sanatkumara und Lady Venus

Der Kristalline Strahl, manchmal auch als der Weiße Strahl bezeichnet, ist die Energie der Klarheit, der Wunder und des Aufstiegs. Wenn wir kristalline oder diamantene Energien herbeirufen oder mit ihnen in Berührung kommen, gelangen wir zu einer nie zuvor geahnten inneren Klarheit. Wir haben das Gefühl, schneller auf unserem spirituellen Weg voranzukommen, und sind im Einklang mit der Quelle der Schöpfung.

Anrufung
Ich bin eins mit dem Kristallinen Strahl.
Ich bin eins mit dem Wunderbaren.
Ich stimme mich auf die göttliche Klarheit und das aufgestiegene Selbst ein.

Der Smaragdgrüne Strahl

- *Energetische Schlüsselwörter:* Göttliche Heilung und klare Vision
- *Erzengel:* Raphael und Jophiel
- *Göttliche Meister:* Hilarion, Thot und Grüne Tara

Der Smaragdgrüne Strahl ist die Energie der göttlichen Heilung und einer klaren Sicht der Dinge. Wenn wir smaragdgrüne Energien herbeirufen oder mit ihnen in Berührung kommen, werden alte Gedanken, Muster und Glaubenssätze umgehend zurechtgerückt. Dies ist der Strahl, der die Heilung auf allen Ebenen unseres Seins initiiert und uns darauf vorbereitet, als göttlicher Heiler auf dieser Welt aktiv zu werden.

Anrufung
Ich bin eins mit dem Smaragdgrünen Strahl.
Ich bin eins mit der klaren Sichtweise und Wahrnehmung.
Ich bin auf göttliche Heilung und unendliches Gewahrsein ausgerichtet.

Der Rubinrote Strahl

- *Energetische Schlüsselwörter*: Göttliche Erweckung, Licht Christi, Himmel auf Erden
- *Erzengel*: Chamuel, Charity und die Myriam
- *Göttliche Meister:* Maria Magdalena und Jesus Christus

Der Rubinrote Strahl ist die Energie der göttlichen Erweckung und des Lichts Christi. Wenn wir rubinrote Energien herbeirufen oder mit ihnen in Berührung kommen, wenden wir uns an unseren inneren Lehrer und Führer, um der Erde zu dienen. Dies ist der Strahl, der uns ermutigt, unserem inneren Licht, unseren Talenten und unserer Fähigkeit zu vertrauen, auf globaler Ebene zu einer Heilung beitragen zu können.

Anrufung
Ich bin eins mit dem Rubinroten Strahl.
Ich bin eins mit dem Christus-Magdalena-Licht.
Ich erwecke das Licht des Himmels auf Erden.

Der Purpurviolette Strahl

- *Energetische Schlüsselwörter:* Göttliche Alchemie, Transformation
- *Erzengel:* Heilige Amethyst und Zadkiel
- *Göttliche Meister:* Lady Portia und Saint German

Der Purpurviolette Strahl ist die Energie der göttlichen Alchemie und der Transformation. Wenn wir purpurviolette Energien herbeirufen oder mit ihnen in Berührung kommen, transformieren wir all die Ungewissheiten in unserem Leben in Gewissheiten. Diese Energie der göttlichen Alchemie hilft uns schwere, mühselige Angelegenheiten in etwas Lichtes und Freudvolles zu verwandeln.

Anrufung
Ich bin eins mit dem Purpurvioletten Strahl.
Ich bin eins mit der göttlichen Alchemie.
Ich verbinde mich mit der Energie der Transformation.

Aktivierung der Brücke

Atmen Sie tief ein und langsam aus. Lassen Sie los.

Atmen Sie weiter auf diese Weise, und mit jedem Ausatmen schicken Sie Ihren Atem durch die Sohlen Ihrer Füße nach unten und verbinden sich mit dem Erdboden.

Stellen Sie sich einen Anker vor, der von Ihrem Herzen tief in das Herz von Mutter Erde fällt.

Schicken Sie Impulse der Liebe an die Große Mutter.

Danken Sie ihr für die Nahrung, die sie Ihnen schenkt. Seien Sie dankbar für den Planeten, den Sie Ihr Zuhause nennen. Sagen Sie:

Danke, ehrwürdige Mutter Erde, dass du mir erlaubst, Teil von dir zu sein.

Nehmen Sie einen tiefen Atemzug. Seufzen Sie wohlig. Genießen Sie Ihre Verbindung zu Mutter Erde.

Nun fühlen Sie bei jedem Einatmen, wie Sie sich nach oben recken. Und jedes Mal, wenn Sie ausatmen, schicken Sie Ihren Atem gen Himmel.

Fühlen Sie, wie Sie sich mit Ihrem Atem bewegen und höher und höher aufsteigen.

Bewegen Sie sich jenseits der Wolken über den mitternächtlichen Himmel. Greifen Sie nach den Sternen.

Vereinigen Sie sich mit dem Einen.

Atmen. Verbunden. Im Einklang.

Jetzt, wo Sie sich tief mit dem Herzen der Erde und des Universums verbunden haben, sind Sie eine Brücke des Lichts und der Güte zwischen den Ebenen, die zu den Aufgestiegenen Meistern, Engeln und Lichtwesen reicht.

Begrüßen Sie die Weisheit, die Ihnen so zuteil wird.

KAPITEL 6

Sich öffnen

»Deine Engel und Geistführer sind so laut wie Deine Bereitschaft, ihnen zuzuhören.«

EIN SPRICHWORT, DAS ICH OFT VERWENDE, INSPIRIERT VON »EIN KURS IN WUNDERN«

Wir alle sehnen uns nach Verbundenheit. Wir wollen sie erfahren, weil sie uns ein tiefes natürliches Bedürfnis ist. Neben den zwischenmenschlichen Verbindungen in Form von Beziehungen, Freundschaften und unserer Familie haben wir eine angeborene Verbindung zur Erde, zum Wetter und zu unserer Umgebung. Es ist unser gottgegebenes Recht, eine spirituelle Verbindung zu haben – uns bewusst mit der spirituellen Intelligenz des Universums zu verbinden. Diese Weisheit existiert nicht nur im Inneren des Kosmos, sondern auch im Herzen unseres Planeten und im Herzen unseres Seins. Wie können wir darauf zugreifen?

Einstimmen

Im Laufe der Zeit habe ich gelernt, dass wir uns – obwohl wir bereits verbunden sind – auf diese Verbindungen bewusst einstimmen müssen, um sie auf eine tiefere, emotionale und instinktive Weise zu erleben. In den meisten, wenn nicht sogar allen spirituellen Praktiken dieser Welt gibt es einen bewussten »Einstimmungsprozess«, der uns tatsächlich hilft, den Schritt aus der Normalität in den Bereich des Außergewöhnlichen zu machen. Denken Sie an die spirituellen und religiösen Versammlungen, Zeremonien und Gottesdienste, die Sie besucht haben. Bringen Sie die einfachen Rituale, Gebete und Anrufungen in Erinnerung. Dabei handelt es sich stets um Einladungen, sich in einen Zustand der Reflexion zu begeben, sich zu öffnen und bereit zu sein, hinzuhören, zu kommunizieren, sich zu verbinden.

Ich glaube wirklich, dass unsere Arbeit mit den Aufgestiegenen Meistern auf einer individuellen Erfahrung basieren muss, und ich ermutige Sie, Ihre eigene Verbindung auf eine Weise herzustellen, die für Sie authentisch und stimmig ist. Abgesehen davon bin ich überzeugt, dass alles, was ich aus meiner Teilnahme an spirituellen Kreisen und meiner eigenen spirituellen Verbindung im Laufe der letzten 17 Jahre gelernt habe, mir die Fähigkeit und Autorität verliehen hat, anderen zu helfen, diese Verbindung herzustellen.

Also, zurück zur Bereitschaft, hinzuhören. Ich denke nicht, dass Hinhören etwas ist, das man auf Anhieb kann. Es wird Übung erfordern, und zwar nicht zu knapp. Doch je mehr wir hinhören, desto mehr werden wir hören.

Ich bin der festen Überzeugung, dass geistige Wesen und Führer begeistert davon sind, Kontakt mit uns aufzunehmen. Sie freuen sich, dass wir hier unten sind, unseren spirituellen Weg gehen und die Absicht haben, ein gutes und sinnerfülltes Leben zu führen. Sie möchten uns auf dieser Reise unterstützen, sind jedoch durch unsere Fähigkeit eingeschränkt, sie zu hören, um Hilfe zu bitten und diese Hilfe willkommen zu heißen.

Spirituelle Führung lässt sich im Grunde genommen mit jenen Anrufbeantwortern aus den 1990er-Jahren vergleichen. Die mit dem Tonband, erinnern Sie sich? Um die neuesten gespeicherten Anrufe zu hören, mussten Sie sich alle vorher eingegangenen Nachrichten auf dem Band anhören, die schon gespeichert waren. Wenn Sie die älteren Anrufe nicht löschten, war Ihr Tonband irgendwann voll, und es gab keinen Platz mehr für neue Nachrichten. Und genauso verhält es sich häufig, wenn Menschen mit einer spirituellen Praxis beginnen. Weil wir in einer Welt leben, wo wir beinahe alles, wonach uns der Sinn steht, innerhalb von 24 Stunden geliefert bekommen, erwarten wir auch bei Meditation, spirituellen Übungen und sogar Yoga schnelle Resultate. Und wenn sie sich nicht einstellen, gehen wir einfach zu einer neuen Beschäftigung über.

Ich möchte offen und ehrlich mit Ihnen sein. Wenn Sie Ihr Leben lang die Stimme in Ihrem Inneren ignoriert haben, wie um alles in der Welt können Sie die Stimme der Aufgestiegenen Meister hören? Wenn Sie Kontakt mit den Meistern aufnehmen wollen, müssen Sie als Erstes auf sich selbst hören. Welche Botschaften haben Sie ignoriert? Sie müssen das Tonband mit den alten Nachrichten hervorkramen und sie alle noch mal durchhören. Ein Teil der Informationen wird nicht mehr aktuell sein, und Sie werden einige Dinge finden, mit denen Sie sich vor zehn Jahren hätten beschäftigen sollen. Doch vieles wird ausschlaggebend dafür sein, an welchem Punkt Sie sich jetzt, in diesem Moment, befinden.

Um sich alte Nachrichten anzuhören, braucht man keine Ewigkeit. Doch es erfordert Ihre Bereitschaft, diese Botschaften zu hören und anzuerkennen. Sich vorzunehmen, regelmäßig nach innen zu gehen und empfänglich zu werden, ist eine wundervolle Möglichkeit, Ihre übersinnliche Wahrnehmung zu schärfen, damit Sie sich mit den Meistern und allen anderen spirituellen Wesenheiten verbinden können, die mehr als bereit sind, Ihnen zu helfen. Mir persönlich hat es geholfen, meine spirituelle Verbindung zu stärken, meine intuitiven Fähigkeiten zu verbessern und präsenter zu sein, indem ich mir zweimal am Tag ein wenig Zeit genommen habe, mich still hinzusetzen und nach innen zu horchen.

Botschaften des Körpers

Unser Körper ist ein intelligentes Wesen. Er weiß, wie er leben soll und sich selbst heilen kann. Er besitzt ein angeborenes Reparatursystem, das ununterbrochen läuft. Wenn wir uns in den Finger schneiden, wird unser Körper das Nötige tun, um den Schaden zu beheben.

Oft schickt unser Köper uns Botschaften durch physische Symptome, Emotionen oder sogar die Intuition. Wenn wir uns zum Beispiel den Magen verdorben haben und spüren, dass ein bestimmtes Nahrungsmittel die Störung hervorgerufen oder dazu beigetragen hat, werden wir es in Zukunft meiden – und den entsprechenden Nutzen daraus ziehen. Falls wir uns entscheiden, nicht auf die Zeichen zu achten und dieses Nahrungsmittel weiterhin konsumieren, vergrößern wir unsere Beschwerden und ignorieren die angeborene Weisheit, die so tief in unserem Inneren ruht.

Scannen

Eine gute Möglichkeit, auf Ihren Körper zu hören, besteht darin, einfach Ihre Augen zu schließen und sich auf körperlicher Ebene zu scannen.

Wenn es einen Teil Ihres Körpers gibt, der sich unangenehm oder schmerzhaft anfühlt oder der Fürsorge bedarf, legen Sie Ihre Hand darauf (wenn möglich) und richten Ihren Atem auf diese Stelle. In den yogischen Traditionen gibt es keinen Unterschied zwischen dem Atem und der Lebenskraft Prana. Wenn Sie bewusst Ihren Atem zu einem bestimmten Aspekt Ihres Wesens oder Körpers lenken, versorgen Sie diesen mit neuer Lebenskraft und fördern eine natürliche Wiederherstellung.

Einfache Schritte wie dieser hin zu Selbstfürsorge und Wohlbefinden werden dafür sorgen, dass die Kommunikationskanäle in Ihrem Inneren sich öffnen.

Entwicklung Ihrer spirituellen Praxis

Ich schätze mich glücklich, dass ich im Laufe der Jahre eine Vielzahl spiritueller Praktiken ausüben konnte. Ich war bei spiritistischen Sitzungen dabei, habe mit Wicca-Hohepriesterinnen getanzt, an Druiden-Treffen und schamanischen Zeremonien teilgenommen und habe die Initiationen durch Meisteryogis in Indien empfangen. Die meisten, wenn nicht alle dieser Praktiken dienten dazu, eine Bewusstseinsveränderung zu erfahren, um sich mit dem Göttlichen zu verbinden.

Alle diese Methoden und Praktiken haben mir geholfen, meine eigene spirituelle Praxis weiterzuentwickeln. Als ich in Mysuru, im Südwesten Indiens, Ashtanga-Yoga praktizierte, begannen die Kurse damit, dass wir alle – und wir waren Hunderte – gemeinsam durch Chanten die Meister und Lehrer der Vergangenheit mit der Bitte anriefen, uns mit ihrer Gegenwart zu segnen. Im Kundalini-Yoga heißt es vor jeder Übung zur Vorbereitung im Eröffnungsgesang »Ong Namo Guru Dev Namo«, was so viel wie »Ich verneige mich vor allem, was ist« bedeutet. In den meisten schamanischen Traditionen werden in jeder Zeremonie die vier Himmelsrichtungen – Norden, Süden, Osten, Westen – sowie die Wächter jeder Richtung eingeladen. Ähnlich verhält es sich bei Wicca und traditionellen keltischen Praktiken. Sich auf das göttliche Bewusstsein einzustellen und damit zu verbinden ist nicht auf eine bestimmte Tradition oder Praktik beschränkt, sondern überall anzutreffen.

Während meiner inzwischen 17 Jahre dauernden spirituellen Praxis habe ich verschiedenste Dinge ausprobiert. Eine Konstante dabei war jedoch, dass ich mich immer geöffnet habe, um hinzuhören. Ich glaube, dass diese Bereitschaft mich dahin geführt hat, wo ich heute stehe, und mir meines Erachtens die Autorität verleiht, meine Praxis mit Ihnen zu teilen – um Sie zu inspirieren, nicht um Ihnen etwas vorzuschreiben! Nehmen Sie das, was Ihnen gefällt, und lassen Sie weg, was Ihnen nicht zusagt; und erforschen Sie das, was herausfordernd scheint, um herauszufinden, ob es sich um ein Tor zu bisher unbekannten Dimensionen handelt.

Hier sind die einzelnen Schritte, die ich täglich mache, und die mir helfen, die göttlichen Botschaften zu hören:

- Morgenkaffee mit Gebeten. Ich liebe Kaffee und genieße es, ihn morgens zu trinken, während ich über meine Träume nachdenke und mir meine Absichten für den Tag bewusst mache.
- Morgendliche Yoga-Übungen. An manchen Tagen dauern sie 20 Minuten und sind leicht, an anderen 90 Minuten, die es in sich haben. Es bedeutet, total auf meinen Körper zu hören und auf das, was er braucht, gefolgt von fünf bis zehn Minuten Entspannung und Meditation.
- Ich nehme mir eine Engel- oder Orakelkarte und reflektiere über die jeweilige Botschaft für mich.
- Auf meinem Schreibtisch sind diverse Heilsteine arrangiert, und bevor ich mit der Arbeit beginne, prüfe ich, welchen Kristall ich an dem Tag am liebsten in meiner Nähe haben möchte.
- Abendliche Meditationspraxis: Der erste, elfminütige Teil ist vom Kundalini inspiriert; beim zweiten handelt es sich um eine Meditation von zehn Minuten, um konzentriert dem Universum zuzuhören. Ich halte sowohl meine Übungen als auch meine Herzfrequenz auf einer App fest.

Dies sind meine täglichen Grundübungen. Das schließt nicht meine Arbeit für andere ein. Wenn ich für oder mit anderen arbeite, entweder mit ihnen spreche, ein Seminar leite oder in irgendeiner Form lehre, lege ich eine zusätzliche neun- bis elfminütige Meditation ein, bevor ich mit der Arbeit beginne, einfach um eine klare Absicht zu setzen und Botschaften zu empfangen.

Meine täglichen Übungen scheinen ziemlich umfangreich zu sein, und ja, ich bin in der privilegierten Situation, im spirituellen

Bereich zu arbeiten und sowohl die Zeit als auch den Raum dafür zu haben. Wie auch immer Ihre persönliche Situation aussehen mag, wenn ich Ihnen eine Übung empfehlen darf, würde ich Ihnen zu einem Morgengebet samt fünfminütigem nach innen Horchen raten sowie einer tiefergehenden Meditation am Abend, um zur Ruhe zu kommen. Meine Meditationspraxis ist nicht verhandelbar. Das bedeutet, dass ich sie nicht aufgeben, nicht ausfallen lassen kann. Sie muss stattfinden. Es spielt keine Rolle, wo ich bin oder mit wem, und sei es während einer Abendveranstaltung. Ich werde meine Meditation genau da machen, wo ich gerade bin. Wenn Freunde zu Besuch sind und es geht auf 22 Uhr zu, und ich habe noch nicht meditiert, sage ich, jetzt ist es so weit, und die Mehrheit der Anwesenden wird gemeinsam mit mir meditieren. Mit anderen zu meditieren wird »MediDating« genannt. Kleiner Scherz …

So, jetzt haben wir über meine spirituelle Praxis gesprochen, lassen Sie uns nun beginnen, Ihre zu entwickeln. Hierbei sind ein paar grundlegende Dinge zu bedenken. Falls Sie bereits eine spirituelle Praxis etabliert haben, dann lesen Sie einfach weiter, da diese Vorschläge in erster Linie damit zu tun haben, Verbindungen aufzubauen und sich zu öffnen, um mit den Aufgestiegenen Meistern kommunizieren zu können. Lauter Dinge, die ich auf meinem Weg gelernt habe.

Als Erstes wollen wir uns die Grenzen anschauen, die ich zu ziehen gelernt habe, damit meine spirituelle Verbindung zuverlässig, stark und sicher ist.

Einführung in spirituelle Schutzmaßnahmen

Wenn Sie in die spirituellen Dimensionen eintauchen, ist es immer gut zu wissen, wie Sie Ihre Energie schützen können. Bevor Ihre Fantasie total verrücktspielt, möchte ich Ihnen versichern, dass spiritueller Schutz weniger damit zu tun hat, sich selbst vor dunklen Kräften zu schützen, sondern damit, einfach nur feinfühlig und empfindsam zu bleiben, ohne dabei Energien aufzusaugen, die Ihnen nicht guttun. Vor allem wenn Sie gerade erst beginnen, sich höheren Dimensionen zu öffnen, werden Sie empfänglicher für die Energien, die Sie umgeben und häufig nichts mit Ihnen zu tun haben.

Haben Sie jemals einen Arbeitsplatz betreten und sofort ein intensives Gefühl der Beklemmung oder Angst verspürt? Oder sind Sie in einen Raum gekommen und haben gleich gewusst, dass jemand dort schlechte Laune hat? Oder haben Sie mit einem geliebten Menschen für ein Wochenende in ein Hotel eingecheckt und gefühlt, dass dort irgendetwas Seltsames passiert ist? Oder hatten Sie ein Gespräch mit jemandem, und beschlich Sie anschließend das Gefühl, der andere hätte Ihnen schier die Seele ausgesaugt? Das sind die Momente, in denen Sie sich vor fremden Schwingungen schützen müssen, für die Sie nicht verantwortlich sind; die Sie davon abhalten, Ihre Aufgabe zu erfüllen; bei deren Klärung Sie behilflich sein können, von denen Sie sich jedoch nicht beeinflussen lassen wollen.

Lange Zeit sagte ich mir, dass ich mir »meine energetische Rüstung anlege«, dennoch war ich immer noch sehr feinfühlig und wurde von den Energien anderer ausgelaugt. Im Laufe der Jahre habe ich meine Fähigkeiten verfeinert und bin zu der Einsicht gelangt, dass es tatsächlich einen Unterschied zwischen energetischem und spirituellem Schutz gibt. Energetischer Schutz bedeutet, uns vor einer niederen Schwingung zu schützen, wobei wir jedoch oft Energien schaffen, die in der Folge zu Herausforderungen führen. Spiritueller Schutz bedeutet hingegen, eine höhere Macht zu bitten, uns zu beschützen, ohne dass wir dabei unsere eigene Energie verbrauchen. Unserer menschlichen Psyche und Energie sind Grenzen gesetzt. Glauben Sie mir, lange Zeit habe ich immer wieder selbst versucht, mich zu schützen, während es spirituelle Wesen und Engel gab, die diese Aufgabe gerne übernommen hätten.

Trotz allem vergesse ich immer noch häufig, meine Energie ausreichend zu schützen und finde mich in kräfteraubenden Situationen wieder. In solchen Momenten sage ich dann: »Können Sie mich bitte für einen Augenblick entschuldigen? Ich muss mal kurz auf die Toilette.« Und schon bin ich weg, schließe mich auf der Toilette ein, bitte um den Schutz der Engel und gehe dann, mich sicher und erfrischt fühlend, zu den anderen zurück.

Engelschutz-Aktivierung

Hier ist die neueste Engelschutz-Aktivierung in vier Schritten, die tatsächlich funktioniert. Sie wird eine Rüstung aus Licht um Sie herum schaffen. Ich habe diesen Vorgang wie eine tägliche Hautpflege aufgebaut. Sie wissen, was ich meine: Der Reiniger beseitigt all den Schmutz; das Peeling hilft, jegliche Reste zu entfernen, die nicht länger gebraucht werden; der Toner festigt die Haut; und die Feuchtigkeitscreme versiegelt all das Gute. Und genau dasselbe können Sie mit Ihrer Energie tun.

Reinigung

Als Erstes müssen Sie Ihre Energie von allen Schwingungen reinigen, die Ihnen nicht dienlich sind – alles, was durch eine problematische Unterhaltung, die Begegnung mit einer schwierigen Person oder einen unangenehmen Ort an Ihnen hängen geblieben ist. Es gibt verschiedene Möglichkeiten, diese innere Reinigung vorzunehmen:

- Sie können sich vorstellen, wie die heilige Feuerenergie von Mutter Erde jegliche unerwünschten Energien wegbrennt, die sich an Ihnen festgemacht haben. Durch die Berührung verwandelt sich angstbasierte Energie in Liebe.

- Sie können Erzengel Michael und seine himmlischen Gefährten bitten, die Energieschnüre, die Sie zurückhalten oder an Ihrem Energiefeld verankert sind, mit dem folgenden Gebet zu durchtrennen:

Danke, Erzengel Michael und Engel des Schutzes,
dass ihr die Schnüre durchtrennt, die mich an Personen,
Orte, Energien, Umstände und andere Dinge binden,
die ich nicht länger brauche.
Es fühlt sich so gut an zu wissen, dass ihr hier seid.
Ich bin beschützt und frei!

Peeling

Beim Peeling geht es darum, die Schmutzreste in dem Bereich zu beseitigen, an dem Sie arbeiten. In diesem Fall ist es wichtig, dass Sie nach der Beseitigung aller niederen Schwingungen oder negativen Energieschnüre, durch die Sie gefesselt sind, die Engel einladen, den Raum um Sie herum zu klären. Erzengel Metatron ist darauf spezialisiert zu helfen, niedere Schwingungen aufzulösen. Er arbeitet mit heiliger Geometrie, um grobe, stagnierende Energien umzuwandeln. Sie können ihn mit dem folgenden Gebet bitten, Ihre Umgebung mit seinem violetten Licht zu klären:

Danke, Erzengel Metatron und Engel der heiligen Geometrie, dass ihr den energetischen Raum reinigt, der mich umgibt.
Danke für die Beseitigung aller niederen Schwingungen, Blockaden, Stauungen und von allem andern, was der Liebe im Weg stehen könnte.

Ich heiße eure Unterstützung willkommen, während ihr die Energie um mich herum umwandelt.
Und so ist es.

Toning

Man tonisiert, um all das Gute, das bereits existiert, zu festigen. Wenn es darum geht, Ihre Energie in Form zu bringen, bedeutet das, sich auf einen positiven Aspekt Ihrer gegenwärtigen Situation zu fokussieren, oder sich dafür zu entscheiden, sich Ihren eigenen Wert wieder bewusst zu machen. Fordern Sie Ihre Ganzheit ein, indem Sie die Kontrolle über Ihren Körper übernehmen, da er das Vehikel Ihrer Seele ist. Das können Sie in Ihren eigenen Worten tun, doch sorgen Sie dafür, die Gegenwartsform zu benutzen und wirklich ein Machtwort zu sprechen. Lassen Sie das Universum und Ihre Geistführer Zeugen der ungeheuren inneren Kraft sein, mit der Sie geboren wurden. Mein liebstes Bekenntnis ist kraftvoll, einfach und effektiv:

Ich bin der Hüter meiner Seele und meines Körpers.
Wo immer Liebe präsent ist, weicht die Angst.
Liebe ist hier und jetzt!

Wenn ich sage, »Liebe ist hier und jetzt«, klopfe ich dreimal auf mein Herz, damit ich eine physische Reaktion auf das spüren kann, was ich tief in meinem Inneren immer schon wusste.

Befeuchten

Wenn Sie Ihre Energie »befeuchten«, tragen Sie im Wesentlichen eine Beschichtung auf, von der Sie wissen, dass sie das Gute umhüllt und bewahrt. Dies ist der Schritt, den jeder aus Büchern und unterschiedlichen Heilkünsten kennt, der aber erst dann wirklich effektiv ist, wenn Sie die vorausgehenden Schritte unternommen haben. Hier sind ein paar Möglichkeiten:

- Sie können verkünden, dass Ihr Körper und Ihr ganzes Wesen von einer Rüstung aus heiligstem Licht umgeben ist, die sich drei bis sechs Meter in jede Richtung ausdehnt.
- Stellen Sie sich einen Umhang aus Licht in der Farbe Ihrer Wahl vor, der Ihren Körper umweht, oder visualisieren Sie sich selbst von Kopf bis Fuß in einer glänzenden Rüstung. Sorgen Sie auch hier dafür, dass sich das schützende Licht, das Sie erschaffen, circa drei bis sechs Meter in jede Richtung Ihres Körpers erstreckt. Es ist wichtig, dass Sie dieses Licht klar vor sich sehen.
- Wenden Sie sich an Ihre Geistführer und danken Sie ihnen dafür, dass sie Sie und die Energie, die Sie umgibt, schützen.

Sie sind der Hüter Ihres Geistes und Ihres Körpers

Dies ist ein besonders wichtiges Prinzip, das verinnerlicht und verkörpert werden sollte. Oft wird gesagt, dass wir die Kontrolle verlieren, wenn wir uns mit spiritueller Energie verbinden, aber das ist ein totales Missverständnis und stimmt in keiner Weise. Zunächst einmal habe ich durch meine Arbeit mit Lichtwesen gelernt, dass sie immer respektvoll und liebevoll sind. Bei vielen dieser Energien handelt es sich jedoch um sehr große Kräfte der Liebe, und wenn viel Liebe im Spiel ist, besteht das Risiko, mental und emotional überwältigt zu werden. Der Grund, warum die Verbindung mit geistigen Wesen sich so überwältigend anfühlen kann, ist darauf zurückzuführen, dass das menschliche Selbst versucht, spirituelle Energie von einer menschlichen Perspektive aus zu verstehen. Aus dieser Perspektive können wir die Energie des Spirituellen nicht umfassend verstehen, und wenn sie sich zeigt, kann uns das umhauen. Doch in Wahrheit handelt es sich um göttliche Liebe – so intensiv liebevoll, dass alle selbstlimitierenden Glaubenssätze, Ideen und Geschichten, die wir im Laufe unseres Lebens verinnerlicht haben, von einer Sekunde auf die andere infrage gestellt werden. Das ruft oft eine Art Heilungsreaktion hervor, die uns erlaubt, alte Spinnweben zu beseitigen, um mehr Licht hereinzulassen.

Allerdings ist das nicht immer praktikabel. Vielleicht haben wir weder die Zeit noch den Raum dafür. Oder wir haben konkrete Probleme, mit denen wir uns stattdessen befassen müssen. Es ist wichtig zu wissen, dass die göttlichen Wesen, mit denen wir arbeiten, unsere irdischen Verpflichtungen respektieren und würdigen. Wenn wir irgendwann sagen, dass die Energie, die wir fühlen, in diesem Moment einfach zu viel für uns ist, werden sie das verstehen und sich zurückziehen. Ich habe in solchen Momenten oft etwas gesagt wie: »Göttliche Liebe und spirituelle Freunde, mit denen ich in diesem Augenblick verbunden bin, es fühlt sich echt gut an zu wissen und zu fühlen, dass ihr hier seid. Danke, dass ihr in meiner Nähe bleibt, doch bitte sorgt dafür, dass diese Energie weniger intensiv ist, damit ich auf der physischen Ebene funktionieren kann.« Und stets folgen sie meinem Wunsch.

Eine andere Sorge, die viele Menschen befällt, wenn sie mit spirituellen Energien zu tun haben, ist die Angst, dass sie die Kontrolle verlieren und ihr Körper auf irgendeine Weise »benutzt« werden kann. Ich denke, das haben wir Filmen und Fernsehsendungen zu verdanken, die sich mir paranormalen Themen beschäftigen.

Die Wahrheit ist, dass in den geistigen Ebenen das spirituelle Gesetz der freien Wahl gewürdigt wird. Wir haben einen freien Willen, und spirituelle Wesenheiten achten das. Spirituelle Energien können Ihren Körper nicht ohne Ihre Einladung betreten, und selbst dann ist ihre Energie sanft, liebevoll und respektvoll. Es kursieren viele Geschichten über Menschen, von denen Besitz ergriffen wird und die sogar in einer Sprache kommunizieren, die ihnen unbekannt ist. Ich persönlich empfinde das als respektlos und auf gewisse Weise fremdenfeindlich.

Das wird Ihnen nicht passieren, wenn Sie sich mit den Göttlichen Meistern verbinden. Sie sind Ihre Freunde und spirituellen Verbündeten. Sie möchten Ihnen dabei helfen, Ihren Weg zu gehen und einen höheren Bewusstseinszustand zu erlangen. Ihre Energie wird Sie unterstützen und Sie niemals in Situationen bringen, die eine physische Herausforderung für Sie wären.

Sollten Sie sich also überwältigt fühlen, wenn sich Ihnen spirituelle Energie nähert, seien Sie sich bewusst, dass Sie die Kontrolle über die Situation haben. Sie sind der Hüter Ihres Geistes und Ihres Körpers. Er ist Ihr Vehikel, Sie sind auf dem Fahrersitz, und direkt neben Ihnen befindet sich die Quelle, Gott oder wie immer Sie es nennen wollen. Tun Sie einfach das, was ich tue, wann immer sich die spirituelle Energie überwältigend anfühlt. Ich reagiere genauso, wie ich reagieren würde, wenn mir jemand auf der physischen Ebene zu nahe kommen würde, als es mir recht ist: Ich benutze die Autorität meiner Stimme und meines Herzens, um meinen Raum zu behaupten, und sage: »Du kommst mir zu nahe. Danke, dass du einen Schritt zurücktrittst.« Die Geistführer *müssen* diese Bitte würdigen.

Auch in Momenten, die sich auf der geistigen Ebene besonders intensiv anfühlen, sammle ich mich mit den Worten wieder, die ich beim »Toning« benutze. Sie werden sich erinnern:

Ich bin der Hüter meiner Seele und meines Körpers.
Wo immer Liebe präsent ist, weicht die Angst.
Liebe ist hier und jetzt!

Und noch einmal, wenn ich sage: »Liebe ist hier und jetzt!« klopfe ich auf mein Herz. Das hilft, mir meine Macht auch körperlich bewusst zu machen.

Nutzen Sie Ihr Urteilsvermögen

Die Fähigkeit zu entwickeln, sich mit der Weisheit von Meistern, Geistführern und Engeln zu verbinden, erfordert in erster Linie, unterscheiden zu können, wer da spricht. Aus unserem Inneren spricht eine Stimme unendlicher Intelligenz, doch gleichzeitig meldet sich eine andere Stimme zu Wort, die einschränkend, angstbasiert und mit der umzugehen eine Herausforderung ist: das Ego.

Eine Möglichkeit, mit der ich in der Lage gewesen bin, die Einschränkungen meiner Ego-Stimme zu überwinden, bestand darin, Frieden mit ihr zu schließen. Lange Zeit habe ich versucht, »sie« abzuwehren (aus irgendeinem Grund stelle ich mir mein Ego wie Karen aus der Fernsehserie *Will & Grace* vor), doch ich habe erkannt, dass ich – sobald ich versuche, mit meinem Ego zu kämpfen – einen Krieg in meinem eigenen Geist anzettle. Anstatt diese Stimme also zu unterdrücken, erkenne ich sie an. Wir werden Eins, indem wir alle Drittparteien eliminieren.

Im Laufe der Jahre habe ich zudem eine sehr einfache Möglichkeit gefunden, um zu bestimmen, wer da spricht – egal worum es geht –, einfach durch die Art, wie die Konversation verläuft. Als Erstes möchte ich Sie wissen lassen, dass geistige Wesen und Führer, einschließlich der Aufgestiegenen Meister und Engel, durch Ihre innere Stimme zu Ihnen sprechen werden. Diese innere Stimme ist der Meister in Ihrem Inneren. Wir werden diesen Meister in einem späteren Kapitel noch genauer kennenlernen. Sie können ihn Christus-Bewusstsein nennen, den inneren Lehrer oder sogar den inneren Buddha. Wie immer Sie ihn nennen wollen, er ist da, und diese innere Stimme ist das Vehikel, das die Aufgestiegenen Meister oft benutzen werden, um mit Ihnen zu kommunizieren.

Die beste Möglichkeit herauszufinden, wer da spricht, ist, darauf zu achten, wie Sie sich fühlen. Das ist der Grund, warum es so sinnvoll ist, auf den Körper zu hören. Wenn Sie sich nervös, überwältigt oder sogar wütend fühlen, ist es mit ziemlicher Sicherheit Ihr Ego, das da spricht. Das Ego ist beleidigt, verärgert, oder sogar zornig, gehässig, einschränkend und immer hektisch. Wenn Ihr Ego spricht, werden sich Ihr Kiefer und Ihr Allerwertester zusammenkrampfen. Sie werden sich verspannt, verschreckt, unsicher und klein fühlen. Das Ego funktioniert im linearen Raum-Zeit-Gefüge und fürchtet sich vor Konsequenzen, zum Beispiel, »Wenn du das nicht tust, wird etwas Schlimmes passieren.«

Wenn die göttliche Intelligenz spricht, ist alles ruhig. Selbst wenn Sie sich in den schwierigsten Situationen befinden, wird sich ein Gefühl des Friedens einstellen. Die Stimme der Liebe ist friedvoll, ruhig, cool, entschlossen, gesammelt, präsent, fest und fair. Selbst wenn Sie in einer Situation stecken, in der es um Leben oder Tod geht, wird diese Stimme, wenn sie spricht, friedvoll, ruhig und gesammelt sein, und Sie werden zudem fühlen, wie diese Energie Sie vollständig umfängt.

Sie haben die Wahl – in jedem Moment und in Bezug auf jede Botschaft. Ich bete darum, dass Ihnen diese Informationen helfen werden, die spirituellen Verbindungen, die Sie eingehen, zu entschlüsseln.

KAPITEL 7

Spirituelle Verbindung

»Verbinde dich mit dem Licht des ganzen Universums, und jegliche Unsicherheit wird weichen.«
DIE SMARAGD-TAFEL

Ein Gefühl der Verbundenheit mit unserer eigenen Energie ist eine wesentliche Voraussetzung, um sich mit den Göttlichen Meistern zu verbinden und eine Beziehung mit ihnen aufzubauen. Alles im Universum besteht aus Energie, und das schließt uns und die kosmischen spirituellen Führer ein, die bereitstehen und darauf warten, dass wir sie herbeirufen. Gleichwohl schwingt Energie auf unterschiedlichen Frequenzen.

Schwingung und Frequenz

Wir haben das Thema Schwingung und Frequenz bereits im Zusammenhang mit den spirituellen Schutzmaßnahmen erforscht. Denn selbst wenn wir nicht bewusst intuitiv vorgehen, können wir die natürlichen Schwankungen der Energie in unserem Umfeld fühlen. Sind Sie schon mal an einem Ort gewesen, wo Sie eine unangenehme Energie spürten und später feststellten, dass etwas Furchtbares dort passiert war? Oder haben Sie gefühlt, dass jemand anders war als sonst und fanden heraus, dass er eine traurige Nachricht erhalten hatte? Wir alle sind energetische Barometer und fühlen die Energie in unserer Umgebung. Es entspricht unserer Natur, Informationen auf einer Schwingungsebene zu empfangen.

Doch empfangen und erfahren wir nicht nur Energie, wir drücken sie auch aus. Manchmal sind *wir selbst* die Person, die merkwürdige Schwingungen ausstrahlt oder anderen die Energie raubt – jedoch nicht, weil wir negativ veranlagt sind, sondern einfach, weil wir Menschen sind. Wir erleben eine ganze Reihe von Emotionen, und unsere Schwingung ist Schwankungen ausgesetzt. Es ist wichtig zu verstehen, wie wir unsere Schwingung erhöhen und darüber hinaus unsere Energie wieder auf Vordermann bringen können, wenn wir in ein Schwingungstief fallen. Warum ist das wichtig?

Energie ist anziehend

Energie ist eine anziehende Kraft – sie zieht andere Energien an. Passende Energien. Wir kennen das aus zwischenmenschlichen Beziehungen. Wir merken zum Beispiel, dass wir Freunde anziehen, die oft ähnlich denken wie wir. Es funktioniert in beide Richtungen: Wir stellen nämlich ebenso fest, dass die Menschen, mit denen wir uns umgeben, unsere Sprache, Ideen und Glaubenssätze beeinflussen. Manchmal wird sich unser Freundeskreis verändern, zum Beispiel wenn wir uns neuen Ideen öffnen. Es wird dann keine gemeinsame Basis mehr geben, der richtige »Vibe« fehlt, und wir merken, dass wir uns weiterentwickeln und neue Freundschaften anziehen.

Wenn es darum geht, die Energie der Göttlichen Meister, Engel und anderer geistiger Wesen zu erleben, wollen wir einfach nur unsere Schwingung verändern, damit wir offener werden für göttliche Erfahrungen. Wir wollen unsere Schwingung erhöhen. Es ist vor allem wichtig, die Energien in den Momenten zu klären, in denen wir uns nicht wohlfühlen, oder wenn wir einen schlechten Tag haben. Das ist völlig okay! Wir alle haben sie, und einen herausfordernden Moment zu erleben, stößt weder die Engel ab, noch hindert es uns daran, unsere Verbindung mit dem Göttlichen zu stärken. Das Beste ist, diese Momente einfach zuzulassen. Ich glaube, das ist die einzige Möglichkeit, sie zu überwinden. Ich habe zudem gelernt, dass manchmal, in unseren schwierigsten Momenten, Engel und Göttliche Meister zu uns durchdringen können. Wenn Sie also Probleme mit Ihrem mentalen oder emotionalen Wohlbefinden haben, machen Sie sich bewusst, dass Sie dennoch eine Verbindung mit diesen Geistführern entwickeln können, obwohl Sie vielleicht feststellen werden, dass es leichter ist, ihre Botschaften zu hören, wenn Sie sich wohler und voller Energie fühlen.

Menschliche Energiezustände sind wie Wellen – sie kommen und gehen. In einem Moment können wir froh und glücklich sein, und im nächsten Augenblick traurig. Es gibt Momente, in denen wir total frustriert, von Neid, Trauer und was sonst noch alles erfüllt sind. Und dann gibt es wieder Momente, in denen wir begeistert und erfüllt sind und das Gefühl haben, nichts kann uns stoppen. Wir fühlen alle diese unterschiedlichen Emotionen, und genau das ist der Schlüssel: sie zu fühlen. Wie ich schon sagte, um die Göttlichen Meister zu hören, müssen wir bereit sein, auch auf uns selbst zu hören.

Schwingungen sind magnetisch

Energie vibriert, daher überrascht es nicht, dass sie magnetisch ist und wir somit Schwingungen anziehen, die zu jenen passen, die wir aussenden. Louise Hay würde sagen, »So wie du deinen Tag beginnst, so erlebst du ihn«, und es stimmt. Sie benutzen vielleicht andere Worte dafür, wie »Ich bin heute mit dem falschen Fuß aufgestanden«, wenn die Dinge schlecht laufen oder im Laufe des Tages immer schlimmer werden. Instinktiv wissen wir, wenn etwas nicht stimmt. Wir wissen auch, wenn unsere Schwingung hoch ist, wenn wir »über den Wolken schweben«, wie es so schön heißt. An manchen Tagen haben wir das köstliche Gefühl, als stünden die Sterne genau richtig für uns, und alles fügte sich aufs Wunderbarste zusammen. Dies ist eine hohe Schwingung, und wir können sie kultivieren.

Die Entscheidung, uns auf die höchstmögliche Schwingung auszurichten, hilft uns, unser spirituelles Bewusstsein zu entwickeln und uns schließlich mit der Energie der Schöpfung in Harmonie zu bringen. Tatsächlich erzählt die Schöpfungsgeschichte im Hinduismus, eine der ältesten spirituellen Traditionen der Welt, dass am Anfang der Ton war, ein Klang: »OM«, eine pulsierende, vibrierende Energie, die über das Land rauschte und begann, Leben zu schaffen. Diese Schwingung existiert in jedem von uns, und wir können sie kultivieren und ihre Richtung bestimmen.

Im Laufe der Jahre habe ich festgestellt, dass ich in den Momenten, wenn meine Schwingung am höchsten ist, die eindringlichsten spirituellen Erlebnisse habe. Das ist der Grund, warum ich es zu meiner täglichen Übung gemacht habe, mich bewusst in höhere Schwingungszustände zu versetzen. Genau wie jeder andere bin auch ich Schwankungen ausgesetzt. Doch zu wissen, dass es diesen Zustand gibt und ich ihn erreichen kann, ist äußerst beruhigend. Der andere Zustand – ich nenne ihn den »Off«-Modus – hat nicht zur Folge, dass ich mich weniger spirituell fühle, und mit Sicherheit benutze ich ihn nicht als Grund, mich selbst zu hassen. Vielmehr weiß ich, dass es sich dabei um einen Ruf nach *Liebe* und eine Gelegenheit handelt, mich noch mehr als sonst um meine Bedürfnisse zu kümmern.

Wie wir unsere Schwingung erhöhen können

Ich habe erlebt, dass wir in Momenten, in denen wir uns nicht wohlfühlen, Hilfe herbeirufen können, um zu einer höheren Schwingung zurückzukehren. Wenn wir uns der Liebe öffnen, die uns umgibt, wird sie in uns einkehren. Tatsächlich sind es Momente wie diese, in denen wir wirklich von unserer spirituellen Verbindung profitieren.

Wir können unsere Schwingung auch auf andere Arten erhöhen:

- *Zeit in der Natur verbringen*: Spazierengehen in der freien Natur, am Strand relaxen, barfuß im Gras oder durch den Sand gehen, sind alles gute Möglichkeiten, unsere Energie aufzuladen und unsere Frequenz neu auszurichten.
- *Unseren Körper bewegen*: Fitnesstraining, Tanzen und Yoga sind dafür bekannt, Endorphine auszuschütten und ein Gefühl des Wohlbefindens hervorzurufen. Alles tolle Möglichkeiten, um in die Gänge zu kommen!
- *Selbstfürsorge pflegen:* Ein wohliges Bad, ein bisschen Körperpflege und/oder eine Gesichtsmassage, Pediküre oder andere kosmetische Behandlung sind allesamt wunderbare Möglichkeiten, unser Bewusstsein auf uns selbst zu richten und unser Wohlgefühl zu steigern.
- *Meditation und Atemübungen:* Sich Zeit zu nehmen, um zu meditieren und bewusst zu atmen, erlaubt uns, jegliche Formen des Widerstands zu überwinden, die sich in unserm Inneren aufgebaut und unser Schutzschild geschwächt haben, und stattdessen offen für die Liebe zu werden.
- *Sich vom Tag »reinwaschen«:* Die meisten Menschen fühlen sich nach einer entspannenden Dusche besser. Warum stellen Sie sich währenddessen nicht vor, dass das Wasser alle niederen Schwingungen oder Energien wegwäscht, die Ihre Lebensfreude vermindern könnten?
- *Dankbarkeit fühlen:* Indem wir uns unsere Segnungen bewusst machen, kann sich unser Herzen öffnen und unsere Schwingung erhöhen.
- *Berühren und verbinden:* Auch Zeit mit anderen zu verbringen, sich an den Händen zu halten, kuscheln und Liebe machen sind wunderbare Möglichkeiten, unsere Frequenz zu erhöhen.

Und nun zu noch stärkeren Verbindungen …

Die Chakras in Einklang bringen

Chakra ist ein Begriff aus dem Sanskrit, der so viel wie »Rad« bedeutet. Er wird benutzt, um ein feinstoffliches Energiezentrum zu beschreiben. Die Idee dahinter ist, dass es viele dieser Zentren gibt, die alle mit unterschiedlichen Aspekten des Körpers, Geistes und der Seele verbunden sind. Laut der traditionellen Yoga-Lehre gibt es sieben Hauptchakras entlang der Wirbelsäule, beginnend am unteren Ende des Rückens bis zur Spitze des Kopfes. Pure, ursprüngliche Lebenskraft bewegt sich in zwei Energie-Strömen, bekannt als *Ida* (weiblich/Mondenergie) und *Pingala* (männlich/Sonnenenergie). Sie umkreisen die Wirbelsäule in Form einer Doppelhelix und überkreuzen sich an bestimmten Punkten des zentralen Kanals, *Sushumna* genannt, und bilden jedes Mal, wenn sie sich treffen, einen Energiewirbel. Diese Wirbel sind die Chakras.

Laut der tantrischen Philosophie gibt es außerdem an der Basis unserer Wirbelsäule eine ursprüngliche spirituelle Energie, bekannt als *Kundalini,* was so viel wie »eingerollte Schlange« bedeutet. Bei den meisten von uns befindet sich diese heilige Schlangenkraft im Schlaf. Laut den Tantras, spirituellen Texten des Hinduismus, Jainismus und Buddhismus, wird sie sich in dem Moment, wenn wir eine spirituelle Übung beginnen, allmählich aufrollen, sich nach oben durch die Chakras bewegen und uns helfen, einen Zustand höheren Bewusstseins zu erreichen, um uns auf Samadhi beziehungsweise den Aufstieg vorzubereiten.

Dies ist unsere spirituelle Anatomie. Die Chakras sind kleine Wirbel, die Energie anziehen und damit unsere Intuition nähren. Daraufhin sendet unsere Intuition entsprechende Signale aus und verarbeitet unsere Emotionen.

Unsere Chakras werden durch unsere Umgebung beeinflusst, unsere Glaubensätze und alle anderen Energien, mit denen wir in Kontakt kommen. Das Gewahrsein der Verbindung unserer

Chakras führt uns in Richtung persönlicher Meisterschaft – und zu kraftvollen Beziehungen mit Göttlichen Meistern und anderen Geistführern.

Genau wie unser Körper brauchen auch unsere Chakras sanfte, liebevolle Pflege. Sie können aus der Balance geraten, wenn eine bestimmte Energie dominant ist, und können ins Stocken kommen, wenn eine Energie an unseren Kräften zehrt. Aus eigener Erfahrung weiß ich, wie selten es vorkommt, dass ein Chakra komplett blockiert ist. Im Allgemeinen passiert es eher, dass ein Chakra »undicht« wird und Energie verliert, zum Beispiel wenn diese Energie für etwas investiert wird, das nicht zu unserem Besten ist.

Um eine klare, direkte und innere Verbindung mit den Göttlichen Meistern zu haben, ist es von grundlegender Bedeutung, dass wir mit unseren Chakras verbunden sind. Dann können wir eine Brücke des Lichts bauen zwischen dieser Dimension und der nächsten. Wir lassen die Kundalini-Energie in unserem Inneren aufsteigen, und schaffen so einen energetischen Raum, um unser volles spirituelles Potenzial zu erreichen und uns mit der ewigen Weisheit des Universums zu verbinden.

Das Erhöhen unserer Schwingung durch spirituelle Übungen wird schließlich unsere Energiezentren in Harmonie bringen. Indem Sie regelmäßig tief meditieren und Licht durch Ihre Wirbelsäule aufsteigen lassen, sorgen Sie dafür, dass Ihre Chakras miteinander verbunden sind.

Hier ist eine Aufzählung der Chakras, der Energien, die sie repräsentieren, sowie der Affirmationen, um sie wieder in Einklang zu bringen. Während Sie die Liste durchgehen, ist es wichtig, darauf zu achten, ob sie mit irgendeinem der Schlüsselthemen, die mit den Energiezentren in Verbindung stehen, Schwierigkeiten haben. Sollte ein Thema herausstechen, oder sollten Sie sich in jenem Bereich Ihres Körpers oder Ihres Lebens weiterentwickeln wollen, dann ist das der energetische Raum, der Ihre Aufmerksamkeit erfordert. Wenn Sie mit den hier aufgeführten Affirmationen arbeiten, bevor Sie eine Aktivierung anwenden, um sich mit den Meistern zu verbinden (siehe Teil III), garantiere ich Ihnen, dass Sie später eine umso klarere und bereicherndere Erfahrung machen werden.

Wurzelchakra

- *Lage:* Spitze des Steißbeins, unterer Rückenbereich
- *Sanskritname:* Muladhara (»Stütze der Wurzel«)
- *Farbe:* Rot
- *Element:* Erde
- *Energetische Schlüsselthemen:* Sicherheit, Zuhause, Familie
- *Repräsentiert:* Unser Recht, hier auf dem Planeten zu sein. In der Natur wäre das Wurzelchakra die Erde, in der Samen gepflanzt werden.
- *Körperlicher Einflussbereich:* Die untere Hälfte des Körpers, Beine, Füße, Basis der Wirbelsäule und untere Wirbel
- *Empfohlene Heilsteine:* Steine von schwarzer, rauchiger, brauner oder roter Farbe

Affirmationen beim Einatmen:
Ich habe das Recht, hier auf der Erde zu sein.
Ich habe mich dafür entschieden, auf diesem Planeten zu inkarnieren.
Ich bin hier sicher und beschützt.

Sakralchakra

- *Lage:* Unterhalb des Nabels, an der Spitze des Schambeins, Kreuzbein
- *Sanskritname:* Svadhisthana (»der eigene Platz«)
- *Farbe:* Orange
- *Element:* Wasser

- *Energetische Schlüsselthemen:* Im Fluss sein, Vertrauen in das Leben, kreative Fähigkeit, Erschaffen und Fortpflanzung
- *Repräsentiert:* Das Recht, in unserem eigenen Körper zu sein. In der Natur wäre das Sakralchakra das Wasser, das den Erdboden nährt, damit der Samen wachsen kann.
- *Körperlicher Einflussbereich:* Das Fortpflanzungssystem, Sexualorgane
- *Empfohlene Heilsteine:* Steine von orangeroter, goldener oder brauner Farbe

Affirmationen beim Einatmen:
Mein Körper ist das Zuhause meiner Seele.
Ich habe ein Recht, in meinem Körper zu sein.
Ich bin in meinem Körper sicher.

Nabelchakra

- *Lage:* Körpermitte (über dem Bauchnabel)
- *Sanskritname:* Manipura (»strahlendes Juwel«)
- *Farbe:* Gelb
- *Element:* Feuer
- *Energetische Schlüsselthemen:* Willenskraft, Antrieb, Absicht, Entscheidungen
- *Repräsentiert:* Unser Recht zu entscheiden. In der Natur wäre das Nabelchakra die Sonne, die die Erde küsst und den Samen ermuntert, zu keimen und zu wachsen.
- *Körperlicher Einflussbereich:* Magen, Verdauungssystem, zentrale Organe, Darm, mittlerer Rückenbereich, Rumpfmuskulatur
- *Empfohlene Heilsteine:* Steine von gelblicher, gelber, goldener und orangeroter Farbe, oder durchsichtig mit Spuren von Gold/Gelb/Rot

Affirmationen beim Einatmen:
Ich habe das Recht, meine eigenen Entscheidungen zu fällen.
Mein Wille ist stark und zielgerichtet.
Ich manifestiere das Leben, das ich mir wünsche.

Herzchakra

- *Lage:* Mitte der Brust
- *Sanskritname:* Anahata (»nicht beschädigt«)
- *Farbe:* Grün, Rosa
- *Element:* Luft
- *Energetische Schlüsselthemen:* Liebe geben und empfangen, Mitgefühl, Selbstlosigkeit, Dienen
- *Repräsentiert:* Unser Recht, zu lieben und geliebt zu werden. In der Natur wäre das Herzchakra die Luft, welche die Bienen und dadurch die Bestäubung unterstützt.
- *Körperlicher Einflussbereich:* Das Herz, die oberen Atemwege, Brustkorb, Brüste, mittlerer Rücken, Brustbein
- *Empfohlene Heilsteine:* Steine von grüner, blaugrüner, rosa Farbe, oder durchsichtig mit Spuren von Rosa oder Grün

Affirmationen zum Einatmen:
Ich habe ein Recht, zu lieben und geliebt zu werden.
Mein Herz ist offen, um zu geben und zu empfangen.
Ich kann ohne Bedenken Liebe akzeptieren.

Halschakra

- *Lage:* Hals/Nacken
- *Sanskritname:* Vishuddha (»der Reiniger«)
- *Farbe:* Blau
- *Element:* Äther/Akasha

- *Energetische Schlüsselthemen:* Ausdruckskraft, Stimme, Dinge aussprechen, Wahrheit
- *Repräsentiert:* Unser Recht, uns Ausdruck zu verleihen, das Wort zu ergreifen, unsere Wahrheit zu teilen und gehört zu werden. In der Natur wäre das Halschakra die Lebenskraft, die Blumen benötigen, sich zu öffnen und zu erblühen.
- *Körperlicher Einflussbereich:* Hals, Schultern, oberer Brustbereich, Schilddrüse, Hormonhaushalt
- *Empfohlene Heilsteine:* Steine in allen Nuancen von Blau, Aquamarin oder durchsichtig mit Spuren von Blau

Affirmationen zum Einatmen:
Ich habe das Recht, meiner Wahrheit Ausdruck zu verleihen und gehört zu werden.
Ich kann mich selbst offen und ehrlich ausdrücken.
Ich kann ohne Bedenken mein authentisches Selbst zum Ausdruck bringen.

Stirnchakra

- *Lage:* Zwischen den Augenbrauen
- *Sanskritname:* Ajna (»Wahrnehmung«)
- *Farbe:* Indigo/Dunkelviolett
- *Element:* Äther/Akasha
- *Energetisches Schlüsselthema:* Innere Wahrnehmung, Vorstellungskraft, Auffassungsgabe, Durchblick
- *Repräsentiert:* Unser Recht, auf einer physischen und spirituellen Ebene zu sehen. In der Natur wäre das Stirnchakra der Geist, der Blumen ihre individuelle Schönheit entfalten lässt.
- *Körperlicher Einflussbereich:* Augen, Kopfbereich, Frontallappen des Gehirns
- *Empfohlene Heilsteine:* Dunkelblaue, lilafarbene oder violette Steine

Affirmationen zum Einatmen:
Ich habe das Recht, die Welt mit meinen eigenen Augen zu sehen.
Ich erwache und vertraue meiner inneren Wahrnehmung.
Ich kann ohne Bedenken sehen und gesehen werden.

Kronenchakra

- *Lage:* An der Spitze des Kopfes
- *Sanskritname:* Sahasrara (»Tausendblättrig«, bezogen auf einen Lotos)
- *Farbe:* Violett/kristallklar
- *Element:* Licht
- *Energetische Schlüsselthemen:* Spirituelle Verbindung, mentale Verbindung, die Art, wie wir Gott sehen/erfahren
- *Repräsentiert:* Unser Recht, das Göttliche auszudrücken. In der Natur wäre das Kronenchakra die Essenz, die der Natur einen Sinn verleiht.
- *Körperlicher Einflussbereich:* Die Spitze des Kopfes, Gehirn, oberer Kopfbereich, Haare/Kopfhaut
- *Empfohlene Heilsteine:* Violette, durchsichtige oder regenbogenfarbige Steine

Affirmationen zum Einatmen:
Ich habe ein Recht, das Göttliche zu kennen.
Ich akzeptiere, dass ich Teil eines größeren Ganzen bin.
Ich kann mich ohne Bedenken mit dem Geistigen verbinden.

Die meisten Menschen haben schon von diesen sieben Chakras gehört, doch es gibt vier weitere, die heutzutage in spirituellen Kreisen wiederentdeckt und zugänglich gemacht werden. Vermutlich gibt es sogar noch mehr, doch diese elf (sieben traditionelle und vier »neue«) Chakras sind jene, mit denen ich arbeite. Hier sind die neuen:

Erdsternchakra

- *Lage:* 15 bis 30 cm unter den Füßen
- *Farbe:* Kupfer/Bronze
- *Element:* Alle neuen Chakras sind vierdimensional, also jenseits der Elemente.
- *Energetische Schlüsselthemen:* Verbindung mit der Erde, Weisheit der Erde, Erdung, ein Gefühl von Zugehörigkeit
- *Repräsentiert:* Unser Recht, auf der Erde zu sein. Unser Erdsternchakra gibt uns die Möglichkeit einer direkten Verbindung mit Mutter Erde (Gaia) und ihren Engeln.
- *Empfohlene Heilsteine:* Goldfarbene und braune Steine, Rauchquarz, Steine mit Kupfer- oder Metallüberzug

Affirmationen zum Einatmen:
Ich verbinde mich tief mit dem Herzen der Erde.
Ich habe ein Recht, die Weisheit der Erde zu kennen.
Ich kann mich ohne Bedenken frei auf diesem Planeten bewegen und ein sinnerfülltes Leben führen.

Seelensternchakra

- *Lage:* 15 bis 30 cm über dem Kopf
- *Farbe:* Purpur/kristallin
- *Energetische Schlüsselthemen:* Seelenverbindung, höhere Aufgabe, Verbindung mit göttlicher Weisheit
- *Repräsentiert:* Das Recht, unsere Seelenaufgabe zu kennen. Dank unseres Seelensterns können wir uns direkt mit dem Himmelvater/Universum und den Engeln der ewigen Weisheit verbinden.
- *Empfohlene Heilsteine/Metalle:* Rubin, strahlender oder lemurischer Quarz, »Aura«-Kristalle, Platin

Affirmationen zum Einatmen:
Ich habe ein Recht, meine Seelenaufgabe zu kennen.
Ich verbinde mich mit der »ICH BIN«-Präsenz (siehe Seite 108).
Ich kann ohne Bedenken ewige Weisheit empfangen und mich mit ihr verbinden.

Sternentorchakra

- *Lage:* 30 cm oder höher über dem Kopf
- *Farbe:* Jenseits der Farben – sieht aus wie eine Milchstraße voller Sterne
- *Energetische Schlüsselthemen:* Verbindung mit der Quelle, Sternenkraft, Erinnerung an unseren kosmischen Ursprung
- *Repräsentiert:* Das Recht, uns unseres kosmischen Ursprungs zu erinnern. Unser Sternentor ermöglicht es uns, eine direkte Verbindung mit der göttlichen Kraft aufzunehmen.
- *Empfohlene Heilsteine:* Alle Kristalle, die wie ein Stern oder der nächtliche Sternenhimmel aussehen, Obsidian, Lemurische Saatkristalle, Moldavit, Libysches Wüstenglas, Meteorstücke, Euklas

Affirmationen zum Einatmen:
Ich habe das Recht, mich meines kosmischen Ursprungs zu erinnern.
Ich verbinde mich tief mit der Macht des Kosmos.
Ich kann mich ohne Bedenken erinnern, manifestieren und erschaffen.

Erdtorchakra

- *Lage:* 30 cm oder tiefer unter den Füßen
- *Farbe:* Dunkelbraun und Schwarz mit einem Hauch von Kupfer
- *Energetische Schlüsselthemen:* Verbindung zu Gaia und dem Inneren der Erde, die Matrix frühen Bewusstseins; auch die Macht der Erde, Erinnerung an frühere Leben

- *Repräsentiert:* Das Recht, uns an unsere göttliche Aufgabe zu erinnern. Unser Erdtor erlaubt uns eine direkte Verbindung mit der Intelligenz der Erde/göttlichen Matrix.
- *Empfohlene Heilsteine:* Jeder Stein, der schwarz, braun, kupfer- oder goldfarben ist. Kristallschädel sind direkt mit diesem Chakra verbunden.

Affirmationen zum Einatmen:
Ich habe ein Recht, in dieser Dimension zu inkarnieren.
Die Erde ist meine liebevolle Mutter.
Es ist sicher für mich, auf Gaia zu Hause zu sein.

Die »ICH BIN«-Präsenz

»Die mächtige ICH-BIN-Präsenz« wird häufig in den Lehren der Aufgestiegenen Meister erwähnt. Sie wird als die individualisierte Präsenz des Göttlichen beschrieben, die in uns allen ruht. Ich persönlich sehe keinen Unterschied zwischen der »ICH BIN«-Präsenz und dem, was andere Menschen vielleicht den inneren Lehrer oder unser höheres Selbst nennen. Sie ist der Aspekt der Göttlichkeit, der in uns lebt und die ewige Weisheit für uns bereithält. Sie ist der innere Buddha oder das Christusbewusstsein. Uns diese Präsenz bewusst zu machen, wird unsere spirituelle Verbundenheit stärken.

Im ganzen Buch arbeite ich mit der Kraft von »ICH BIN«. Sie ist Teil aller Aktivierungen und Gebete, die ich hier weitergebe. Wenn wir die Worte »ICH BIN« benutzen, leiten wir buchstäblich die Frequenzen der darauffolgenden Worte in unser ganzes Wesen weiter. Das ist der Grund, warum positive Affirmationen ungeheure Veränderungen hervorbringen können.

Die »ICH BIN«-Eigenschaft, wie ich sie häufig nenne, ist letzten Endes ein innerer Göttlicher Meister, der bereit und willens ist, aktiviert zu werden. Wenn wir seine Präsenz anrufen, beginnen wir uns auf das Licht auszurichten und Informationen zu empfangen, die unser geistiges Wachstum fördern werden.

Und nicht nur das: Da den universellen Gesetzen zufolge Gleiches Gleiches anzieht, wird das Licht, das aus dem Kern unseres Wesens zu erstrahlen beginnt, andere Quellen des Lichts anziehen, einschließlich Aufgestiegener Meister, Engel und anderer kosmischer Lichtwesen. Wie toll ist das denn?!?

Der einzige Weg, die »ICH BIN«-Präsenz wirklich kennenzulernen, besteht darin, sie zu erfahren. Versuchen Sie es gleich jetzt.

Wie Sie sich mit der »ICH BIN«-Präsenz verbinden können

Legen Sie eine Hand auf Ihren Bauch, die andere auf Ihr Herz. Atmen Sie tief ein.

Visualisieren Sie ein unglaublich strahlendes Licht im innersten Kern Ihres Wesens. Beobachten Sie dieses Licht, wie es immer heller und heller leuchtet. Lassen Sie dieses Licht Ihr ganzes menschliches Selbst umfangen.

Betrachten Sie, wie es aufleuchtet und nach außen strahlt.

Stellen Sie sich vor, wie in Ihrem Inneren ein wunderbar goldenes Licht hochsteigt und nach außen strahlt, um sich mit der universellen Lebenskraft zu verbinden. Visualisieren Sie, wie es mit dem großen Licht des Kosmos verschmilzt.

Werden Sie eins mit dem Kosmos, greifen Sie auf die göttliche Matrix zu, verbinden Sie sich mit dem göttlichen Geist.

Einatmen. Ausatmen. Verbunden.

Sagen Sie:

Ich bin eins mit dem Licht.
Ich bin eins und vereint mit dem Licht.
Ich bin im Einklang und verbunden mit der Quelle des Lichts.
Ich bin das Geschöpf und der Schöpfer.
Ich bin alles was ist, war, und jemals sein wird.
Ich rufe aus dem tiefsten Kern meines Seins die mächtige »ICH BIN«-Präsenz hervor.
Großer universeller Kosmonaut, Sternenwesen, Sternenmacht, danke, dass du an der ersten Stelle meines Herzens und meines Geistes stehst.
Danke, dass du mit deiner göttlichen Intelligenz den Weg zeigst.
Danke, Universelle Quelle, dass du deine heiligen Meister und Engel des Lichts sendest, um mich zu führen.
Ich bin eins mit der unendlichen Intelligenz.
Ich bin eins mit dem unendlichen Potenzial.
Ich bin umgeben vom Licht.
Ich werde geführt vom Licht.
Ich bin das Licht.
Ich bin das Licht.
Ich bin das Licht.

TEIL III

MIT DEN MEISTERN ARBEITEN

Göttliche Meister, Hüter ewiger Weisheit.
Ich danke euch, dass ihr mich mit eurem unendlichen Licht umgebt und mir helft, auf meinen inneren Lehrer zu hören.
Ich bin bereit, auf meine Gaben zuzugreifen.
Ich bin bereit, euch zu erfahren.
Ich öffne mich für euch.
Und so ist es.

KAPITEL 8

Der Aktivierungsprozess

»Wenn man die Geheimnisse des Universums finden will, muss man in Begriffen wie Energie, Frequenz und Schwingung denken.«

NICOLA TESLA

Spirituelle Energie lebt in uns allen. Sie ist ungeboren und daher wird sie auch nie vergehen. Sie ist der Teil von uns, der dem Herzen des Kosmos entspringt und dorthin zurückkehren wird, wenn unser sterblicher Körper seinen Dienst hier auf Erden vollbracht hat. Die Meister haben mir zu der Erkenntnis verholfen, dass dieses »Ewige«, das in uns allen wohnt, tatsächlich nach wie vor im Herzen der Quelle präsent ist. Unser menschliches Leben ist so etwas wie ein Hologramm. Was wir sehen und erleben, ist sehr real, doch die tatsächliche Wahrheit ist, dass wir nie das Herz der Quelle verlassen haben.

Gleichwohl haben viele von uns ihre spirituelle Wahrheit und spirituelle Kraft vergessen. Doch die Tatsache, dass Sie jetzt, in diesem Moment, hier sind und sich mit den Meistern und ihrer Weisheit verbinden, zeigt, dass ein tiefes inneres Erwachen begonnen hat. Bei vielen von uns nimmt die spirituelle Kraft zu. Sie macht sich in vielerlei Hinsicht bemerkbar, und wir beginnen, uns an unseren göttlichen Ursprung zu erinnern.

Für mich persönlich waren Kristallschädel häufig großartige Lehrer, und erst durch die Arbeit mit diesen mysteriösen uralten Wesenheiten (vergessen Sie nicht, selbst wenn die Schädel neu geformt wurden, sind die Kristalle uralt) habe ich gelernt, dass auch wir Energien in uns tragen, die aktiviert werden können. Mir gefällt der Gedanke, dass all die Weisheit unseres kosmischen Selbst nur darauf wartet, durch das Sternentor unseres Herzens angerufen zu werden. Sie wartet darauf, aktiviert zu werden.

Als ich mich darauf vorbereitete, dieses Buch zu schreiben, wurde mir bewusst, dass die Göttlichen Meister Aktivierungen bereithalten, die sie uns weitergeben wollen.

Was ist eine Aktivierung?

Eine Aktivierung ist der Prozess des Erweckens spiritueller Energie in unserem Inneren. Die Idee dahinter ist, dass ein absichtliches, bewusstes Gebet, kombiniert mit einer Visualisierung und einer spirituellen Zeremonie, Energien aus dem Kern unseres Wesens hervorruft, die unsere spirituelle Entwicklung fördern und uns auf den Aufstieg vorbereiten können.

Selbst wenn Sie bisher nicht mit Aktivierungen in Berührung gekommen sind, lebt dank der göttlichen Matrix, jener nie endenden Verbindung mit allem, was ist und jemals sein wird, die Macht des Universums in Ihrem Inneren, und Sie haben die Möglichkeit, sie auf Ihre ganz persönliche Weise in diesem Leben zu erfahren.

Was kann eine Aktivierung bewirken?

Aktivierungen können schlussendlich mehr Raum für Licht und Wunder in unserem Leben schaffen. Auch wenn es bei diesen bewussten Gebeten darum geht, etwas zu erwecken, was in unserem Inneren schlummert, ziehen sie darüber hinaus hilfreiche Frequenzen an. Sie öffnen energetische Räume für uns, damit wir von göttlichen Wesenheiten und Meistern umgeben sein können, die uns auf unserem Weg unterstützen. Wenn wir beginnen, unsere spirituellen Energien auf diese Weise zu aktivieren, werden alle

Widerstände und Gegensätze in unserem Leben allmählich umgewandelt und geheilt. Aktivierungen sind letzten Endes psychische Prozesse, die unsere Energie transformieren und neu einstimmen, damit wir im Einklang sind mit unserem höchsten Gut und der höchsten, uns zur Verfügung stehenden Intelligenz.

Wie Sie das Beste aus einer Aktivierung machen können

Folgen Sie Ihrer Intuition

Indem Sie dem Ruf Ihrer Intuition folgen, werden Sie sich angeleitet fühlen, mit jenen Göttlichen Meistern zu arbeiten, die Ihnen auf Ihrem persönlichen Weg am besten behilflich sein können. Vielleicht möchten Sie der Reihe nach die Porträts dieser 33 Aufgestiegenen Meister und die Beschreibung ihrer Aktivierung lesen; oder vielleicht fühlen Sie sich für eine bestimmte Zeit zur Arbeit mit einem individuellen Meister hingezogen.

Aktivierungen müssen keine einmalige Erfahrung sein – Sie können sie regelmäßig und so oft Sie wollen wiederholen. Je häufiger Sie sich durch die Aktivierung mit einem Meister verbinden, desto mehr werden Sie freilegen und sich auf einer spirituellen, kosmischen Ebene erinnern.

Offen sein für neue Informationen

Wenn Sie eine Aktivierung durchlaufen oder sie anschließend »verarbeiten«, ist es wichtig, offen zu bleiben für Informationen, die Sie empfangen oder die in Ihnen aufsteigen. Vielleicht werden Sie merken, dass Sie an eine bestimmte Person denken, oder an eine Situation in Ihrer Vergangenheit, oder sogar an eine frühere Inkarnation. Was immer es ist, bleiben Sie aufmerksam und verbunden. Ich habe festgestellt, dass eine Art Tagebuch zur Aufzeichnung dieser Erfahrungen sehr hilfreich sein kann. Es ist nicht etwas, das ich jeden Tag mache, doch die Eindrücke, Botschaften und Ideen aufzuschreiben, hat mir sehr geholfen. Im Laufe der Jahre habe ich immer wieder mal in meinem Tagebuch geblättert und eine Menge wichtiger Informationen gefunden, die ich dann mit der Welt geteilt habe.

Denken Sie daran, Spaß zu haben

Wenn Sie daran arbeiten, Energien zu aktivieren, vergessen Sie nicht, dass es sich dabei um eine freudige Erfahrung handelt. Sie erinnern sich an Göttliche Meister und kosmische Informationen und verbinden sich mit ihnen. Diese Verbindungen werden Ihnen helfen, ein offener und bewusster Mensch zu werden. Leichtigkeit zieht Licht an, daher beginnen Sie den Aktivierungsprozess nicht, wenn Sie schlecht gelaunt sind oder sich blockiert fühlen. Erhöhen Sie zuerst Ihre Schwingung (siehe Seite 97) und begeben Sie sich dann mit leichtem Herzen auf die Ebene der Energie und Freude.

Tipps für die Reise

- Planen Sie regelmäßig Zeit für Ihre spirituelle Praxis ein. Je öfter Sie dazu bereit sind, desto mehr wird sich Ihnen das Licht offenbaren.
- Wenn Sie unterwegs sind, während Sie die Aktivierung eines bestimmten Meisters verarbeiten, und dieses Buch nicht mitnehmen können, um noch mal nachzulesen, kann es hilfreich sein, eine Kopie des Aktivierungsgebetes dabeizuhaben, damit Sie sich wieder sammeln und auf die Energie ausrichten können.
- Verbinden Sie sich mit der Energie Ihrer Chakras (siehe Seite 99), wenn Sie mit den Göttlichen Meistern arbeiten, und beobachten Sie, welche Chakras Ihre Verbindung stärken.

- Teilen Sie Ihre Erfahrungen mit Freunden oder Lehrern, die sich ebenfalls auf dem spirituellen Pfad befinden. Es ist immer gut, die eigenen Erfahrungen mit jemandem zu teilen, der dafür offen ist.
- Seien Sie offen dafür, Dinge auf eine andere Weise wahrzunehmen. Machen Sie sich bewusst, dass es ein Geschenk ist, die Dinge auf Ihre ganz persönliche Weise zu erleben.

Ashtar

Kommandeur Ashtar, Ashtar Sheran oder auch einfach Ashtar, ist ein multidimensionaler außerirdischer Meister, der sich für Wahrheit, Frieden und die Harmonie zwischen den Planeten einsetzt. Obwohl es im Grunde nicht von dieser Welt stammt, ist dieses göttliche kosmische Wesen bekannt dafür, menschliche Form anzunehmen, damit es auf der Herzensebene mit den Menschen auf der Erde kommunizieren kann, die sich berufen fühlen, eine Verbindung mit interplanetarischen Wesenheiten und Raumschiffen aufzunehmen. Er gilt als Leiter des Sternenkommandos, einer Vereinigung außerirdischer Wesen, die sich als Wächter dem Schutz der Erde verpflichtet haben. Heutzutage geht man in spirituellen Kreisen davon aus, dass Kommandeur Ashtar Teil der Großen Weißen Bruderschaft (siehe Seite 45) und der göttliche Vermittler zwischen diesem Planeten und anderen Dimensionen ist.

Sein Name wurde erstmals im Jahre 1952 durch die Arbeit von George Van Tassel bekannt, einem Gründungsvater der Ufologie. Van Tassel behauptete, dass er auf telepathischem Wege mit Ashtar kommunizierte. Seit damals ist Ashtar ein wichtiger Ansprechpartner für Menschen geworden, die an UFOs und interdimensionaler Kommunikation interessiert sind, und somit zu einem der ersten kosmischen Superstars unserer Zeit.

Begegnung mit dem Sternenkommando

Seit meiner frühesten Kindheit wusste ich instinktiv, dass die Erde nicht der einzige belebte Planet in diesem Universum ist. Doch obwohl ich immer eine natürliche spirituelle Verbindung mit dem Jenseits und den Engeln hatte, machte mich der Gedanke an eine

Verbindung mit Außerirdischen irgendwie nervös. Ich hatte eine sehr starke Beziehung zu den Sternen, und der Film »ET« rief eine intensive emotionale Reaktion in mir hervor, doch als ich das erste Mal etwas über Ashtar hörte, zögerte ich, Verbindung mit ihm aufzunehmen.

Ich erinnere mich, dass sich vor einigen Jahren, als ich mich viel mit multidimensionalen Verbindungen beschäftigte, ein solcher Kanal für mich öffnete. Die Botschaft war sehr klar und beruhigend. Ich erkannte, warum ich bisher zögerte, mit kosmischen Wesen Kontakt aufzunehmen: Ich war in einem früheren Leben selbst einer von ihnen. Ich befürchtete also unbewusst, dass ich mich, wenn ich diese Wesenheiten kontaktieren würde, hier auf der Erde nicht mehr heimisch fühlen und mich »nach Hause« sehnen würde. Zum Glück hatte ich dieses Gefühl dann doch nicht, aber ich weiß, dass es vielen inkarnierten Sternenmenschen ähnlich geht.

In jener Nacht träumte ich, dass ich zu dem Sternenkommando transportiert wurde. Ich befand mich in einem Raumschiff mit menschähnlichen Wesen, die hochgeschlossene, mit Stehkragen versehene blaue, violette und goldene Uniformen trugen, ähnlich denen in Star Trek. Viele hatten lange, offene Haare, während andere rasierte Schädel und goldfarbene Markierungen auf ihrer Stirn aufwiesen. Sie hatten unterschiedliche Hautfarben, ähnlich denen der menschlichen Rasse. Ich wusste in meinem Traum, dass dieses Raumschiff nicht physisch in der irdischen, sondern in einer höheren Dimension existierte. Es schien, dass dieser energetische Raum dem Schutz des Planeten Erde gewidmet war.

Ich erinnere mich, dass Ashtar in diesem Traum erschien. Er sah aus wie ein ganz normaler Mann, wenn auch auffallend hochgewachsen. Er hatte wallendes blondes Haar und cremig-weiße Haut. Das Einzige, was ihn wirklich hervorstechen ließ, waren seine hellgrauen Augen. Sie strahlten und waren definitiv nicht von dieser Welt, sondern nahezu engelsgleich.

Kommandeur Ashtar wird Ihr geistiger Führer und Wächter sein, damit Sie sicher und geschützt Verbindungen zu außerirdischen Dimensionen aufnehmen können. Wenn Sie das Gefühl haben, dass Sie Kontakt mit einer außerirdischen Lebensform hergestellt oder ein UFO gesehen haben, können Sie sich an ihn und sein Kommando wenden, um Sie über diese Erfahrung aufzuklären.

Außerdem hilft er Lichtarbeitern, das Notwendige zu tun, damit sie ihre göttliche Aufgabe erfüllen können. Er ermutigt uns alle, durch unser Beispiel andere zu inspirieren, unsere Lebensaufgabe voll anzunehmen und unseren Worten Taten folgen zu lassen. Wenn Sie sich gebremst oder frustriert fühlen, kann Ashtar Ihnen einen außerirdischen Tritt in den Allerwertesten geben, um Sie auf Ihrem spirituellen Weg voranzubringen.

Arbeiten mit Kommandeur Ashtar

Mit Kommandeur Ashtar und dem Sternenkommando zu arbeiten, kann Ihnen helfen, um:

- UFOs und außerirdische Erfahrungen zu verstehen
- Verbindungen jenseits unserer Dimension herzustellen
- Ihre Sehnsucht nach einem weit entfernten Zuhause zu überwinden, weil Sie das Gefühl haben, in einem früheren Leben ein Sternenmensch gewesen zu sein
- Ihren Weg und Lebensaufgabe anzunehmen und durch Ihr Beispiel andere zu inspirieren

Die Aktivierung von Kommandeur Ashtar erfolgt durch ein bewusstes Gebet, um Ihr inneres Licht nach außen leuchten zu lassen, damit es den Weg weisen kann.

Aktivierung des kosmischen Lichts

Atmen Sie tief ein. Steigen Sie durch das Kronenchakra, Seelenstern- und Sternentorchakra nach oben. Stellen Sie sich vor, dass Sie ein Lichtsignal in den Himmel senden und sich mit einem riesigen Raumschiff im Zentrum des Kosmos verbinden.

Wenn Sie sich verbunden fühlen, öffnen Sie sich, um Informationen zu empfangen.

Wenn Sie bereit sind, sprechen Sie dieses Gebet:

Kommandeur Ashtar, Sternenkommando, interplanetare Wesen der Liebe,
Danke, dass ihr mich mit eurem kosmischen Sternenlicht segnet.
Ich heiße jetzt eure Gegenwart und die Verbindung mit euch in meinem Herzen willkommen.
Danke, dass ihr mein Bewusstsein für meine Gaben, Stärken und einzigartigen Qualitäten weckt, damit ich meine Lebensaufgabe gezielt und mit voller Absicht angehen kann.
Danke, Kommandeur Ashtar, dass du mein Lehrer und Leiter wirst, damit ich ein Lehrer und Leiter all jener werden kann, die Motivation, Inspiration und Orientierung brauchen.
Ich heiße den Download deiner hochfrequenten Heilungsenergie, deines einzigartigen Wissens und der kosmischen Codes willkommen, damit ich mich auf den Weg des Dienens begeben und zur umfassenden Heilung der Welt beitragen kann.

Danke, dass du mir ein liebevolles Zeichen deiner Gegenwart schickst und mir hilfst, meine Sternenverbindungen aufzubauen und zu stärken, damit ich das kosmische Licht meiner Seele leuchten lassen kann.
Es tut so gut zu wissen, dass du bei mir bist und mich unterstützt.
Ich bin eins mit dem Sternenkommando.
Ich bin gesegnet mit ihrer Präsenz.
Und so ist es.

Brigid

Brigid (manchmal auch »Brighid« oder »Brit« geschrieben) ist eine in Irland verehrte keltische Göttin, die eng mit Feuer und Frühling verbunden ist. Ihr Name bedeutet »die Strahlende«, und sie ist die Göttin der Fruchtbarkeit, Heilung und all der erneuernden Energien, die der Frühling mit sich bringt. Sie ist die Beschützerin von Brunnen und Heiligenschreinen in ganz Irland.

Brigid wurde von den Iren so sehr geliebt, dass sie im Zuge der Christianisierung Irlands von der katholischen Kirche als eine Heilige übernommen wurde. Die heilige Brigida ist heute die Heilige der Babys, Bauern, Kühe und von allem, was sich aus der Natur ernährt.

Brigid ist eine mächtige Göttin, die uns helfen kann, unsere Energie zu bündeln und in eine Richtung zu lenken, die für unser inneres Wachstum wichtig und förderlich ist. Als eine göttliche Figur, die Jahrhunderte überdauert hat und in der Lage war, religiöse Dogmas zu transzendieren, segnet sie unseren Weg mit Ausdauer, damit wir einen tief verwurzelten Zustand der Ganzheit erreichen können.

Göttin des Feuers

Brigid erscheint als wunderschöne irische Frau. Sie hat langes, feuerrotes Haar und trägt eine smaragdgrüne Robe. In ihren Händen hält sie eine heilige Flamme – die Energie des Feuers, über das sie herrscht. Sie hat ein Faible für alle, die auf dem Land leben und es bearbeiten. Menschen, die sich für Heidentum, Wicca oder andere naturverbundene spirituelle Praktiken interessieren, werden sich von ihr angesprochen fühlen.

Das keltische Fest Imbolg, das in der nördlichen Hemisphäre am 1. und 2. Februar zelebriert wird, ist der heiligen Energie von Brigid geweiht. Es ist die Zeit der »ersten Milch«, wenn die ersten Lämmer und Kälber geboren werden. Es ist eine Zeit des Neubeginns und freudiger Erwartung, denn der Sommer steht bevor mit seiner Fülle, Erntegaben und Belohnungen. Anhänger des Neuheidentums entzünden an Imbolg häufig ein Feuer als Symbol der Wärme, die ins Land zurückkehrt.

Auf einer spirituellen und energetischen Ebene steht Feuer für innere Reinigung. Wenn Sie mit Brigid arbeiten, können Sie sie bitten, Ihnen ihre heiligen Flammen zu schicken. Diese feurige Energie kann alles wegbrennen, was Ihnen nicht dient, und die Segnungen der Fruchtbarkeit, des Neuanfangs und des Wachstums bringen. Wenn Sie sich berufen fühlen, Kontakt mit Brigid aufzunehmen, wird das spirituelle Feuer in Ihrem Inneren aufsteigen. Diese göttliche Meisterin übermittelt Ihnen die Botschaft, dass Ihre Kräfte größer sind, als Sie vielleicht denken.

Brigid hilft uns, unser Leben neu zu überdenken und zu erkennen, wie weit wir auf unserem Weg bereits gekommen sind. Durch die Verbindung mit ihrer Essenz verbinden wir uns mit unserem inneren Feuer, jener gewaltigen Kraft, die uns hilft, unsere Leidenschaften und Wünsche voll anzunehmen und alle notwendigen Veränderungen einzuleiten, um ganz wir selbst zu sein.

Fruchtbarkeitsgöttin

Brigid steht in enger Verbindung mit dem Frühling und der ersten Milch, und damit auch mit Fruchtbarkeit und Mutterschaft. Eine Mutter zu werden hat etwas Heiliges an sich. Es ist eine Zeit, in der eine Frau ihre ganze Kraft annimmt.

Brigid ist eine wunderbare Führerin für Frauen, die es schwierig finden, ihre Weiblichkeit voll anzunehmen oder damit kämpfen, ihre Kraft zu finden und dazu zu stehen. Darüber hinaus ist sie eine wundervolle Unterstützerin, wenn Sie beim Empfangen und Gebären neuen Lebens jeglicher Form Orientierung benötigen.

Arbeiten mit Brigid

Mit Brigid zu arbeiten kann:

- Ihnen helfen, Ihre Leidenschaften und Wünsche vollkommen anzunehmen
- Sie in Hinblick auf Fruchtbarkeit und das ins Leben Rufen neuer Projekte unterstützen
- Sie dazu anleiten, sich mit keltischen Ahnen und den Menschen jener Länder zu verbinden
- Ihr inneres Feuer entfachen

Brigids Aktivierung ist ein energetisches Erwecken Ihres inneren Feuers. Dieses Feuer hat seinen Sitz im Nabelchakra, dem energetischen Raum, der mit der Fähigkeit zu tun hat, Ihren Willen geltend zu machen und Ihre Wünsche zu erfüllen.

Aktivierung des inneren Feuers

Atmen Sie tief ein.

Legen Sie Ihre linke Hand auf das Sonnengeflecht oberhalb des Nabels und Ihre rechte Hand über die linke.

Falls Sie sich in Ihrem Leben von einem Wunsch oder einem tiefen Bedürfnis losgesagt haben, denken Sie jetzt erneut daran.

Falls es Aspekte Ihrer inneren Wahrheit gibt, von denen Sie sich abgetrennt fühlen, erinnern Sie sich jetzt daran.

Wenn Sie bereit sind, sprechen Sie dieses Gebet:

Große keltische Göttin Brigid, Heilige des Landes und von allem, was darauf wächst, danke, dass du mich mit deiner ewigen Liebe umarmst.
Oh du Strahlende, erfülle das Gefäß meines Seins mit deinem brennenden, leuchtenden Licht.
Danke, dass du mir hilfst, mit meiner schöpferischen Kraft in Verbindung zu treten.
Danke, dass du mir hilfst, die Aspekte meines Wesens zu erkennen, die von Leidenschaft und Tatkraft erfüllt sind.
Danke, dass du mir hilfst, meine Gaben und mein wahres Selbst mit der Welt zu teilen.
Ich werde umarmt von deinem Licht.
Ich erlaube, dass meine Leidenschaften und Wünsche entzündet werden.
Heiliges Feuer in meinem Inneren, brenne hell.
Oh heilige Göttin, danke, dass du mein Herz mit deiner Gegenwart wärmst, während ich erneut den Weg der Wahrheit betrete.
Und so ist es.

Buddha

Der Buddha oder Meister Buddha, auch bekannt als Siddhartha Gautama, ist die zentrale Figur des Buddhismus. Ein Prinz, der zum erleuchteten Wesen wurde und um das fünfte Jahrhundert vor Beginn unserer Zeitrechnung in Indien lebte. Weltweit verehrt als Friedensbringer, ist er spirituellen, religiösen und wissbegierigen Menschen ein Vorbild und großer Lehrer geworden.

Als Prinz geboren, führte Siddhartha in seiner Kindheit und frühen Jugend ein behütetes Leben hinter Palastmauern. Es heißt, dass bei Siddharthas Geburt ein Weiser prophezeite, dass er zu einem großen und heiligen König heranwachsen und die Welt vereinen würde. Diese Prophezeiung ängstigte seinen Vater, der befürchtete, sein Sohn könnte das königliche Leben aufgeben, um ein heiliger Mann oder gar ein Sadhu zu werden. Also achtete er behutsam darauf, ihn vor der Realität und den Schmerzen der Welt zu schützen.

Doch nach 29 Jahren Leben im Luxus, mit Dienern, Köchen und Wachen, die ihn umsorgten, wurde Siddhartha neugierig auf die reale Welt, und er bat seinen Vater, den Palast verlassen zu dürfen. Schließlich entschied sein Vater, ihn gehen zu lassen, um die Welt jenseits der Palastmauern zu erkunden.

Die vier Ausfahrten

Bei seinen Ausfahrten in die reale Welt hatte der junge Prinz vier Begegnungen, die ihn auf den Weg der Spiritualität führten. Zuerst sah er einen alten Menschen – Beweis dafür, dass das Leben in ständiger Veränderung begriffen ist, dass die Dinge nie gleichbleiben konnten. Dann traf er einen kranken Menschen und war zutiefst berührt von seinem Schmerz und Leiden. Auf seinem nächsten Ausflug erblickte er eine Leiche – ein eindeutiger Beweis für die menschliche Vergänglichkeit. Und schließlich begegnete er einem spirituellen Sucher, der sich von den Fesseln der physischen Welt lösen und Schmerz und Leiden transzendieren wollte. Dieser Suchende besaß nichts, schien jedoch alles zu haben, denn er hatte Frieden mit sich selbst geschlossen.

All dies machte großen Eindruck auf Siddhartha. Er beschloss, sich von seinen weltlichen Besitztümern zu lösen und sich auf die Suche nach der Wahrheit zu begeben. Er legte alles Gold ab, ließ all seinen irdischen Besitz hinter sich und machte sich auf die Suche nach dem Sinn des Lebens und einen Weg, der Menschheit zu helfen, ihr Leiden zu überwinden.

Der Moment der Erleuchtung

Der Prinz wurde zu einem Wanderer, der dem Lauf des Ganges folgte. Unterwegs begegnete er vielen heiligen Männern, die alle ihren eigenen Weg zur Erleuchtung und Meisterschaft gefunden hatten. Er probierte alles aus, konnte jedoch die Antworten nicht finden, nach denen er suchte. Eines Tages beschloss er, unter einem Feigenbaum zu sitzen und dort zu verharren, bis er jene Antworten gefunden hatte. Er begann einen tiefen inneren Dialog, indem er all seine Schritte zurückverfolgte und sein Bewusstsein betrachtete, bis er sich dem Dämon Mara gegenübersah, die Manifestation der Versuchung und Inbegriff der Angst. Der Prinz blieb unerschütterlich; er legte seine Hände auf den Boden und rief die Erde an, sein Zeuge zu sein. Als Mara sich ihm näherte, schaute er tief in die Augen der Angst und lächelte. Mara verschwand, und der Prinz wurde augenblicklich erleuchtet.

Meister der Weisheit

Der Buddha ist einer der Meister der Weisheit und eines der erleuchteten Wesen, die in der spirituellen Dimension beheimatet sind und sich der Selbsterkenntnis und dem Aufstieg der Menschheit widmen. Er braucht sich nicht materialisieren, und seine Energie kann schlicht als »golden« beschrieben werden.

Wenn ich ihn bitte, mir zu erscheinen, fühle ich mich sofort tief in mein eigenes Innerstes versetzt, in eine riesige Höhle. Im Zentrum sehe ich einen indischen Mann mit tiefbrauner Haut und langen dunklen Haaren. Goldenes Licht strahlt aus seinem Herzen. Er sagt, dass seine Aufgabe darin besteht, dieselbe goldene Energie in all jenen zu erwecken, die sich mit ihm verbinden.

Genau wie Buddha, können wir alle in einen kraftvollen Dialog mit der göttlichen Intelligenz treten, die in unserem Inneren lebt. Dies ist der Raum, wo wir auch in Kontakt mit unseren größten Ängsten und den wütendsten Aspekten unserer inneren Zweifel kommen. Die Botschaft Buddhas ist einfach: »Lauf nicht weg vor deiner Angst, schau ihr in die Augen und lächle.« Wenn uns die Angst überfällt, werden wir von den scheinbaren Möglichkeiten überwältigt, nicht von dem, was in Wahrheit ist. Wenn wir jedoch der Angst in die Augen schauen, anstatt vor ihr wegzulaufen, werden wir eins mit ihr. Das ist erleuchtetes Handeln.

Arbeiten mit dem Buddha

Mit dem Buddha zu arbeiten kann Ihnen helfen:

- schädliche Bindungen an physische Dinge oder Menschen zu überwinden
- zwischen der Stimme der Angst und der Stimme der Liebe zu unterscheiden

- sich Ihren größten Ängsten zu stellen
- sich stärker mit Ihrem wahren Selbst zu verbinden

Buddhas Aktivierung ruft den inneren Lehrer hervor, den Buddha im Herzen. Wenn dieser weise und unverwüstliche Aspekt Ihres Wesens Ihren Geist erfüllt, haben Sie eine aufgeklärtere Sicht auf das Leben und die Welt.

Aktivierung des inneren Lehrers

Halten Sie Ihre Hände vor Ihr Herz, mit den Handflächen nach unten, und richten Sie Ihren Atem dorthin. Fassen Sie die Absicht, die innere Höhle Ihres Herzens zu betreten. Werden Sie sich bewusst, dass im Zentrum der Höhle Buddha wartet, eine Personifizierung des großen Lehrers, der in Ihnen selbst wohnt.
Sagen Sie:

Meister Buddha, großer erhabener Lehrer, eins mit allem was ist, danke, dass du mich mit deinem goldenen Licht segnest.
Ich bin willens und dafür bereit, mich jedem Aspekt meines Wesens zu stellen, einschließlich meiner Ängste und Zweifel.
Ich erkenne, dass ich manchmal mehr Angst vor den Möglichkeiten habe als vor der Wahrheit.
Ich lächle meine Angst an. Ich lächle meine Zweifel an. Ich werde eins mit ihnen.
In meinem Herzen, Buddha, heiße ich dein helfendes Licht willkommen.

Danke, dass du mir hilfst, eins zu werden mit dem Lehrer in meinem Inneren, der darauf wartet, hervorgerufen zu werden; der Teil von mir, der nie das Unendliche verlassen hat, das immer vollkommen war, ist und sein wird.
Ich rufe den großen Lehrer in mir an.
Innerer Buddha, ewiger Lehrer, Hüter der Weisheit, tritt hervor und erfülle heute mein ganzes Wesen, werde geleitet von Meister Buddha.
Ich ergebe mich deiner unendlichen Intelligenz. Ich gebe dir die Erlaubnis, mir den Weg zu weisen.
Und so ist es.

Djwal Khul

Djwal Khul (gesprochen »Dwahl Kuhl«), auch bekannt als »der Tibeter«, ist ein buddhistischer Meister aus Tibet, von dem gesagt wird, dass er viele Inkarnationen hatte und einer der ersten Schüler von Buddha sowie einer der drei Weisen war, die Jesus nach seiner Geburt mit Weihrauch, Gold und Myrrhe ihren Respekt erwiesen hatten. Er ist einer der ursprünglichen Meister oder Mahatmas, der in den Werken Helena Blavatskys und den Mahatma-Briefen (siehe Seite 27) auftauchte, die er manchmal mit »DK« unterzeichnete. Es heißt, er sei ein spiritueller Führer und göttlicher Vertrauter von Alice Bailey gewesen.

Gemäß der Theosophie hat Djwal Khul esoterisches Wissen über einen alten geheimen Pfad, bekannt als »Zeitlose Weisheitstradition«. Er gilt als ein Mitglied der Großen Weißen Bruderschaft, welche über die traditionelle Philosophie und Religion hinausgeht und ein kosmologisches Verständnis des Universums bietet.

Djwal Khuls göttliche Aufgabe besteht darin, die Menschheit zu einer aufgeklärteren und mitfühlenderen Existenz zu geleiten. Er ist einer der führenden Lamas, die in dem ätherischen Rückzugsort Shambhala (siehe Seite 23) residieren, und Führer einer großen Gruppe von Lamas, die sich der Aufgabe gewidmet hat, Licht in die Welt zu bringen. Viele dieser Lamas dienen heute irdischen Lichtarbeitern als Geistführer.

Jedes Mal, wenn ich mich mit der Energie von Djwal Khul verbinde, werde ich auf telepathischer Ebene zu einem Kloster auf dem Gipfel eines hohen Berges transportiert. Sofort kann ich den tiefen Kehlkopfgesang der Lamas hören, und ich rieche das Aroma von Gewürzen und den Duft brennender Räucherstäbchen. Und aus dem Tempel vernehme ich Gebete und das Läuten von Glocken.

Djwal Khul erscheint als tibetischer Mönch, mit spitz zulaufendem Bart, langen Haaren und gekleidet in eine goldfarbene Robe aus Seide. Seine Augen sind goldbraun. Seine Präsenz lässt mich von innen heraus strahlen und gibt mir das Gefühl, spirituell verbunden zu sein. Ich habe den Eindruck, dass er durch seine früheren Erfahrungen in vielen Lebenszeiten die große Bedeutung von Disziplin, Vertrauen und spiritueller Praxis verinnerlicht hat. Auch wenn ich seine Stimme nicht höre, scheine ich die Botschaft zu empfangen, dass es wichtig ist, dem eigenen Weg zu vertrauen und ihm die Möglichkeit zu geben, sich im Laufe der Zeit zu entfalten.

Dharma

Mir wurden auf meinem spirituellen Weg schon mehrere Begegnungen mit Lamas und tibetischen Mönchen zuteil. Aus irgendeinem Grund scheine ich diese faszinierenden Wesen zu treffen, wo immer ich in der Welt unterwegs bin. Es fühlt sich an, als würde Djwal Khul diese Treffen arrangieren. Vielleicht ist es sein Licht, das durch die Mönche wirkt, denen ich begegnet bin.

Als ich einmal eine Freundin in New York besuchte, gingen wir in einen zauberhaften tibetisch-buddhistischen Laden, wo es jede Menge buddhistischer Artefakte und handgemachte tibetische Schätze zu kaufen gab. Ich entschied mich für einige Objekte, unter anderem eine Fotografie Seiner Heiligkeit des Dalai Lama. Der Mann, dem der Laden gehörte, war ganz offensichtlich Tibeter, schien jedoch eher ein Familienvater als ein Mönch zu sein, da er einen Ehering trug und Fotos von seiner Familie auf dem kleinen Altar aufgestellt waren. In der Nacht träumte ich von ihm. In meinem Traum war er ein Mönch, und ich wurde von ihm gesegnet oder eingeweiht. Das fand ich merkwürdig. Als ich meiner Freundin, einer praktizierenden Buddhistin, am nächsten Tag davon erzählte, sagte sie: »Auch wenn es nicht jeder weiß, der Inhaber dieses Ladens war früher ein Lama, doch er verließ das Kloster, weil er sich in die Frau verliebte, mit der er heute verheiratet ist.«

Das war meine erste Reise nach New York, und am Tag darauf ging ich auf Erkundungstour. Ich suchte nach einem Musikgeschäft, doch eine Reihe von »Umwegen« führte mich stattdessen zurück zu dem tibetischen Laden. Ich spähte hinein und sah, dass außer dem Inhaber niemand da war. Also ging ich rein.

»Ich war gestern hier. Vielleicht erinnern Sie sich, ich kaufte die …«

»Ja, ich erinnere mich.«

Ich holte tief Atem. »Es mag Ihnen seltsam vorkommen, doch ich habe das Gefühl, dass ich heute zurückkommen musste. Letzte Nacht hatte ich einen Traum, und in dem Traum waren Sie ein Lama neben anderen Lamas und Mönchen im Himalaya, und ich wurde von Ihnen eingeweiht. Ich dachte, ich sollte Ihnen das vielleicht sagen.«

Der Mann kam hinter dem Ladentisch hervor, zog die Jalousien vor dem Fenster herunter und verschloss die Tür. Dann führte er mich hinüber zu einem Altar und begann in Sanskrit zu beten, zu singen, zu chanten und sich zu verbeugen. Es war genau wie in meinem Traum, nur dass es helllichter Tag war und ich mich mitten in New York befand.

Nachdem der Mann seine Zeremonie beendet hatte, band er mir einen roten Faden um das Handgelenk, verknotete ihn mehrmals und sagte, ich solle ab jetzt den Weg des *Dharma* gehen, ein Begriff aus dem Sanskrit, der so viel wie »Verpflichtung« bedeutet.

Ich bin überzeugt, dass Djwal Khul dieses Treffen arrangiert hat. Er ist der Meister des Dharma und hilft uns, unseren Weg so auszurichten, dass wir seine allmähliche Entfaltung zulassen können, so wie es erforderlich ist. Falls Sie Schwierigkeiten haben, jetzt, in diesem Moment, Ihren Weg klar zu erkennen oder zu verstehen, oder wenn Sie wissen möchten, wie er sich entfalten wird, kann die Arbeit mit Djwal Khul Ihnen helfen, dem Lauf der Dinge zu vertrauen.

Arbeiten mit Djwal Khul

Mit Djwal Khul zu arbeiten kann Ihnen helfen:

- sich mit den tibetischen Mönchen und Meistern im Himalaya zu verbinden
- sich an Dinge aus früheren Leben zu erinnern, die mit dem Buddha zu tun haben
- einen tieferen Sinn in Ihrem Leben zu finden

Bei der Aktivierung von Djwal Khul geht es darum, den sich immer weiter entfaltenden Weg des Dharma zu beschreiten. Dieser energetische Anker wird Ihnen helfen, sich tiefer verbunden mit Ihrem Weg zu fühlen, und Sie ermutigen, seiner Entfaltung zu vertrauen.

Dharma-Aktivierung

Nehmen Sie sich einen Moment Zeit, um über Ihren Lebensweg zu meditieren. Falls Sie sich unsicher fühlen im Hinblick auf die Entfaltung eines bestimmten Aspektes Ihres Weges, denken Sie jetzt daran.

Atmen Sie ein paarmal tief ein und aus.

Wenn Sie so weit sind, heißen Sie DK und seine Dharma-Aktivierung mit diesem bewussten Gebet willkommen:

Djwal Khul, Meister ewiger Weisheit, Führer großer Lamas und Herr des Lichts, danke, dass du dein goldenes Licht auf mich scheinen lässt.
Ich begrüße deine energetische Umarmung und Hilfe, während mein Leben sich entfaltet.
Ich übergebe dir meine Ängste, Bedenken und Bindungen an mein Dharma.
Danke, dass du mir hilfst, dem tieferen Sinn meines Lebens zu vertrauen.
Danke, dass du mir hilfst, die Gaben und Stärken in meinem Inneren zu nutzen, damit sie meinem Leben mehr Qualität und Sinn verleihen.
Ich heiße deine goldenen Sonnenstrahlen in meinem Herzen, meinem Geist und meinem Körper willkommen, damit ich auf eine Weise leuchten kann wie nie zuvor.
Ich trete einen Schritt zurück und erlaube meinem Weg, sich wie ein tausendblättriger Lotus zu entfalten.
Und so ist es.

Gaia

Der Name Gaia geht auf die göttliche Figur der altgriechischen Mythologie zurück, die als physische Verkörperung der Erde betrachtet wurde. Darüber hinaus ist sie die spirituelle Kraft oder Identität der Erde. Sie ist das Leben, das durch die Pflanzen fließt; die Süße im Honig; die Luft, die die Bienen ermutigt zu fliegen. Ihr Kuss ruht auf der Stirn jedes Tieres. Sie ist das Wesen, mit dem wir uns auf der spirituellen Ebene verbinden können, um unsere ganz eigene Beziehung mit dem Planeten zu entwickeln, den wir unser Zuhause nennen.

Erden

Sich zu erden gilt als eine wirkungsvolle Heilmethode und als Weg, sich als Mensch verbundener zu fühlen und bewusster zu werden. Wenn wir barfuß auf einer Wiese oder im Sand laufen oder auch nur unsere Füße ins Meer stecken, geben wir dem Geist und der Präsenz von Gaia die Erlaubnis, uns wieder mit der Erde zu verbinden. Durch den Prozess des Erdens lassen wir alle negativen Energien, Sorgen, unnötige Ängste los, die wir mit uns herumschleppen, und übergeben sie der Erde. Machen Sie sich keine Sorgen, dass Sie damit der Erde schaden könnten – Gaia und ihre Wächter besitzen die Fähigkeit, diese negativen wieder in positive Energien umzuwandeln. Genau wie Pflanzen CO_2 einatmen (danke, Mutter Erde!), zieht sie die negative Energie von unserem Wesen ab, reinigt sie und verwandelt sie in Energie, die das Leben vorantreibt.

Königin der Elementarwesen

Elementarwesen sind die Engel der Erde, spirituelle Wesen, in der keltischen Tradition als *fae* (Feen) bekannt, die Aufseher und Beschützer von Land und Wasser. Sie können uns helfen, uns stärker mit unseren Emotionen, unserem Körper und letztendlich der Lebenskraft zu verbinden, die uns durchströmt. Sie sind seit jeher Teil vieler Kulturen gewesen und wurden auf unterschiedlichste Weise beschrieben. Ich nenne sie einfach »Wächter«, da ich sie als engelähnliche Wesen wahrnehme, wenn auch von eher »rustikaler« Natur.

Gaia sendet diese göttlichen Wesen aus, um den Planeten zu retten und ihn wieder erblühen zu lassen, auch wenn die Menschheit fortwährend ihren natürlichen Rhythmus auseinanderbringt.

Es gibt vier Gruppen von Wächtern, mit vielen verschiedenen Namen. Der Einfachheit halber gliedere ich sie nach den Elementen:

Wächter der Erde

Erdenwächter sind jene göttlichen Wesen, die sich um Pflanzen und Tiere kümmern, die direkt mit der Erde verbunden sind. Sie können uns helfen, die Energie der Erde zu nutzen, um geerdeter, verwurzelter und stärker auf unsere Unternehmungen fokussiert zu sein.

Wächter der Luft und des Winds

Luft- oder Windwächter sind die energetische Präsenz, die sich um den Wind kümmert, um die Luft, die wir atmen, und um die Vögel in der Luft. Sie können uns helfen, die Energie von Gedanken zu nutzen und unsere Wahrnehmung zu verändern, damit wir leichter atmen können.

Wächter des Feuers

Feuerwächter sind die göttlichen Wesen, die sich um die natürlichen Kräfte des Feuers kümmern, die in der Erde brodeln. Sie sind die Wächter, die über die Erdkruste, Lava und sogar Vulkane walten. Sie können uns helfen, unsere Energie und unseren Willen zu lenken und unser inneres Feuer zum Ausdruck zu bringen.

Wächter des Wassers

Wasserwächter sind die göttlichen Bewahrer der Gewässer und Meere. Sie kümmern sich um alle Tiere und Wesen, die im Wasser leben. Darüber hinaus unterstützen sie die Gezeiten in ihrem steten Fluss. Sie können uns helfen, uns unserer Emotionen bewusst zu werden und auszudrücken, was wir wirklich fühlen.

Arbeiten mit Gaia

Gaia arbeitet mit allen, die ihren Teil dazu beitragen, die Erde zu schützen. Sie ist ein wundervoller Geistführer für Umweltschützer, Tierrechtsaktivisten und alle anderen, die sich für die Natur stark machen. Sie wird Ihnen Inspiration schenken, Sie führen und Ihnen helfen, Ihr Bewusstsein zu erweitern, um zu einer umfassenderen ökologischen Heilung beizutragen.

Arbeiten mit Gaia kann Ihnen helfen:

- sich mit unserem Planeten zu verbinden und sich zu erden
- Ihre natürlichen Emotionen und menschlichen Eigenschaften zu nutzen
- ein besserer Partner und Beschützer des Planeten zu werden
- aktiv für Umweltschutzthemen einzutreten

Bei Gaias Aktivierung geht es darum, sich stärker mit dem Planeten zu verbinden. In diesem bewussten Gebet heißen Sie die Wächter der vier Himmelsrichtungen und die Große Mutter willkommen, mit der Bitte, Sie in der Erde zu verwurzeln.

Aktivierung der Erdverbindung

Diese Aktivierung nehmen Sie am besten vor, indem Sie mit beiden Füßen auf der Erde stehen. Wenn möglich, gehen Sie raus in die Natur und setzen Sie Ihre nackten Füße auf die Erde oder in den Sand. Wenn Sie aus irgendeinem Grund nicht rausgehen können, stellen Sie sich vor, dass Ihre nackten Füße auf der Erde stehen.

Visualisieren Sie tiefgehende Wurzeln, die aus Ihren Füßen hinunter in die Erde reichen. Fühlen Sie, wie Mutter Erde Sie hinunterzieht und in ihr verankert.

Sprechen Sie:

Gaia, Große Mutter, Planet Erde, danke, dass du mich hältst, mich beherbergst und mich jeden Tag nährst.
Ich bin dir zutiefst dankbar.
Danke, dass du meine Energie zu dir hinunterziehst und uns miteinander verbindest.
Es ist so schön zu wissen, dass wir auf diese Weise miteinander verschmelzen können, Fuß mit Erde, Seele mit Seele.
ICH BIN eins mit dir.
Wächter der vier Himmelsrichtungen, ich heiße euch hier willkommen.

Wächter der Erde, danke, dass ihr zu mir haltet und mir helft, die Weisheit der Erde zu nutzen.
Wächter der Luft, danke, dass ihr der Wind unter meinen Flügeln seid und mir helft, das Leben bewusst und mit klaren Augen zu betrachten.
Wächter des Feuers, danke, dass ihr die Wärme in meinem Herzen seid und mir zeigt, wie meine Leidenschaft zu meinem Lebensziel werden kann.
Wächter des Wassers, danke, dass ihr mein Blut mit Leben füllt und mir helft, darauf zu vertrauen, dass meine Emotionen großartige Geschenke und Boten sind.
Ich heiße dich willkommen, Gaia, Göttin der Erde.
Danke, Große Mutter Gaia. Ich vereinige mich mit dir.
ICH BIN verwurzelt.
ICH BIN geerdet.
ICH BIN eins mit der Erde.
Und so ist es.

Wenn Sie draußen in der Natur sind, nehmen Sie sich ein wenig Zeit, um sich mit der Natur zu verbinden. Lassen Sie sich von Gaia inspirieren.

Der Göttliche Direktor

Der Göttliche Direktor ist ein hoch entwickeltes kosmisches Lichtwesen aus dem Herzen der Quelle, das sich verpflichtet hat, der Erde und all ihren Bewohnern zu helfen, mit ihrer gottgegebenen Aufgabe in Einklang zu kommen. Der Göttliche Direktor arbeitet eng mit der Sphäre der Engel und den Schutzengeln zusammen, um sicherzugehen, dass sie ihre Pflichten erfüllen und den Menschen helfen, denen sie zum Schutz beigestellt sind.

Der Göttliche Direktor ist einer der schwerer fassbaren Göttlichen Meister. Es gibt nicht viele Informationen über dieses Wesen, und das Wenige, das bekannt ist, hat nie voll mit meiner Energie übereingestimmt. Doch es ist wichtig zu begreifen, dass der Göttliche Direktor zu jenen kosmischen Wesenheiten zählt, die unseren Verstand übersteigen können. Sie übersteigen die materielle Ebene und besitzen eigentlich keine physische Form, können eine solche jedoch annehmen, damit wir eine persönliche Verbindung mit ihnen aufbauen können.

Als ich mich mit dem Göttlichen Direktor auf übersinnliche Weise verband, trat er als männliches Wesen mit schönen Gesichtszügen, dunkelbraunen Augen und tiefbrauner Haut auf, gekleidet in der Uniform eines Raumschiff-Kommandanten. Ich fühlte eine Wärme und persönliche Resonanz und war begeistert, die Verbindung hergestellt zu haben.

Am besten kann man sich den Göttlichen Direktor als eine steuernde Kraft des Himmels vorstellen. Dieser intergalaktische spirituelle Führer hat es sich zur Aufgabe gemacht, uns zu helfen, unsere Bestimmung zu verstehen, sie zu leben und uns zielgerichtet zum Ausdruck zu bringen. Wenn Sie sich darüber klar werden wollen, was Ihre Lebensaufgabe ist, kann Ihnen der Göttliche Direktor dabei Orientierung bieten.

Sinnerfüllt leben

Es ist wichtig zu wissen, dass der Lebenssinn von unserer Wahrnehmung beeinflusst wird. Wir alle haben unterschiedliche Vorstellungen darüber, was es bedeutet, ein sinnerfülltes Leben zu führen. Und natürlich wird unsere individuelle Wahrnehmung enormen Einfluss darauf haben, wie wir leben. Das Fantastische an der Arbeit mit dem Göttlichen Direktor ist, dass er Ihnen helfen wird, Ihr Leben sinnvoll und authentisch zu gestalten.

Aus eigener Erfahrung glaube ich, dass es bei der Lebensaufgabe darum geht, das zu tun, was uns begeistert. Wenn das, was wir am liebsten tun, anderen gegenüber (einschließlich der Erde) respektvoll oder sogar segensreich ist, dann hat unser Leben einen Sinn und ein Ziel. Das bedeutet, dass wir unsere Gaben teilen. Geschenke können erst dann Geschenke sein, wenn sie geteilt werden; indem wir geben und empfangen, schaffen wir eine klarere Verbindung mit allem.

Es ist wichtig zu begreifen, dass die Lebensaufgabe über Beruf und Karriere hinausgeht. Aus der Sicht der modernen Spiritualität scheinen Lebensaufgabe und Karriere eng miteinander verflochten zu sein. Sie können zwar demselben Ziel dienen, aber das muss nicht so sein. Mir gefällt der Gedanke, dass die Lebensaufgabe das ist, was uns begeistert und uns hilft, die Welt zu begeistern. Unsere Karriere hingegen dient unserem Lebensunterhalt. Das kann unsere Lebensaufgabe unterstützen, und wenn diese beiden Aspekte miteinander verschmelzen, ist das wunderbar – doch die Aufgabe Ihrer Seele wird nie durch eine Visitenkarte oder berufliche Position bestimmt werden.

Lektionen verstehen

Der Göttliche Direktor arbeitet direkt mit dem Karmischen Rat und hat Zugang zur Akasha-Chronik. Sie enthält alle Ereignisse der Lebenszeiten, Inkarnationen, Erfahrungen und Reisen aller verkörperter Wesen, die je existiert haben. Viele von uns müssen in diesem Leben wichtige Lektionen lernen. Diese Lektionen sind nicht alle genau vorherbestimmt, sondern ergeben sich je nachdem, welche Richtung wir im Leben einschlagen und welche Entscheidungen wir treffen.

Wenn wir uns mit einem Problem konfrontiert sehen, können wir oft nicht verstehen, warum es aufgetreten ist, oder warum sich eine Reihe von herausfordernden Ereignissen so entwickelt hat. Es ist wichtig darauf hinzuweisen, dass die göttliche Quelle nur unser Bestes will. Selbst wenn manche Erfahrung eine Strafe zu sein scheint, ist sie es nicht. Wir können aus allen schwierigen Erlebnissen etwas lernen, sie sind jedoch nicht im Vorhinein für uns festgelegt worden, sondern ergeben sich aus den Umständen in unserem Leben.

Nichtsdestoweniger können Sie den Göttlichen Direktor jederzeit bitten, eine herausfordernde Situation genau zu beleuchten oder Ihnen zu helfen, die Ansichten, Glaubenssätze und Verhaltensmuster zu identifizieren, die dazu geführt haben. Durch Gebet und Meditation können Sie direkt um Hilfe bitten und sie empfangen, um dem Problem auf den Grund zu gehen. Der Göttliche Direktor wird die Akasha-Chronik heranziehen und Ihnen zu einem tieferen Verständnis verhelfen, damit Sie die Veränderungen vornehmen können, um furchtlos voranzuschreiten.

Gebet zum besseren Verständnis der Lektionen

Danke, Göttlicher Direktor, dass du mir hilfst, die mit dieser Situation verbundenen Lektionen zu verstehen.
Danke, dass du Licht auf die einschränkenden Glaubenssätze, Verhaltensmuster und Entscheidungen meines Verstandes wirfst, die zu dieser Entwicklung geführt haben.
Ich bin bereit, eine höhere Perspektive auf diese gegenwärtige Situation und alle Umstände, die zu ihr geführt haben, einzunehmen.
Ich bin bereit, durch dein Licht zu einer friedlichen Lösung geführt zu werden, damit ich die Zufriedenheit erfahren kann, die ich verdiene.
Danke, dass du mir den Weg zeigst.
Und so ist es.

Göttliches Eingreifen

Jeder von uns kann an einen Punkt gelangen, wo man bei einem bestimmten Problem, einer Situation oder Herausforderung Hilfe braucht. Das ist der Moment, wenn wir absolut alles in unserer Macht Stehende unternommen haben, aber nichts geholfen hat. Dann ist die Zeit für eine göttliche Intervention gekommen.

Das göttliche Eingreifen geschieht, sobald wir einen energetischen und emotionalen Raum für spirituelle Unterstützung schaffen, indem wir einen Schritt beiseitetreten und dem Licht die Führung überlassen. Es ist ein kraftvoller Moment, der ein Wunder oder eine heilende Veränderung bewirkt.

Der Göttliche Direktor ist ein omnipotenter Lehrer, der uns zeigt, dass Veränderungen und Wunder nicht nur möglich sind, sondern dass wir sie verdienen! Damit sie eintreten können, müssen wir nur mal einen Schritt zur Seite treten, die Situation aus der Hand geben und uns von dem Göttlichen Direktor und seinem intergalaktischen Kommando den Weg weisen lassen. Der Göttliche Direktor steht in direkter Verbindung mit Engeln, Geistführern, der Akasha-Chronik und dem Licht der Quelle, um zu heilen, zusammenzuarbeiten und zu führen. Wenn Sie sich in einer schwierigen Situation befinden, in der sich nichts verändern, heilen oder entfalten lässt, bitten Sie dieses intergalaktische Licht, Sie auf Ihrem Weg zu führen.

Arbeiten mit dem Göttlichen Direktor

Die Arbeit mit dem Göttlichen Direktor kann:

- Ihnen helfen, sich klar mit Ihren spirituellen Führern und Engeln zu verbinden.
- Ihnen dazu verhelfen, Lektionen, Herausforderungen und die ihnen zugrunde liegenden Muster zu verstehen.
- Sie dabei unterstützen, sich selbst nicht im Weg zu stehen und die Hilfe des Himmels willkommen zu heißen.
- Ihnen helfen, Ihre Lebensaufgabe klarer zu verstehen und anzunehmen.

Aktivierung des göttlichen Eingreifens

Schließen Sie Ihre Augen.

Atmen Sie tief ein und aus.

Richten Sie Ihren Fokus auf Ihre Stirn, das Zentrum Ihres dritten Auges.

Visualisieren Sie sich selbst, eingetaucht in violettes und indigoblaues Licht.

Lassen Sie sich von dem Licht in die ätherische Sphäre transportieren.

Beachten Sie sich selbst, umgeben von Sternen. Vielleicht stehen Sie sogar vor dem Göttlichen Direktor und seinem intergalaktischen Kommando.

Sprechen Sie:

Göttlicher Direktor, intergalaktischer Sternenkommandant, danke, dass du jetzt in meinen energetischen Körper eintrittst.
Ich befinde mich an einem entscheidenden Punkt meiner persönlichen Reise, an dem ich bereit bin zu wachsen, mein Wissen zu erweitern und mich an die ewige Weisheit meiner Seele zu erinnern.
Ich bin bereit, jetzt die ewige Weisheit meiner Seele zu erwecken.
Ich bin bereit, mich mit der ewigen Weisheit meiner Seele zu verbinden.
Ich bin bereit, mich mit meiner Lebensaufgabe zu verbinden und ihr zu folgen.
Danke, dass du mir hilfst, die wahre Bedeutung meiner Lebensaufgabe zu verstehen.
Danke, dass du mir hilfst, die geheimen Lehren meiner früheren und gegenwärtigen Inkarnation zu verstehen.
Ich bin bereit, mich von der Weisheit der Sterne erfüllen zu lassen.
Ich bin bereit, das göttliche Eingreifen willkommen zu heißen.
Ich erinnere mich, dass ich absichtlich geboren wurde, mit einer Aufgabe, und diese Aufgabe zu erfüllen habe.
Ich bin bereit, ein sinnerfülltes Leben zu führen.
Ich bin verbunden mit deinem Licht.

Ich werde von galaktischen Helfern geleitet.
Danke, dass du meine Frequenz entsprechend erhöhst.
Danke, dass du alle Botschaften übermittelst, die ich benötige.
Ich bin bereit.
Und so ist es.

Atmen Sie einige Male ruhig ein und aus.

Nehmen Sie bewusst jegliche Informationen, Bilder, Zeichen oder Downloads wahr, die Sie empfangen.

Ruhen Sie in dem Wissen, dass der Göttliche Direktor Sie führt.

Grüne Tara

Die Grüne Tara ist eine der meistgeliebten und respektierten weiblichen Gottheiten in vielen buddhistischen Traditionen und weltweit hoch angesehen. Sie wird nicht nur als ein erleuchtetes Wesen gefeiert, das uns in unserem Leben leiten kann, sondern auch als Göttin und als Aspekt des Göttlich-Weiblichen verehrt.

Die Göttin Tara, so wird gesagt, erscheint in vielen Farben, unter anderem in Rot, Gelb, Blau, Weiß und Grün. Die weiße und grüne Form gelten als ihre besonders mitfühlenden Verkörperungen.

Wenn ich mich mit Tara verbinde, erscheint sie in ihrer grünen Form. Mir scheint diese Form die wichtigste für jene unter uns zu sein, die eine tiefere Verbindung mit ihrem inneren Lehrer und den erleuchteten Aspekten ihres wahren Selbst erreichen wollen. Wenn ich sie einlade, erscheint sie zunächst als eine grüne wolkenähnliche Energie, aus der allmählich eine engelsgleiche Gestalt hervortritt – mit asiatischen Zügen und einer wundervoll reinen, strahlenden Haut. Ihre Augen sind kastanienbraun, und das goldene Licht ihrer Aura durchdringt meine Seele. Durch ihre Gegenwart bin ich von Ehrfurcht ergriffen, und alle meine Befürchtungen, Ängste und Bedenken lösen sich auf. Die Ausstrahlung der Grünen Tara fühlt sich an wie Sonnenlicht, das durch die Wolken bricht und die Welt erhellt.

Tara ist ein Wort aus dem Sanskrit und bedeutet »Stern« oder »Planet«. Daher wird diese Göttliche Meisterin mit Navigation und Reisen verbunden, da die alten Weisen der Erde nach den Sternen navigierten. Ich empfinde Tara als eine intergalaktische Präsenz – sie bewegt sich weit jenseits unserer irdischen Dimension.

Bodhisattva

Die Geschichte besagt, dass Tara ein Aspekt oder eine Erweiterung von Avalokiteshvara ist, der Gottheit des Mitgefühls, der beim Anblick der Erde Tränen für alle weinte, die von Schicksalsschlägen und Schmerzen heimgesucht wurden. Seine Tränen wurden zu einem großen Fluss, aus dem eine Lotosblume erwuchs, und aus dieser Lotosblume wurde Tara geboren. Das ist der Grund, warum sie mit Barmherzigkeit und Befreiung assoziiert wird – sie wurde geboren, um den Wandel hier auf Erden zu bringen. Sie wird auch gerne dargestellt, wie sie aus einer blauen Lotosblüte hervortritt – ein Symbol dafür, dass sie der Erde Licht bringt.

Im tibetischen Buddhismus gibt es noch andere Formen der Gnade oder des Mitgefühls, die sich aus dem Herzen des Universums manifestiert haben, um uns Menschen zu helfen, unsere Wahrheit zu erfahren und unseren Weg zu gehen. Sie sind bekannt als Bodhisattvas, engelsgleiche Wesen, die die höchste Form der Erleuchtung und Liebe verkörpern. Im Mahayana-Buddhismus ist das Ziel vieler Schüler, eines Tages ein Bodhisattva zu werden. Es heißt, wenn man sein Leben der Befreiung und Wahrheit widmet, kann man selbst ein solches erleuchtetes Wesen werden. Dies ähnelt stark den Vorstellungen vom Aufstieg.

Anhand meiner Studien habe ich gelernt, die Bodhisattvas als Wesen zu betrachten, die irgendwo zwischen Aufgestiegenen Meistern und Engeln angesiedelt sind. Durch die Arbeit von Robert Thurman, leitender Professor für Indo-Tibetische Buddhistische Studien an der Columbia University, verstehe ich heute, dass Bodhisattvas im Wesentlichen die Erzengelwesen des tibetischen Buddhismus sind. Und es gibt tatsächlich viele Ähnlichkeiten. Um Ihnen zu helfen, die wahre Essenz der Grünen Tara zu verstehen, stellen Sie sich dieses kosmische Wesen teils als Engel, teils als Göttin vor – ein Wesen der Gnade, des Lichts und des Mitgefühls, das Sie auf Ihrem Weg führen kann.

Mutter der Befreiung, oberste Beschützerin

Die Grüne Tara setzt sich dafür ein, allen, die sie anrufen, zu helfen, den Zustand absoluter Befreiung zu erreichen – Befreiung von Gier, Bindungen und allem, was uns davon abhält, uns mit den göttlichen Aspekten unseres Wesens zu vereinen. Sie ist eine wunderbare Geistführerin, besonders für Frauen oder Personen, die sich mit ihren weiblichen Aspekten verbinden wollen, indem sie ihnen hilft, Unterdrückung und die Herabsetzung durch andere oder »das System« zu überwinden. Sie kann uns helfen, einschränkende Ideen, Gedanken und Energien von Menschen, Orten, Situationen und Glaubenssystemen und allem anderen, was zwischen uns und der wahren Größe steht, loszulassen. Sie benutzt ihr mächtiges, anmutiges Licht, um die Bande zu durchtrennen, die uns an Verhältnisse oder Vorstellungen fesseln, die uns einengen. Somit sind wir frei, um unser erwachtes Selbst anzunehmen.

Die Grüne Tara ist zudem eine kampfbereite Beschützerin, die uns in Regenbogenlicht hüllen kann, damit wir von niederen Schwingungen, den Meinungen anderer oder jeglichen negativen Energien geschützt sind, die uns daran hindern, ganz wir selbst zu sein. Wenn Sie Teile Ihres Wesens zurückholen, die Sie ignoriert, unterdrückt oder für die Sie sich geschämt haben, wird die Grüne Tara Sie von allen Konflikten befreien, in Regenbogenlicht hüllen und Sie mit der Energie der Befreiung in Einklang bringen.

Ohne Schlamm kein Lotos

Nicht zuletzt ist die Grüne Tara ein universelles Symbol der Hoffnung. Jeder von uns wird sich irgendwann einmal in einer Situation befinden, aus der es keinen Ausweg zu geben scheint und die einem jegliche Motivation raubt. Die Grüne Tara hilft uns zu verstehen, dass der ganze Mist in unserem Leben zum Dünger werden kann, der uns hilft zu wachsen. Wenn Sie das Gefühl haben, im Schlamm festzustecken, machen Sie sich bewusst, dass Tara Ihnen helfen wird, aus der Krise herauszukommen und zu einer wunderschönen Lotosblume heranzuwachsen.

Arbeiten mit der Grünen Tara

Die Grüne Tara ist ein Leitstern in der Dunkelheit. Wenn Sie sich an sie wenden, erfahren Sie:

- göttliche Führung, die Sie befreien wird
- Befreiung von Fesseln, alten Vorstellungen und Bindungen
- die Kraft, aus einer Krise heraus ans Licht zu kommen
- das Erblühen Ihres wahren Selbst

Sanskrit-Chant der Grünen Tara

Warum versuchen Sie es nicht mit ihrem Sanskrit-Chant, um sich mit der Leitsternenergie der Grünen Tara zu verbinden? Traditionell wird er täglich 108-mal gesungen (eine heilige Zahl), um Taras befreiende Kraft willkommen zu heißen.

OM Tare, Tu Tare, Ture, Soha

OM: Der Klang der Einheit; *Tare*: O Tara; *Tu*: Ich bete; *Tare*: O Tara; *Ture*: Die Wahrhaftige; *Soha*: So sei es.

Die Aktivierung der Grünen Tara ist ein einfaches Andachtsgebet, das Ihnen Taras Herz öffnen wird, wo Sie das Licht ihres Mitgefühls umfängt.

Aktivierung des Zufluchtsorts

OM Tare, Tu Tare, Ture, Soha

Grüne Tara, oberste Beschützerin, Mutter der Befreiung, danke, dass du mich in deinem Herzen angenommen hast.
Ich lasse mich von deinem Licht der Befreiung, des Mitgefühls und Friedens führen.
Danke, dass du mich von allen Bindungen befreist.
Danke, dass du meine Fesseln der Angst durchtrennst.
Ich betrete den Bereich deines Herzens und erkläre die Befreiung zu meinem höchsten Gebot.
Danke, dass du mich mit deinem Licht führst.
Ich erhebe mich aus dem Schlamm wie eine Lotosblüte, die sich der Sonne entgegenstreckt.
Und so ist es.

Guanyin

Guanyin (manchmal Quan Yin oder Kuan Yin geschrieben) ist eine Bodhisattva, ein Wesen reinen Mitgefühls, und die Göttin der Gnade, der Liebe und der Barmherzigkeit. Sie wird weltweit verehrt, vor allem im Osten, in China, Korea, Japan und Malaysia.

Guanyin war eine der ersten aus dem Kreis der Aufgestiegenen Meister, die mir auf meinem spirituellen Weg begegnet sind. Wie bereits erwähnt, habe ich sie durch mein Reiki-Training kennengelernt und sie daher immer stark mit heilender Energie assoziiert. Mir scheint, dass sie bereit und willens ist, mit jedem zu arbeiten, der mit Heilung zu tun hat, entweder als Praktizierender oder als jemand, der physisches und emotionales Wohlbefinden sucht.

Guanyin hat etwas sehr Sanftes, Heiliges und Zugängliches an sich. Man kann sich mühelos mit ihrer Energie verbinden. Irgendwie erinnert sie mich an Mutter Maria, doch ist ihre Energie noch weicher und sanfter. Es fühlt sich an, als wäre alles, was sie tut und wie sie sich bewegt, von Eleganz und Grazie erfüllt. Wenn ich Kontakt mit ihr aufnehme, erinnert sie mich immer an die Anmut der asiatischen Kultur – an die Höflichkeit und Gelassenheit, der man dort begegnet. Auf Bildern und Statuen ist Guanyin oft mit Perlen in den Händen abgebildet, die Reinheit, Weisheit und Erleuchtung repräsentieren. Oder sie hält eine Reisschüssel oder eine geweihte Vase, die ihren Wunsch symbolisiert, andere mit ihrem Licht und ihrer Liebe zu nähren.

Bodhisattva

Wie bereits erwähnt, ist Guanyin, genau wie die Grüne Tara (siehe Seite 149), eine Bodhisattva, ein erleuchtetes und mitfühlendes Wesen. Bodhisattvas sind Teil der buddhistischen Tradition, doch sie erinnern mich an die westliche Vorstellung von Engeln. Ich betrachte Engel als göttliche Wesen, die eins sind mit der Quelle, sich jedoch auf individuelle Weise ausdrücken, damit sie jenen helfen können, die bereit sind, sich mit ihnen zu verbinden. Genau wie Engel können Bodhisattvas sowohl Vorbilder sein als auch göttliche Beschützer und uns inspirieren, aus dem Herzen heraus zu leben. In vielen Traditionen des Buddhismus fokussieren sich die Ausübenden darauf, wie ein Bodhisattva zu handeln. Wie an früherer Stelle erwähnt, geht man davon aus, dass jemand, der sich ganz diesem Ziel verschrieben hat, zum Zeitpunkt seines physischen Todes ein Bodhisattva werden kann, so wie in anderen Traditionen der Glaube verbreitet ist, dass eine besonders reife Seele ein Aufgestiegener Meister werden kann.

Göttin des Mitgefühls

Nicht nur ist Guanyin ein weiblicher Buddha und erleuchtetes Wesen, sie ist zudem eine Göttin, die Repräsentation der schöpferischen Macht in weiblicher Form. Sie will uns dazu ermutigen, Fürsorge, Vergebung und Mitgefühl walten zu lassen, zuerst uns selbst und dann anderen gegenüber. Sie hilft, uns daran zu erinnern, dass wir alle Liebe sind.

Wenn Sie im Moment Schwierigkeiten mit jemandem haben, versuchen Sie, die Person jenseits ihres Verhaltens und ihrer Fehler wahrzunehmen. Wenn Sie dies bei jemandem, der Ihnen am Herzen liegt, als schwierig empfinden, rufen Sie Guanyin an und bitten Sie sie, die andere Person mit ihrer Liebe zu segnen und Ihnen zu helfen, sich selbst gegenüber mitfühlend zu sein.

Arbeiten mit Guanyin

Mit Guanyin zu arbeiten kann Ihnen helfen:

- Anmut und Gelassenheit zu entwickeln
- Mitgefühl für sich selbst und andere zu empfinden
- eine Beziehung oder eine Situation zu verlassen, die Ihnen Kummer bereitet
- Ihre Selbstfürsorge zu stärken

Bei Guanyins Aktivierung geht es darum, das Licht der Bodhisattvas auf uns zu lenken. Diese strahlenden Lichter des Buddhismus repräsentieren höchstes Mitgefühl und Gnade. Indem Sie diese wunderbaren Eigenschaften tief in sich aufnehmen, gewinnen Sie den Mut, sie immer mehr selbst zu leben.

Bodhisattva-Aktivierung

Nehmen Sie ein paar tiefe Atemzüge.

Wenn es zwischen Ihnen und einer anderen Person Schwierigkeiten gibt, denken Sie jetzt an sie.

Stellen Sie sich vor, dass weiße Energie Sie und die Beziehung sanft wie ein Sommerregen umfließt.

Sprechen Sie:

Guanyin, göttliche Mutter des Mitgefühls,
ich heiße dein Licht willkommen.
Danke, dass du mich fürsorglich in deine Energie einhüllst.
In deiner Gegenwart lasse ich alle Beziehungen in meinem Leben los, die mir Sorgen und Stress bereiten.
Danke, dass du die Beziehungen in meinem Leben sanft in Richtung Mitgefühl und Verständnis führst. Ich bin jetzt bereit, eine Änderung vorzunehmen.
Danke, dass du die Aspekte meines Wesens erweckst, die mitfühlender sein können.
Danke, dass du die Teile meines Wesens erweckst, die mehr Anmut, Gnade und Verständnis ausdrücken können.
Ich heiße deine Führung willkommen, die mir zeigt, wo ich gelassener sein kann.
Ich heiße deine Führung willkommen, die mir zeigt, wo ich fürsorglicher sein kann.
Ich heiße deine Führung willkommen, die mir zeigt, wie ich mein Herz öffnen kann.
Danke, dass du mich mit dem Licht der strahlendsten Bodhisattvas umgibst.
Ich bekunde die Absicht, ein anmutigeres Wesen zu werden.
ICH BIN das Licht der Gnade.
Ich bekunde die Absicht, in meinem Herzen nachsichtiger zu werden.
ICH BIN das Licht der Vergebung.
Ich bekunde die Absicht, mein Licht heller leuchten zu lassen.
Ich erwecke das Strahlende in mir.
Was ich in dir sehe, will ich in mir selbst sehen.
Und so ist es.

Legen Sie Ihre Hände vor Ihrem Herz wie im Gebet aneinander.

Wenn Sie spüren, dass Sie empfangen haben, was Sie brauchen, verbeugen Sie sich respektvoll vor Guanyin in dem Wissen, dass sie sich gleichermaßen vor Ihnen verbeugt.

Hathor und die Hathoren

Hathor, auch bekannt als Het-Heru, ist die Göttin der Kühe und Rinder im Alten Ägypten, eine Sonnengöttin, eng verbunden mit Himmel und Fruchtbarkeit. Die Verehrung der Hathor geht bis ins dritte Jahrtausend vor Christus zurück. Sie ist eine leicht erkennbare Göttinnenfigur, da sie eine Sonnenscheibe auf ihrem Kopf trägt, gehalten von zwei Kuhhörnern. Man stellt sie sich auch als menschenähnliches Wesen mit Kuhohren vor. In den heiligen Tempeln von Ägypten gibt es viele Darstellungen und Symbole von Hathor, und an der Spitze vieler Säulen ist eine Darstellung von Hathor mit Kuhohren zu sehen.

Het-Heru bedeutet »aus dem Hause Horus«, und es wird allgemein davon ausgegangen, dass Hathor die göttliche Begleiterin der falkenköpfigen Gottheit Horus ist. Diese Beziehung verleiht Hathor kosmische Energie und eine Verbindung zu den Sternen, Sternenwesen und dem Sternenpotenzial. Außerdem geht man davon aus, dass sie höchstwahrscheinlich die Tochter des Sonnengottes Re ist und daher das ewige Licht der Sonne in sich trägt.

Laut ägyptischer Ikonografie, Hieroglyphen und Folklore wird Hathor »die Schöne« genannt und ist eng verbunden mit weiblicher Macht, Sexualität und Sinnlichkeit. Viele Menschen haben ihre Energie mit der von Aphrodite verglichen, der griechischen Göttin der Liebe.

Kosmische Kuh-Göttin

Im Laufe der Geschichte ist die Kuh in allen Teilen der Welt respektiert und mit Mutterschaft verbunden worden, weil sie uns das wundervolle Geschenk der Milch spendet. Da Hathor eine Kuh-

Göttin ist, wird auch sie untrennbar mit Fruchtbarkeit, Mutterschaft und der Produktion von Milch in Verbindung gebracht, die Wachstum und Kraft fördert.

Hathor ist eine wundervolle Göttin, die Sie anrufen können, wenn Sie mit den Ahnen Ihrer Mutter arbeiten möchten, schwanger werden oder die Energie eines Projektes stärken wollen, das Sie gerne der Welt schenken möchten.

Arbeiten mit Hathor

Mit Hathor zu arbeiten,

- hilft Ihnen, Ihre sexuelle Kraft zurückzugewinnen
- kann die Fruchtbarkeit und Fortpflanzung unterstützen
- Ihre Verbindung zum Kosmos stärken

Die Hathoren

Die Hathoren sind eine Rasse außerirdischer Lichtwesen, die jenen auf der Erde zur Seite stehen, die mit Licht- und Aktivierungsenergie arbeiten. Sich mit dem Licht zu verbinden, das sie in die Welt bringen, ist, als würde man sich mit dem Licht im Herzen der Sonne verbinden. Ich glaube, dass die vielen Säulen überall in Ägypten, geschmückt mit dem Kuhantlitz von Hathor, auf die Tatsache hindeuten, dass diese Wesenheiten – auf einer energetischen Ebene – als Säulen ungeheuer strahlenden Lichts erscheinen und es sich zum Ziel setzen, der Welt das glänzende Licht vieler Sonnen zu bringen. Die Hathoren selbst existieren auf einer multidimensionalen Ebene und sind in der Lage, durch Meditation, Telepathie und göttliche Inspiration mit Lichtarbeitern Kontakt in unserer dreidimensionalen Welt aufzunehmen.

Ich erfuhr zum ersten Mal von den Hathoren durch die Arbeit von Tom Kenyon. 2011 absolvierte ich mein Reiki-Master-Training, und meine Reiki-Meisterin bei diesem Training, Roisin, hatte an mehreren Seminaren von Tom teilgenommen. Sie gab mir eines seiner Bücher, »Die Weisheit der Hathoren«. Nachdem ich es gelesen hatte, beschloss ich, tiefer in das Thema einzutauchen und, falls möglich, meine eigenen Erfahrungen mit den Hathoren zu machen, was mich dahin führte, wo ich heute stehe.

Ich glaube, dass Hathor die Göttin/Hohepriesterin dieser Gruppe von Lichtwesen ist und im alten Ägypten inkarniert und/oder mit den magischen alten Mysterienschulen dort verbunden war. Wenn ich mit ihr Kontakt aufnehme, scheint sie ein einzelnes Wesen zu sein, doch in Wahrheit repräsentiert sie eine ganze Rasse von Wesen, die herbeikommen, wenn man sie ruft. Ich liebe die Vorstellung, dass eine ganze Zivilisation von den kosmischen Himmelswächtern Hathor und Horus angeführt wurde.

Die Hathoren haben sich der Evolution der menschlichen Seele verpflichtet. Sie sind auf die Energie des Aufstiegs ausgerichtet und helfen uns, mehr Raum für Licht zu schaffen. Wenn ich ihnen begegne, fühlt es sich an, als würde ich zu einer antiken Tempelanlage teleportiert, wo viele Wesen in Frieden versammelt sind. Ich fühle mich total erfüllt mit der Energie von Licht und Liebe, und es fühlt sich an, als würde ich in Erhabenheit baden.

Obgleich sie aus einer höheren Dimension kommen als der, in welcher wir uns zurzeit befinden, sind die Hathoren in Kontakt mit den anderen Aufgestiegenen Meistern und im Einklang mit der Energie des Göttlichen Direktors, der jenen, die auf der Erde inkarnieren (siehe Seite 142), Geistführer und Beschützer zuweist. Wenn wir mit ihnen arbeiten, helfen sie uns dabei, die Dinge wieder klar zu sehen – sie können uns dabei unterstützen, unseren Geist laserscharf zu fokussieren und uns zu vergegenwärtigen, warum wir uns überhaupt dazu hingezogen fühlen, uns spirituell zu entwickeln.

Da Sie sich auf dem Weg der Spiritualität befinden und an der Evolution Ihrer Seele arbeiten, wird die Verbindung mit diesen Wesen ungemein gut für Sie sein. Sie werden durch ihre Gegenwart mit neuer Kraft erfüllt. Falls Sie sich besonders zu Hathor hingezogen fühlen, ist es gut möglich, dass einer Ihrer speziellen Führer zu den Hathoren zählt.

Arbeiten mit den Hathoren

Mit den Hathoren zu arbeiten:

- unterstützt Ihre spirituelle Entwicklung
- hilft Ihnen, mehr Licht in Ihr Sein zu bringen
- erlaubt Ihnen, in reinem Licht zu baden, um Ihre energetische Frequenz zu erhöhen
- schenkt Ihnen zusätzliche Orientierung auf Ihrem Weg

Diese Aktivierung ist ein spirituelles DNA-Upgrade. Durch die Verbindung mit der Energie der Hathoren werden Sie in der Lage sein, mehr Raum für Licht zu schaffen. Das Licht wird Ihnen bei der Erschließung Ihrer eigenen spirituellen Verbindungen helfen und Ihnen enthüllen, wie Sie sinnerfüllter und zielgerichteter in der Welt leben können.

Aktivierung des Hathorischen Lichtcodes

Schließen Sie die Augen und atmen Sie tief ein und aus.

Visualisieren Sie sich selbst, eingetaucht in strahlend goldenem Licht.

Ziehen Sie die Energie der Sterne zu sich herab, indem Sie visualisieren und spüren, dass Sie eins mit ihnen sind.

Wenn Sie bereit sind, sprechen Sie bewusst dieses Gebet:

Hathor, Königin der Hathoren, du ewig Weise,
Hathoren, intergalaktische Lichtträger und Überbringer der unendlichen Intelligenz, danke, dass ihr eure Lichtcodes in mein Wesen fließen lasst.
Ich heiße eure energetischen Upgrades und Veränderungen in meiner Energiefrequenz willkommen.
Danke, dass ihr das Licht in mir freilegt.
Danke, dass ihr mir zeigt, wohin mein Licht noch nicht gestrahlt hat.
Ich erlaube mir, jetzt in eurem Sternenlicht zu baden.
Ich heiße eure Programmierungen in meinem Energiezentrum willkommen, da ich weiß, dass sie mir Einsichten bringen, wie ich wachsen und mich entwickeln kann.
Ich heiße eure Energien in meinem Energiefeld willkommen, in dem Wissen, dass sie Liebe, Unterstützung und Führung bringen werden.
Durchdringt mein Wesen wie eine Säule aus Licht mit eurer unendlichen Intelligenz.
Erleuchtet mich mit allem, was ich wissen muss, womit ich mich verbinden und an was ich mich erinnern muss.
Danke, dass ihr eure Hathorischen Codes in mein Energiefeld herunterladet. Ich heiße das Upgrade jetzt willkommen.
Und so ist es.

Hilarion

Hilarion, auch als Hilarion der Große oder Heiliger Hilarion bekannt, ist ein göttlicher Meister, der nach seinem physischen Tod aufgestiegen ist und seither seine Energie und sein Licht dafür einsetzt, den Menschen zu helfen, Heilung und Wunder zu erfahren. Er war als Meisterheiler in den Tempeln von Atlantis tätig und hatte mehrere Inkarnationen in Ägypten. In einer weiteren Inkarnation wurde er im vierten Jahrhundert nach Christus als Kind heidnischer Eltern in Syrien geboren. Er studierte in Alexandria, wo er zum Christentum konvertierte, und es wird gesagt, dass er von dem Moment an sein Leben spirituellen Zielen widmete. Nachdem er von den Wundern des heiligen Antonius gehört hatte, ging er im zarten Alter von 15 Jahren für zwei Monate in die Wüste. Er sehnte sich danach für sich allein zu sein, doch in der nahen Einsiedelei gab es keinen Platz mehr für ihn, also beschloss er, nach Hause zurückzukehren. Während dieser Zeit starben seine Eltern, also überließ er alles, was er besaß, seinen Geschwistern und den Armen und zog sich in die Wildnis zurück, auf der Suche nach der Verbindung mit dem Göttlichen.

Höhlen und Wunder

Hilarion verbrachte den größten Teil seines Lebens fernab der Menschen. Höchstwahrscheinlich zog er sich von der Welt zurück, weil er ein hochsensibles Wesen war, das wie ein Schwamm jegliche Energien, Ängste und Emotionen von den Menschen aufsog, die in seine Nähe kamen. Er kam früh in seinem Leben mit Krankheit und Verlust in Berührung, und ich glaube, dass diese irdischen Herausforderungen seine spirituelle Praxis noch vertieften und ihn die Kraft des Lichts und der Wunder verstehen ließen. Durch die Entfremdung von seinem Körper, seine Hochsensibilität und den Verlust seiner Familie tauchte er immer tiefer in sein Herz hinein und stellte seine eigene persönliche Beziehung mit der göttlichen Quelle der Schöpfung her. Ich bin überzeugt, dass der Raum, den er in seinem Inneren erschuf, ihm erlaubte, schon zu seinen Lebzeiten ein wunderbarer Überbringer des Lichts für die Welt zu werden. Dieses Licht schien auf alle, die in seine Nähe kamen.

Es heißt, dass jene, die zu Hilarions Höhle kamen, Wunder erfuhren, und es ist belegt, dass er sowohl eine Frau heilte, die nicht schwanger werden konnte, als auch mehrere todkranke Kinder und einen gelähmten Wagenlenker. Außerdem ist dokumentiert, dass er die Fähigkeit besaß, »Dämonen« erfolgreich auszutreiben; doch glaube ich nicht, dass es hier unbedingt um Exorzismus ging, sondern darum, Menschen zu helfen, ihre inneren Dämonen zu überwinden und eine geistige Befreiung zu erfahren.

Spirituelle Perspektive

Um die Lehren der Meister zu verstehen, müssen wir uns einfach nur anschauen, welche Hindernisse sie selbst in ihrem Leben überwunden haben. Und so hilft Hilarion all jenen, die besonders sensibel auf die Welt reagieren und mit den irdischen Energien zu kämpfen haben. Wenn Sie jemals das Bedürfnis verspürten, sich von den harschen Energien anderer zurückziehen zu müssen, kann Hilarion ein einflussreicher Geistführer für Sie sein, der Ihnen dabei hilft, Grenzen zu setzen und Ihr Energiefeld auf eine Weise zu schützen, die Ihnen dennoch erlaubt, Ihre wunderbaren Gaben mit der Welt zu teilen.

Auch wenn Sie unter einschränkenden Glaubenssätzen leiden, kann Hilarion Ihnen helfen, die Kraft zu finden, sie zu überwinden. In alten Zeiten wurden mentale und emotionale gesundheitlichen Probleme »Dämonen« genannt, da es keine andere Möglichkeit gab, sie zu verstehen. Doch in der Welt von heute können sie eine echte Gelegenheit sein, mit unseren Emotionen in Kontakt zu treten, uns darüber klar zu werden, was wir wirklich brauchen, und unser Leben auf das eigene innere Wachstum und auf Heilung auszurichten.

Der Smaragdgrüne Strahl

Hilarion erscheint als Mann aus Syrien oder Palästina. Er hat eine strahlende Aura, in der geometrische Symbole herumschwirren, und auch seine Augen strahlen: Sie sind von graublauer Farbe, was sie besonders hervorhebt. Er trägt einen smaragdgrünen Umhang, und seine Gegenwart fühlt sich warm, tröstend und väterlich an. Sie erinnert mich an Erzengel Raphael. Ich fühle, dass beide vom gleichen energetischen Raum der Heilung aus arbeiten.

In der zeitgenössischen Spiritualität wird Hilarion als Wächter des Smaragdgrünen Strahls der Heilung betrachtet. Dieser Strahl kommt direkt aus dem Herzen der Quelle, und seine Aufgabe ist es, durch die Wissenschaften, Energiearbeit und die Verbundenheit der ganzen Welt heilsame Veränderungen zu bewirken. Wenn wir uns an Hilarion wenden, heißen wir damit auch die Frequenz des Smaragdgrünen Strahls willkommen, die uns hilft, die notwendigen heilenden Veränderungen einzuleiten, damit wir weiterwachsen können, in Einklang mit uns selbst kommen und in den Dienst der Gesellschaft treten.

Hilarion ist der Hüter uralten Heilwissens und kann uns helfen, Energie, Heilkraft und Verbundenheit auf einer tieferen Ebene zu verstehen. Er ist ein wundervoller Aufgestiegener Meister für jeden, der im Bereich der Wissenschaften, Medizin oder Heilung arbeitet. Er wird Ihnen ein tieferes Bewusstsein und Verständnis für Ihre Tätigkeit schenken und Sie führen, damit Sie Ihre Berufung zielgerichtet, mit ganzer Kraft und Begeisterung, erfüllen können.

Arbeiten mit Hilarion

Mit Hilarion zu arbeiten kann Ihnen helfen:

- heilende Energie zu erfahren und weiterzugeben
- durch Hochsensibilität bedingte Einschränkungen zu überwinden und als Chance zu nutzen
- Grenzen zu schaffen, die Ihren Bedürfnissen gerecht werden
- neue Informationen zu verstehen, die heilsame Veränderungen in die Welt bringen können

Die Aktivierung des Smaragdgrünen Strahls führt zu einem tieferen Verständnis von Leben und Licht.

Aktivierung des Smaragdgrünen Strahls

Visualisieren Sie sich selbst, eingetaucht in smaragdgrünes Licht. Stellen Sie sich vor, in einen magischen smaragdgrünen Umhang eingehüllt zu werden.

Atmen Sie tief ein und aus. Wenn Sie so weit sind, heißen Sie Hilarion mit diesen Worten willkommen:

Hilarion, Meisterheiler, ewiger Hüter der Weisheit, danke, dass du mich in die ewigen Heilwissenschaften einführst. Ich bin bereit, ein tieferes Verständnis von Leben und Licht zu erlangen.
Danke, dass du mir hilfst zu erkennen, dass meine Empfindsamkeit ein Geschenk ist und meine Emotionen wichtige Botschaften meiner Seele an meinen Körper sind.
Ich heiße dich jetzt willkommen. Danke, dass du mein ganzes Wesen in heilendes smaragdgrünes Licht tauchst.
ICH BIN eingetaucht in heilendes smaragdgrünes Licht.
Danke Hilarion, dass du meine Frequenz erhöhst, damit ich die heiligen Lichtcodes uralter Zivilisationen entschlüsseln und den ewigen Heiler in meinem Inneren erwecken kann.
Ich stelle jetzt meine Frequenz und mein Sein auf die uralten Heilkünste ein. Ich bin bereit, mich auf alle Heilkünste zu besinnen, die in der Erinnerung meiner Seele gespeichert sind.
Ich bin bereit, mich zu erinnern.
Ich heiße jetzt, im Herzen meines Seins, die Segnungen, Codes und energetischen Upgrades des Smaragdgrünen Strahls willkommen.
Ich bin gesegnet vom Smaragdgrünen Strahl der Quelle.
Ich bin entflammt vom Smaragdgrünen Strahl der Quelle.
Ich bin eingeweiht vom Smaragdgrünen Strahl der Quelle.
Ich bin eins mit dem Smaragdgrünen Strahl der Quelle.
Ich danke dir, Meister Hilarion, für dieses uralte Erwachen der Seele.
Und so ist es.

Legen Sie Ihre Hände auf Ihr Herz und atmen Sie ruhig ein und aus, bis Sie fühlen, dass Sie die Downloads empfangen haben.

Horus

Horus ist eine der ältesten, meist geachteten und hochverehrten ägyptischen Gottheiten. Er ist berühmt für seinen Falkenkopf und bekannt als der Herrscher des Himmels. Das ägyptische Wort *Her* oder *Heru*, von dem sein Name abgeleitet ist, bedeutet »der Hohe«, was darauf hinweist, dass diese Gottheit ein kosmischer Himmelsgott ist.

Es wird gesagt, dass Horus' Erscheinen seine Verbindung zu Sonne, Mond und Sternen zeige: Sein rechtes Auge repräsentiert die Sonne, sein linkes Auge den Mond, die Federn auf seiner Brust die Sterne und seine Schwingen den Himmel. Er wird als Hüter des Kosmos verehrt.

Auge des Horus

Das Auge des Horus ist weltweit als ein Symbol des Schutzes und der Orientierung übernommen worden. Viele Menschen haben entsprechende Tattoos, Halsketten oder auch Aufkleber, selbst wenn sie nicht mit den Mysterien des Alten Ägypten vertraut sind. Horus selbst ist eine hochgradig schützende und führende Kraft, und indem wir mit seinem Auge arbeiten, darüber meditieren oder es einfach nur als Symbol tragen, rufen wir seinen kosmischen Schutz an.

Horus ist eine mächtige Gottheit für alle, die ihre hellsichtigen Fähigkeiten oder ihr spirituelles Verständnis weiterentwickeln möchten. Indem wir seine Energie in unserem Leben willkommen heißen, erlauben wir ihm, unser inneres Auge zu öffnen, zu aktivieren und von Blockaden zu befreien, damit wir die Welt aus einer klareren, gefestigteren Perspektive betrachten können.

Für mich ist Horus immer eine sehr zugängliche Gottheit gewesen. Er ist einer der Meister, die mir wirklich geholfen haben, mich an die kosmischen Aspekte meines Wesens zu erinnern und mich mit ihnen zu verbinden. Es fühlt sich an, als hätte er die schlummernden Aspekte meiner Sternennatur aktiviert. Wenn ich ihn anrufe, erscheint er durch ein Sternentor. Ich sehe ihn, wie er vor einer wirbelnden Energie steht, die einem gigantischen Portal ähnelt. Seine Haut ist beinahe so schwarz wie der mitternächtliche Himmel, und sein Falkenkopf sieht aus wie ein Harnisch, der seine Arme und sein Brustbein bedeckt. Auch wenn seine Erscheinung überwältigend sein mag, fühle ich in seiner Gegenwart eine große Klarheit und Offenheit. Er ist umgeben von Sternenlicht und anderen Wesen des Lichts, Repräsentanten der Sternenvölker, deren Herrscher er ist.

Hüter des kosmischen Portals

Horus ist der Hüter des kosmischen Portals, ein energetisches Tor, durch das wir verborgene Dimensionen erreichen können. Dieser energetische Rückzugsort hilft uns, die verlorene uralte Weisheit unserer Seele wiederzufinden. Wenn wir mit diesem Portal arbeiten, erwecken wir zudem all die vergessenen Erinnerungen und Kenntnisse in uns, die es uns erlauben, eine Verbindung mit den unendlichen Möglichkeiten des Universums und der Macht der Sterne einzugehen.

Darüber hinaus hilft Horus uns, durch das Sternentorchakra (siehe Seite 107) die Macht der Sterne in Anspruch zu nehmen, uns jenseits von Raum und Zeit zu bewegen und mit der ewigen Weisheit der Quelle zu verbinden.

Sohn von Isis

Horus ist der Sohn der Göttin Isis. Er hat eine tiefe und starke Verbindung zu seiner Mutter. Oft wurde er als Säugling dargestellt, der an ihrer Brust saugt. Dieses Bild, das im Christentum durch Mutter Maria und Jesus Christus nachempfunden wurde, ist ein universelles Symbol des unzerbrechlichen Bandes zwischen Mutter und Kind.

Als der Sohn einer Göttin ist Horus ein wundervolles Wesen, das die Mütter ehrt und alles in seiner Macht Stehende tun wird, um sie und ihre Kinder zu beschützen. Für mich fühlt es sich an, als würde er vor allem von alleinerziehenden Müttern, Familien mit nur einem Elternteil und Müttern angezogen, die besonders kräftige/hyperaktive Söhne haben (daher kommt wohl meine angeborene Verbundenheit mit ihm).

Arbeiten mit Horus

Horus hilft Ihnen:

- sich Ihrer Sternenherkunft zu erinnern
- Ihre hellseherischen Fähigkeiten zu aktivieren
- bei Mutter-Kind-Beziehungen (insbesondere bei alleinerziehenden Elternteilen)
- sich mit dem Sternentorchakra und den Sternen zu verbinden

Diese Aktivierung öffnet Ihr Sternentor und erlaubt Ihnen, das volle Spektrum aller Möglichkeiten anzuzapfen. Wenn Sie dabei sind, etwas zu erschaffen oder zu manifestieren, werden Sie sich durch dieses bewusste Gebet mit der unendlichen Kraft und dem Potenzial der Sterne verbinden, das letztendlich in Ihnen ruht.

Aktivierung des kosmischen Portals

Atmen Sie tief ein und aus.

Beim Einatmen fühlen Sie, wie Sie immer höher in den mitternächtlichen Himmel steigen.

Während Sie ausatmen, erlauben Sie sich selbst, eins zu werden mit der Energie der Sonne, des Mondes und der Sterne.

Dann sprechen Sie dieses aktivierende Gebet:

Horus, kosmischer Himmelswächter, Hüter des kosmischen Portals, Sohn von Isis, danke, dass du jetzt zu mir kommst.
Bei der Macht des Himmels und der Sterne, bei dem Licht von Mond und Sonne, danke, dass du meine Energie mit deiner Gegenwart segnest.
Ich bin bereit, meinen inneren Blick zu aktivieren.
Ich bin bereit, durch deine kosmischen Augen zu sehen.
Ich verbinde mich mit der Macht des unendlichen Raums.
Ich verbinde mich mit Sternenwesen und -führern über viele Monde, viele Sterne und viele Sonnen hinweg.
Ich gewinne meine Sternenkraft zurück.
Ich erwecke meine Sternenkraft.
Ich trete jetzt durch das kosmische Portal, bestärkt, unterstützt und geführt von deinem Licht.
Horus, oh Horus, danke, dass du mich mit deinem kosmischen Geist segnest.
Und so ist es!

Ishtar

Ishtar (auch Ištar geschrieben) ist die ostsemitische, akkadische, assyrische und babylonische Göttin der Liebe und des Krieges. Bei den Sumerern war sie als Inanna bekannt, und bei den nordsemitischen Völkern als Astarte. Sie hatte seit jeher viele Namen und viele Gesichter. Schon 4000 Jahre vor Christus war sie als Königin des Himmels, Beschützerin des Kosmos und Verteidigerin der Wahrheit hochgeachtet. Oftmals wurde sie mit sechs- und achteckigen Sternen abgebildet, die ursprünglich generelle Symbole des Himmels waren. Im altbabylonischen Zeitalter (circa 2000 bis 1600 vor Christus), wurde sie besonders mit der Venus, dem Planeten der Liebe und des Begehrens, in Verbindung gebracht. Viele Tempel wurden ihr zu Ehren errichtet, und in Kriegszeiten beteten die Menschen zu ihr und baten um ihre Hilfe.

Ishtars Name bedeutet so viel wie »die Begehrenswerte« oder »die Kostbare«, und viele Menschen hat die Tatsache irritiert, dass sie sowohl für Liebe als auch für Krieg steht. Aufgrund meiner persönlichen Eindrücke der Energie, die sie repräsentiert, glaube ich, dass sie uns hilft, mit der Grundenergie des Begehrens in Kontakt zu treten, einschließlich des Wunsches, für das zu kämpfen, woran wir glauben.

Es gibt viele uralte Darstellungen von Ishtar. Ich entdecke in ihnen stets eine starke Verbindung zu der ägyptischen Göttin Isis (siehe Seite 180) und auch zu einem Engel. Als ich mich das erste Mal auf sie einstimmte, war ich von ihrer Präsenz angenehm überrascht. Ein starker Duft von Amber erfüllte die Luft um mich herum. Dann wurde ich in einen verborgenen Tempel unter der Erde gezaubert. Vor mir stand eine hochgewachsene weibliche Erscheinung, ihre Haut war von einem tiefen warmen Mahagoni-Ton, ihr Gesicht hatte asiatische und afrikanische Züge, ihre

Augen loderten wie Feuer, und ihr ganzes Wesen war von unendlichem Licht erfüllt.

Ich erinnere mich, wie die Energie um ihre Gestalt herumwirbelte. Zu ihrer Linken und Rechten versammelten sich Wesenheiten, wie die Armeen um ihren General – fremdartige geflügelte Wesen, die goldenes und bronzefarbenes Licht ausstrahlten. Sie hatten eine engelsgleiche Energie und erinnerten mich an Erzengel Michael und seine Legion.

Als ich darum bat, mehr über Ishtars Energie zu erfahren, sah ich mich selbst vor meinem inneren Auge als das Seil bei einem Tauziehen, das in zwei entgegengesetzte Richtungen gezogen wird, und hörte die Worte: »Der Kampf zwischen Kopf und Herz.« Mir kam der Gedanke, dass Ishtar nicht eine Göttin äußerer Kriege war, sondern der inneren Kämpfe, denen wir uns alle stellen müssen, wenn es darum geht, ob wir auf unseren Kopf oder unser Herz hören sollen. Dann vernahm ich wie in einem Sprechgesang diese rhythmischen Worte:

Ich bin ein Wächter, ich bin das Licht.
Ich werde dich durch die Dunkelheit führen.
Ich werde dich durch die Nacht geleiten.

Es fühlte sich wie ein Ritual an, eine Art von Initiationsritus.

Die Entscheidung kann uns schwerfallen, ob wir auf unseren Kopf oder unser Herz hören sollen. Wir versuchen zu verstehen, was sie uns sagen wollen. Es scheint, dass Ishtar die führende Kraft ist, um uns bei diesem Prozess zu helfen.

Außerdem wohnt ihr etwas Sinnliches inne, etwas Schönes, das wir willkommen heißen sollten. Wir Menschen sind sinnliche Wesen, sexuelle Wesen. Unser sinnliches und sexuelles Selbst zu leben ist in Wahrheit spirituell. Indem wir unser sexuelles Selbst annehmen, werden wir Zugang zu einer großen Kraft erlangen, die tief im Kern unseres Wesens gespeichert ist.

Die Arbeit mit Ishtar hilft uns, die Wahrheit unseres Herzens zu finden, und ermutigt uns, ihr zu folgen – unserer Leidenschaft zu folgen. Es fühlt sich an, als wäre sie auf die ganzheitliche Energie ausgerichtet, die uns ermöglicht, unsere Wünsche auf authentische Weise zu realisieren. In alten Zeiten wurde sie zudem als eine Göttin betrachtet, die bei allem helfen konnte, was mit Zeugungsfähigkeit, Empfängnis und Geburt zu tun hatte. In energetischer Hinsicht gilt dies nicht nur für eine Schwangerschaft, sondern auch für neue Projekte.

Anführerin der Anunnaki

Ishtar ist die Anführerin der Anunnaki, einer Rasse kosmischer Lichtwesen, die in uralten Zeiten in unterschiedlichen Formen auf die Erde gekommen sind. Die Sumerer schätzten sie als die Gottheiten, die über den Raum zwischen den Welten herrschten. Als ich meine Vision von Ishtar hatte, waren die Legionen von Wesenheiten links und rechts von ihr die Anunnaki.

Im Laufe der Zeit habe ich bei meinen Kontakten mit Ishtar festgestellt, dass die Anunnaki Ähnlichkeiten mit der Rasse der Hathoren haben (siehe Seite 160): eine intergalaktische Macht, die den Menschen helfen will, sich über die Dunkelheit zu erheben. Sie leiten Codes aus hellem Licht in unseren Energiekörper, damit wir unsere Menschlichkeit voll annehmen und schließlich die Einheit von Körper und Seele in perfekter Harmonie und mit vollem Vertrauen erfahren können.

In ferner Vergangenheit besuchten die Anunnaki die atlantische Zivilisation und halfen jenen, die auf den spirituellen Weg ausgerichtet waren, die nächste Dimension zu erreichen und somit aus dem Rad des Karmas auszusteigen. Sie waren die Richter, die entscheiden mussten, wer aufsteigen konnte und wer zurückbleiben musste. Alle, die das Göttliche nicht gewürdigt hatten, ihre Macht missbraucht und das große Geschenk des Lebens, das ihnen gegeben worden war, nicht wertgeschätzt hatten, mussten zurückbleiben. Aus diesem Grund kann es sein, dass manche Menschen, die atlantische Inkarnationen hatten, die Anunnaki fürchten, doch ich darf Ihnen versichern, dass sie Wesen des Lichts sind.

Arbeiten mit Ishtar

Mit Ishtar zu arbeiten kann Ihnen helfen:

- den Weg Ihres Herzens zu erkennen und zu gehen
- zwischen Kopf und Herz zu unterscheiden
- ein Kind zu empfangen oder etwas Neues zu erschaffen
- sich mit den Anunnaki zu verbinden

Ishtars Aktivierung zieht die heilenden Lichtcodes der Anunnaki an, damit Sie jeden Aspekt Ihres menschlichen Selbst annehmen und verkörpern können, um sich auf Ihre höchste spirituelle Form auszurichten.

Aktivierung des Anunnaki-Lichtcodes

Nehmen Sie sich einen Moment Zeit. Atmen Sie tief ein und aus.

Falls es einen Aspekt Ihres menschlichen Selbst gibt, von dem Sie sich getrennt fühlen, führen Sie ihn sich vor Augen. Wenn Sie irgendwelche Aspekte Ihrer Sinnlichkeit vernachlässigt haben, nehmen Sie sich bewusst vor, sie heute zurückzufordern.

Wenn Sie das Gefühl haben, dass es einen Bereich in Ihrem Leben gibt, der Ihre Energie schwächt oder Sie in zwei verschiedene Richtungen zerrt, fokussieren Sie sich jetzt darauf. Seien Sie sich Ihrer inneren Wahrheit bewusst.

Dann sprechen Sie:

Ishtar, Wächterin des Himmels, kosmische Göttin, Jungfrau, Mutter, weise Alte, danke, dass du mich mit deiner Gegenwart und deinem unendlichen Licht segnest. Danke, dass du mir hilfst, die Aspekte meines Wesens anzunehmen, die mir Angst gemacht oder deren ich mich geschämt habe.
Ich fordere alle Teile meines Wesens, die ich vernachlässigt oder abgelehnt habe, zurück.
Ich erhebe mich über alle Kämpfe, ich erhebe mich über alle Einschränkungen.
Ich danke dir, himmlische Göttin Ishtar, dass du mich aufgerichtet und mit deinem göttlichen Licht gesegnet hast.
Anunnaki, Anunnaki, Anunnaki.
Ich heiße die Gegenwart des Volks der Anunnaki willkommen.
Danke, engelsgleiche kosmische Wesenheiten, für das Eintauchen meines Energiekörpers in eure Lichtcodes.
Danke, dass ihr meine Frequenz zurückbringt und so ausrichtet, dass ich die höchste, wahrste und umfassendste Version meines Selbst zum Ausdruck bringen kann.
Ich heiße euer Licht willkommen. Auf dass es mein Sein durchdringen, meine Energie erfrischen, und meine DNA aufwerten möge.
Ich bin wiederhergestellt.
Ich bin regeneriert.

Ich bin wiedergeboren.
Ich bin vom Anunnaki-Licht reaktiviert.
Und so ist es.

Legen Sie Ihre Hände auf Ihren Herzbereich und richten Sie Ihren Atem so lange dorthin, wie es Ihnen nötig scheint. Machen Sie sich keine Sorgen, wenn Sie sich auf energetischer oder emotionaler Ebene etwas in Ihnen löst. dies ist ein Zeichen, dass Sie sich auf die neue Frequenz einstellen.

Isis

Isis ist eine der wichtigsten Göttinnen des Altägyptischen Pantheons. Sie ist Hohepriesterin, Göttin und Mutterfigur in einem, und wird eng mit den Energien des Mondes, der Magie, der Liebe und des Sieges über die Unterwelt in Verbindung gebracht.

Isis ist die Tochter des Erdgottes Geb und der Himmelsgöttin Nut, daher vereinigt sie die Energien der Erde und des Mondes in sich. Die Legende besagt, dass sie Osiris heiratete, der Gott der Unterwelt und angeblich ihr Bruder war. Es wichtig anzumerken, dass diese Geschichten aus einer längst vergangenen Zeit stammen und aus unserer heutigen Perspektive manchmal schwer zu begreifen sind. Ich glaube, der Sinn dieser Heirat bestand darin, die Familienbande zu stärken, indem die beiden magischen Seelen zusammengeführt wurden.

Isis ist eine mächtige Energie. Durch die Erfahrungen in ihrem Leben, ihre Verbindungen und ihre Kenntnisse magischer Kräfte stieg sie nach ihrem Tod zu einer Meisterin auf.

Zwischen Leben und Tod

Laut den Pyramidentexten steht Isis den Verstorbenen bei. Als Gemahlin von Osiris, dem Gott der Unterwelt, wird sie als jemand betrachtet, der die Energie des Todes überwunden hat. Ähnlich wie die Karte des Todes im Tarot, bedeutet dies, dass sie uns helfen kann, nach einem herausfordernden Ereignis oder einem schwierigen Übergang wiedergeboren zu werden. Wenn Sie sich jemals an einem dunklen Ort befinden, wo das Alte um Sie herum im Sterben begriffen ist, wird Isis Ihnen helfen, Angst und Verzweiflung zu transzendieren und wieder ans Licht zu gelangen.

Ich hatte seit jeher eine starke Verbindung zu Isis und ägyptischer Magie. Vor einiger Zeit, als ich an einem Yoga-Nidra-Kurs (auch als Schlaf-Yoga bekannt) teilnahm, wurden wir während einer langen Entspannungsphase in einen transzendentalen inneren Raum geführt und ermutigt, tiefer und tiefer zu gehen. Ich erinnere mich, eingeschlafen zu sein, war jedoch gleichzeitig meiner voll bewusst, wie in einem Klartraum. Ich erinnere mich, die Stimmen meiner Geistführer zu hören und sie in meiner Nähe zu spüren. Aus irgendeinem Grund wusste ich, dass ich in der Lage war, auf eine Reise zu gehen, und aus heiterem Himmel sagte ich: »Bringt mich zu Isis.«

Sofort öffnete sich ein Sternentor, und ich ging durch ein Wurmloch aus Licht und Sternen. Ich schoss hinaus in die ägyptische Wüste und flog in das Zentrum einer gigantischen Pyramide. Dort, auf einem Altar, stand die Göttin selbst. Ihre Haut war tiefbraun, und sie trug einen Kopfschmuck aus Bronze, Silber und Gold. Sie war nur leicht bekleidet, mit nackten Brüsten, um ihren Hals ein riesiges Kristallamulett. Sie hielt ihre Arme in einer kaktusähnlichen Position, die Ellenbogen gebeugt und die Handflächen leicht angewinkelt. Energie strahlte auf sie herunter von einer Lichtquelle irgendwo über ihr. Ich fühlte sofort Demut und kniete vor ihr nieder. Ich erinnere mich an das Gefühl, in ein uraltes magisches Ritual eingeweiht worden zu sein – und im nächsten Moment nahm ich den Weg zurück, den ich gekommen war, und mit einem Ruck fand ich mich in meinem Körper wieder. Das Ganze war ein höchst erstaunliches Erlebnis.

Magie und Priesterinnenschaft

Isis ist eine Hüterin magischer Energie. Sie unterstützt jene, die sich berufen fühlen, mit ihrer inneren Priesterin Kontakt aufzunehmen. Sie hilft uns zu verstehen, dass Magie nicht etwas ist, das uns von außen widerfährt, sondern es sich um eine Energie handelt, die wir in unserem Inneren aktivieren. Isis kümmert sich insbesondere um alle, die ihre weibliche Energie entdecken und anerkennen.

Durch die Verbindung mit Isis können wir die Macht des Mondes nutzen und die Priesterin in unserem Inneren erwecken. Isis wird uns helfen, die mächtige und disziplinierte Seele zu werden, die wir sein wollen. Als Göttin, die mit der Unterwelt in Kontakt steht, konfrontiert sie uns mit Aspekten unseres Selbst, denen wir uns stellen und die wir annehmen und heilen müssen. Alles, was im Schatten liegt, wird ans Licht gebracht und kann umso mehr Raum schaffen für heilendes Licht und Magie.

Die geflügelte Isis und Mondgöttin

Es gibt viele Abbildungen von Isis mit Flügeln, was uns an ihre Verbindungen mit dem Kosmos erinnert. Sie kann uns helfen, Kontakt mit den Mächten des Himmels aufzunehmen und sie unseren Herzen hier auf Erden näherbringen. Sie kann uns helfen, die Energien der Sterne zu nutzen. Darüber hinaus gebietet sie über viele Lichtwesen, die uns helfen wollen, unsere Flügel auszubreiten und in große Höhen aufzusteigen.

Der Mond wird besonders stark mit Isis verbunden. So wie der Mond viele Phasen und Aspekte hat, ist auch Isis in der ägyptischen Mythologie in vielen Gestalten, Größen und Formen erschienen. Ihre magische Verbindung zu der Kraft des Mondes repräsentiert zudem das Weibliche, das wie die Gezeiten fließt anstatt auf eine lineare Weise. Was bedeutet, dass wir bei der Arbeit mit Isis dem natürlichen Fluss unseres Wesens und den Bedürfnissen unseres Körpers folgen.

Arbeiten mit Isis

Isis kann Ihnen helfen:

- sich dem eigenen Schatten zu stellen
- Ihre innere Magie zu erwecken
- sich mit der Kraft des Mondes und der Sterne zu verbinden
- eine schwierige Situation zu meistern
- die Macht des Weiblichen zu ehren

Aktivierung zur Rückgewinnung der Magie

Schließen Sie Ihre Augen und atmen Sie tief ein und aus.

Bei jedem Ein- und Ausatmen fühlen Sie, wie Sie sich nach oben strecken.

Betrachten Sie sich im Einklang mit dem mitternächtlichen Himmel. Umgeben von Sternen. Atmend. Verbunden. Eins.

Heißen Sie Isis mit den Worten willkommen:

Heilige Isis, kosmische Lichtgöttin, Mutter von vielen, mit vielen Namen, Gesichtern und Formen, danke, dass du mich in diesem Moment mit deinen Schwingen umfängst.

O Mutter der Magie, Mondarbeiterin, bring mich zu deinem inneren Tempel und entzünde den Funken der Magie in mir. Ich bin bereit, mich an Aspekte meines Selbst zu erinnern und sie wiederzuerwecken, die ich verbannt und zurückgelassen habe oder die zu entwickeln ich nicht den Mut hatte.

Ich erinnere mich an die verlorenen Aspekte meines Selbst und fordere sie neu ein. Ich rufe sie zurück aus dem Schattenreich.
Ich gewinne meine magischsten Aspekte zurück.
Danke, Isis, dass du jetzt dein Mondlicht über mich ergießt. Danke, dass du mein Herz, meinen Geist und mein Energiefeld in deinen heiligen Lichtstrahlen badest, während ich meine Magie zurückgewinne.
Ich verbeuge mich vor dir und heiße deine Segnungen willkommen.
Ich bin zutiefst dankbar, von deiner Gegenwart geführt zu werden.
Und so ist es.

Jesus

Jesus von Nazareth ist ein Überbringer der Wahrheit. Er ist ein Licht für das ganze Universum und hat durch sein Leben, sein Sterben und seine Spiritualität gezeigt, dass Vergebung möglich ist. In seinem irdischen Leben wurde er aufgrund seiner Überzeugungen und Lehren verfolgt, dennoch hörte er nie auf, seine menschlichen Brüder und Schwestern zu lieben.

Eine multidimensionale Präsenz

Jesus ist überall gleichzeitig. Er ist jetzt, in diesem Moment, bei uns. Er wartet auf unseren Ruf, und mithilfe seiner heiligen Engel kann er uns in unser natürliches, lichterfülltes Selbst zurückversetzen. Wenn wir ihn anrufen, wird er Licht in unseren Geist bringen. Seine Gegenwart beseitigt alle Scheuklappen, die uns vom Sehen abhalten, und alle Blockaden, die zwischen uns und den Wundern stehen, nach denen wir uns sehnen. Er ist die Stimme der Liebe, die in unserem Herzen widerhallt, und wartet darauf, dass wir unsere Vergebung akzeptieren. Er hilft uns, das Licht in anderen zu erkennen, damit wir ein Leben voller Wunder und frei von Vorurteilen führen.

Unser Bruder

Jesus mag ein spiritueller Lehrer sein, doch er liebt es, wenn man ihn als Freund und Bruder betrachtet. Er begegnet uns als Gleichgestellter und erwartet nicht, dass wir ihn vergöttern, sondern erkennen, dass das, was ihn ausmacht, auch uns ausmacht. Er hilft uns zu erkennen, dass unsere Seele keine andere Wahl hat als zu vergeben. Er hilft uns, die Stimme der Angst für immer verstummen zu lassen.

Unser Licht geht nie verloren, es ist immer gegenwärtig, doch aufgrund der Herausforderungen des Lebens wird es leicht vergessen oder scheint erloschen. Wenn wir an Jesus denken, wird er wie eine brennende Fackel in den heiligen Tempel unseres Herzens kommen und sein Licht entzünden. Allein seine Gegenwart verscheucht jegliche Dunkelheit, auf dass wir die Akzeptanz und Vergebung Gottes willkommen heißen können.

Der Christos/das Licht Christi

Der Christos ist eine Energie reiner, bedingungsloser Liebe und Akzeptanz, die nur als Licht beschrieben werden kann. Jesus war in seinem Leben als Mensch ein Träger dieses Lichts, so wie viele spirituelle Lehrer in der Vergangenheit, einschließlich Buddha (siehe Seite 127). Dieses Licht steht der ganzen Menschheit zur Verfügung – wir alle haben die Fähigkeit, es zu verkörpern. Als Jesus sagte, »Das Himmelreich ist in Euch«, meinte er damit das Licht Christi.

Wenn wir dieses Licht im Zentrum unseres Wesens hervorrufen und darum bitten, es möge uns führen, beginnen wir, die Welt mit den Augen Christi zu betrachten, und Vergebung und Akzeptanz in unserem Leben zu kultivieren. Dies ist der Weg des Aufstiegs.

Arbeiten mit Jesus

Bitten Sie Jesus um Hilfe, wenn es darum geht:

- Heilung zu erfahren
- denen zu vergeben, die Sie verletzt haben, entweder emotional oder physisch
- zu akzeptieren, dass Gottes Plan für Sie Liebe ist

Die Aktivierung von Jesus bringt das Licht Gottes in Ihre Seele, jene immer präsente, nie vergehende Liebe, die Sie von jeglicher Ungewissheit befreit und Sie zu einem tiefen inneren Frieden führen wird.

Aktivierung des Lichts Christi

Meister Jesus, Bruder des Lichts, Träger des Lichts, danke, dass du in mein Bewusstsein getreten bist und mir hilfst, die Wahrheit zu sehen.
Wie eine lodernde Fackel breitet sich dein Licht bis in alle Ecken meines Wesens aus, alle Dunkelheit und Zweifel beseitigend.
In deiner Gegenwart heiße ich deine bedingungslose Akzeptanz und Liebe willkommen, indem ich erkenne, dass Vergebung ein natürlicher Aspekt von mir ist. Ich erinnere mich daran, dass ich als ein Wesen des Lichts niemals wirklich verletzt werden kann.
Ich bin in Sicherheit, Jesus, und ich weiß, dass du mein liebevoller Führer bist.
Bitte weise mich auf alle Bereiche meines Wesens und meines Lebens hin, die meine Vergebung erfordern.

Mit deiner Unterstützung treffe ich die wunderbare Wahl, zu vergeben und mir vergeben zu lassen.
ICH BIN eins mit dem Licht Christi.
ICH BIN von dem Licht Christi aktiviert.
Ich ruhe in dem Licht Christi.
ICH BIN das Licht Christi.
Danke, mein Freund und Bruder.
Und so ist es!

Johanna von Orléans

Johanna von Orléans (auf Französisch Jeanne d'Arc), auch bekannt als die Jungfrau von Orléans, ist eine römisch-katholische Heilige und Heldin der Franzosen, weithin geliebt und geachtet für ihre Rolle bei der Belagerung von Orléans im 15. Jahrhundert, während des Hundertjährigen Krieges, wo sie als Kriegerin half, die Engländer aus Frankreich zu vertreiben.

Die Geschichte erzählt davon, dass Johanna in eine Familie geboren wurde, die 20 Hektar Weideland besaß, und ihr Vater darüber hinaus als Dorfbeamter tätig war. Obwohl sie in einer entlegenen Gegend lebten, hatte die Familie Verbindungen zur französischen Krone.

Es wird gesagt, dass Johanna eine Hellseherin war, die von ihrem 13. Lebensjahr an Erzengel Michael und anderen Heiligen begegnete. Diese Begegnungen schenkten ihr Kraft und Mut, was dazu führte, dass sie mit 17 Jahren die Stimme Gottes hörte, die ihr auftrug, die Engländer aus Frankreich zu vertreiben. Durch ihre familiären Beziehungen war sie in der Lage, ein Treffen mit Karl VII. von Frankreich zu organisieren, bei dem sie ihm von ihren Visionen und Erlebnissen erzählte und er ihr die Erlaubnis gab, die französische Armee in die Schlacht zu führen.

Es heißt, dass der König, als er das Mädchen vom Land zum ersten Mal sah, ihre spirituellen Fähigkeiten testen wollte. Also verkleidete er sich als einer seiner Höflinge. Als Johanna in das Zimmer des Königs gebeten wurde, identifizierte sie ihn auf Anhieb, kniete zu seinen Füßen nieder und betete, dass Gott ihn segnen möge.

Johannas Visionen waren zutreffend. Auch wenn sie sich bald mit einigen Herausforderungen konfrontiert sah, einschließlich des Widerstands der Kommandeure der französischen Armee, gelang es ihr, die Engländer in Orléans zu besiegen.

Sie war zweifellos eine geheimnisvolle und gut vernetzte junge Frau, und ich bin fest davon überzeugt, dass die Welt einfach noch nicht bereit war für ihr Maß an Mut und Verbundenheit. Die Machthaber konnten nicht mit der Tatsache umgehen, dass eine junge Frau, in »männlicher Kleidung«, wie sie es nannten, nicht nur eine Seherin, sondern zudem eine große Kriegerin war. Mit 19 wurde Johanna von den Engländern gefangen genommen, man machte ihr den Prozess, und sie wurde auf dem Scheiterhaufen verbrannt (zweimal).

Aufgestiegene Meisterin der Wahrheit

Das Leben der Johanna von Orléans war kurz, doch ihr Geist voller Kraft – ihr Licht lebt weiter im Bereich der Aufgestiegenen Meister, und sie ist bereit, jedem zur Seite zu stehen, der ihre Führung und ihren Mut braucht. Eine der größten Herausforderungen, die sie überwinden musste, war, zu ihrer Wahrheit zu stehen, möge kommen, was da wolle. Ihre Visionen hätten als »Häresie« oder »Hexerei« verurteilt werden können, doch sie blieb ihrer göttlichen Führung treu und konnte beweisen, dass die Botschaften, die sie empfing, tatsächlich vom Himmel kamen.

Wenn Sie für Ihre Wahrheit einstehen wollen, wird Johanna von Orleáns als Aufgestiegene Meisterin da sein, um Sie in dieser schwierigen Zeit zu unterstützen. Die Wahrheit ist ein mächtiger Lehrer, und Authentizität eine Qualität des Geistes. Wenn wir uns ganz der Wahrheit, Integrität und Authentizität verschreiben, schaffen wir eine Öffnung in unserem Energiefeld, die Stärke und Fülle hereinlässt.

Es ist wichtig zu erwähnen, dass Wahrheit für jeden etwas anderes bedeutet. Für manche Menschen ist es gefährlich, ihr wahres, authentisches Selbst der Öffentlichkeit preiszugeben. Johanna weiß, wie sich das anfühlt. Unter anderem wurde sie wegen

»Crossdressing« angeklagt. Sie konnte ihre Ziele in der damaligen Zeit einfach nicht anders erreichen und musste sich daher als Mann verkleiden. Wenn es Ihnen in Ihrer gegenwärtigen Situation schwerfällt, Ihre Wahrheit auszuleben, ohne Konsequenzen befürchten zu müssen, wird Johanna eine verständnisvolle Führerin sein.

Jedes Mal, wenn ich mich auf die Energie der heiligen Johanna einstimme, vernehme ich die sehr einfache Botschaft: »Lass die Wahrheit dein Lehrer sein. Lass die Wahrheit dir den Weg weisen.« Es ist wichtig zu verstehen, dass Ihre Wahrheit, zu teilen und sie zu leben, ein andauernder Prozess ist, der sie offen, aber auch verletzlich macht. Doch je mehr Sie Ihre Wahrheit erkennen und voll annehmen und Ihr wahres Selbst sind, ohne sich dafür zu entschuldigen, desto mehr ist die Welt in der Lage, diese Wahrheit zu sehen und willkommen zu heißen.

Die Angst vor Verfolgung überwinden

Im Laufe der Zeit habe ich begriffen, dass die Aufgestiegenen Meister alle Herausforderungen, denen sie sich stellen mussten, in ihrem Herzen bewahren, damit wir das nicht tun müssen. Wenn wir vor etwas Angst haben, das die Meister erlebt und überwunden haben, können wir sie bitten, uns zu helfen, es hinter uns zu lassen.

Da Johanna von Orléans auf dem Scheiterhaufen verbrannt wurde, ist sie die Meisterin, die uns helfen kann, die Angst vor Verfolgung zu überwinden. Verfolgungs-Energie ist eine große Herausforderung. Vielleicht haben Sie erlebt, wie geliebte Menschen Sie kritisieren; oder Sie haben sich davor gefürchtet, einen tieferen Aspekt Ihres Wesens mit anderen oder in der Öffentlichkeit zu teilen, weil Sie Angst hatten, missverstanden oder verurteilt zu werden. Viele Menschen, die sich für den spirituellen Weg entschieden haben, fürchten sich vor Verfolgung, und das aus gutem Grund. Wenn Sie davor zurückschrecken, Ihr ganzes spirituelles Selbst mit der Welt zu teilen, kann es gut sein, dass Sie in einem früheren Leben aufgrund Ihrer Überzeugungen oder Praktiken verfolgt wurden.

Die heilige Johanna anzurufen wird Ihnen helfen, diese Energie der Angst zu überwinden. Als sie nach ihrem Flammentod die Ebene der Aufgestiegenen Meister erreichte, gelobte sie, ihre spirituelle Energie denjenigen zu widmen, die ihren spirituellen Weg gehen, und ihnen zu helfen, die Verfolgungs-Energie zu überwinden.

Arbeiten mit Johanna von Orléans

Die heilige Johanna kann dabei helfen:

- junge Mädchen zu ermutigen, ihren Fähigkeiten zu vertrauen
- eine stärkere Verbindung mit Erzengel Michael aufzubauen
- Ihre Wahrheit auszusprechen und Ihr authentisches Selbst zu teilen
- die Angst vor Verfolgung oder Strafe zu überwinden

Wenn Sie bereit sind, diese Ängste zu überwinden, rufen Sie mit dem folgenden Gebet Johanna von Orléans in Ihr Energiefeld:

Danke, Johanna von Orléans, dass du zu mir kommst und mir zeigst, wie ich die Angst, verurteilt, verfolgt oder missverstanden zu werden, überwinden kann.
Danke, dass du mir hilfst, größeres Vertrauen in mich selbst und meine Vision zu haben und meine Gaben mit der Welt zu teilen.
Ich heiße deine Führung willkommen.
Und so ist es.

Johanna von Orléans trägt ein Schwert der Wahrheit, das den vor uns liegenden Weg freimacht. Diese Aktivierung bringt Klarheit und Sicherheit.

Aktivierung des Schwerts der Wahrheit

Schließen Sie Ihre Augen.

Visualisieren Sie sich selbst, eingetaucht in blaues Licht.

Erlauben Sie dem Licht, eine energetische Rüstung um Sie herum zu formen.

Dann sagen Sie:

Ich rufe das spirituelle Licht der heiligen Johanna an.

Danke, Johanna, dass du meine Energie mit deiner Gegenwart segnest.

Ich heiße deine Unterstützung, Führung und Zuspruch willkommen, während ich voll und ganz mein authentisches Selbst annehme.

Es ist so gut zu wissen, dass ich, selbst wenn ich mich am verletzlichsten fühle, durch deinen Schild des Lichts geschützt werde.

Danke, dass du mir mit deinem Schwert der Wahrheit vorausgehst, um mir den Weg freizumachen.

Ich bin bereit, den Weg des Lichts zu gehen.

Ich bin bereit, den Weg der Wahrheit zu gehen.

Ich bin bereit, alle einschränkenden Vorstellungen, Erfahrungen und Ängste hinter mir zu lassen.

Ich bin mit dem Weg des Lichts verbunden.

Ich bin mit der höchsten Wahrheit verbunden.

Das größte Geschenk, das ich der Welt machen kann,
ist mein ganzes, ungeteiltes Selbst.
Ich bringe mein ganzes Selbst ans Licht.
Ich werde von der Gnade geführt.
Danke, Johanna von Orléans, dass du mir den Mut verleihst, mit dem du deine eigenen persönlichen Schlachten gewonnen und deine spirituelle Verbindung mit der Welt geteilt hast.
Es ist mir eine Ehre, von dir geführt zu werden.
Und so ist es.

Kali-Ma

Kali-Ma ist die Hindugöttin des Todes und der Wiedergeburt. Sie ist die Zerstörerin aller bösen Mächte und Beschützerin der Befreiung (moksha) von Karma. Im hinduistischen Pantheon ist sie der mächtigste Ausdruck von Shakti, der Personifizierung der weiblichen Lebenskraft.

Im Sanskrit bedeutet *kāla* so viel wie »Schwärze«, unter Bezugnahme auf den dunklen Nachthimmel; und *mā* bedeutet, »bringen« oder »erschaffen«. Folglich ist Kali-Ma die Bringerin oder Schöpferin der Dunkelheit. Das ist nichts, vor dem man sich fürchten muss. Im Laufe der Jahre, vor allem in der westlichen Kultur, wurde uns gesagt, »Dunkelheit« sei etwas Schlechtes, wobei sie in Wahrheit Teil des Lebens ist. Bevor wir geboren wurden, waren wir alle in die Dunkelheit der Gebärmutter eingehüllt. Die Erde selbst wurde in der Dunkelheit des kosmischen Himmels geboren. Und jede Nacht, wenn wir schlafen gehen, kehren wir zurück in diesen Bereich. Daher steht die mächtige Göttin Kali, Bringerin der Dunkelheit, für Geburt, Schöpfung und schließlich Erneuerung. »Bringerin der Dunkelheit« bedeutet »Überbringerin des Großartigen«.

Dennoch zögern viele Hindu- und Yoga-Adepten, sich mit der Energie von Kali-Ma zu verbinden, und ich kann verstehen warum. Kali-Ma ist eine wilde, ungebändigte Form der göttlichen Energie, die nach Wahrheit verlangt. In ihrer Gegenwart werden die Fassaden eingerissen und alles, was falsch, trügerisch oder nicht integer ist, an die Oberfläche gebracht. Sie wird uns dazu bringen, uns unseren größten Ängsten zu stellen – nicht damit wir uns ducken, sondern um uns zu helfen, furchtlos zu werden. Doch nicht jeder ist bereit, sich von der Furcht zu befreien oder zur eigenen ultimativen Wahrheit zu stehen.

Wann immer ich mich mit Kali-Mas Energie verbinde, ist das eine gewaltige und feurige Erfahrung, doch ich habe noch nie Angst dabei empfunden. Vielmehr wird mir jedes Mal, wenn ich ihre Energie spüren, bewusst, dass eine große Veränderung bevorsteht. Das zu wissen, ist sehr hilfreich. Am besten lässt sich ihre Energie mit einer liebenden Mutter beschreiben, die in Zorn gerät, während sie ihr Kind vor Rowdys auf dem Spielplatz beschützt. Haben Sie schon einmal erlebt, wie eine 1,60 Meter kleine Frau anfängt, zu toben und zu brüllen, weil sie gesehen hat, wie jemand ihr Kind quält? Und genau das ist es, was Kali-Mas Energie ausmacht.

Ja, Kali-Ma ist stark, wild, feurig, kraftvoll und sogar einschüchternd, aber sie ist auch total liebevoll und wird alle beschützen, die um ihre Hilfe bitten. Sie hat eine dunkle Energie, und dunkle Gesichtszüge wie der Nachthimmel, aber sie ist schön. Wenn sie sich mir zeigt, blicke ich in ein Gesicht aus Sternenlicht. Sie ist von Dunkelheit umgeben, jedoch illuminiert vom Licht des Kosmos. Sie ist alles verzehrend und strahlend.

Verbindung mit der Wildheit

Wir leben in einer Welt, die sich nach mehr Wahrheit und Integrität sehnt. Sobald wir diesen Zustand erreichen, werden wir Freiheit erfahren. Wenn Sie das Bedürfnis verspüren, die Blockaden durchbrechen zu müssen, die Ihnen den Weg versperren und Sie daran hindern, Sie selbst zu sein, wenden Sie sich an Kali-Ma. Wie eine grimmig beschützende Mutter wird sie Ihnen helfen, sich der Wahrheit zu stellen, um voranzukommen.

Eine großartige Möglichkeit, sich mit der Energie von Kali-Ma zu verbinden, besteht darin, einen Altar in Ihrem Heim einzurichten, mit einem Bild, das sie in ihrer zornigsten Gestalt zeigt. Meditieren Sie dort regelmäßig, halten Sie den Bereich sauber, zünden Sie Kerzen an und nehmen Sie Kontakt mit ihr auf.

Arbeiten mit Kali-Ma

Mit Kali-Ma zu arbeiten kann Ihnen helfen:

- Angst vor dem Unbekannten zu überwinden
- zu lernen, der Dunkelheit zu vertrauen
- eine Wiedergeburt zu erfahren
- Ihre innere Kraft zum Ausdruck zu bringen

Bei der Aktivierung von Kali-Ma geht es darum, das Unbekannte voll anzunehmen – sie nimmt Sie mit in die Dunkelheit und ermutigt Sie, die zornigsten und wildesten Aspekte Ihres Selbst auszudrücken. Diese Aktivierung ruft die Wahrheit hervor, bringt sie ans Licht und hilft Ihnen, authentisch zu leben, um Befreiung zu erfahren. Fürchten Sie sich nicht vor der Dunkelheit, sie ist die Energie der kosmischen Schöpfung.

Aktivierung der Furchtlosigkeit

Um optimale Resultate zu erzielen, nehmen Sie diese Aktivierung in einem verdunkelten Raum vor. Vielleicht möchten Sie ein Bild von Kali-Ma in der Nähe haben und eine Kerze, die Ihnen den Weg leuchtet.

Im Dunkeln, eventuell mit Ausnahme einer einzigen Kerze, lassen Sie sich durch tiefes regelmäßiges Atmen in einen Zustand der Meditation fallen. Denken Sie an Bereiche Ihres Lebens, die Ihrem Gefühl nach verdient haben, mehr Wahrheit und Integrität zu erfahren. Denken Sie an Aspekte Ihres Lebens, bei denen Sie bereit sind, dem Unbekannten die Zügel zu überlassen. Woran halten Sie fest oder was wollen

Sie erreichen, das Sie davon abhält, die Befreiung zu erlangen?

Bringen Sie all dies in Ihr Bewusstsein. Dann, wenn Sie aus diesem Bewusstsein aufgetaucht sind, sprechen Sie dieses Aktivierungs-Gebet:

Große Mutter, Bringerin der Dunkelheit, Kali-Ma, umarme mich mit deiner kosmischen Gegenwart.
Führe mich zur Befreiung.
Ich wurde in der Dunkelheit geboren. Ich kam von den Sternen, aus dem Herzen des mitternächtlichen Himmels.
Ich werde in der Dunkelheit wiedergeboren, umarmt von der Nacht und dem Licht deiner Liebe.
Woran immer ich festgehalten habe, ich bin bereit, es loszulassen.
Wo immer ich mich zurückgehalten habe, bin ich bereit, voranzuschreiten.
Wovor ich auch immer Angst hatte, ich bin jetzt bereit, Furchtlosigkeit zu erfahren.
Tritt jetzt, große Kali-Ma, in mein Wesen ein.
Segne mich mit deinem unendlichen Licht.
Führe mich von der Angst vor dem Unbekannten zum Vertrauen in das Leben selbst.
Ich bin bereit, wiedergeboren zu werden. Ich bin bereit, aus der Dunkelheit emporzusteigen und erneut zu dem Licht zu werden, das ich in Wahrheit bin.
Jai (lobe), jai, Kali-Ma
Ich bin eingehüllt in deine Liebe.
Und so ist es.

Kuthumi

Meister Kuthumi, auch bekannt als Koot Hoomi oder KH, war einer der ursprünglichen Aufgestiegenen Meister der Theosophie. Sein Name wurde durch die Mahatma-Briefe (siehe Seite 27) bekannt.

Es hat viel Spekulation bezüglich seiner wahren Identität gegeben, höchstwahrscheinlich weil es keinen Beweis gibt, dass ein Mensch mit diesem Namen auf Erden existiert hat. Daher geht man davon aus, dass Kuthumi ein Pseudonym ist. Laut zahlreichen Forschern kann man davon ausgehen, dass es sich bei Kuthumi um Sardar Thakur Singh Sandhawalia handelte, einen hochintellektuellen und spirituell engagierten Sikh, der teilweise für die Kampagne verantwortlich war, die Maharadscha Duleep Singh unterstützte, den Thron der Punjab-Region zu besteigen, und ihn ermutigte, auf den spirituellen Weg zurückzufinden. Helena P. Blavatsky lernte ihn während ihrer ausgedehnten Reisen durch Indien kennen, und es wird behauptet, dass sie nach seinem Hinscheiden im Jahre 1887 Kontakt mit seiner Seele aufnahm.

Hoch entwickelte Seele

Wenn ich mich mit der Energie von Kuthumi verbinde, fühle ich die Gegenwart einer hoch entwickelten Seele. Er ist einer der Führer der Großen Weißen Bruderschaft. Seine Aura ist golden, und er ist der Bewahrer des Goldenen Strahls Alten Wissens. Er erscheint als Inder, mit einer leicht braunen Hautfarbe und dunklen Augen. Er trägt ein Kaftan-Hemd mit hohem Kragen und eine aufwendig mit Perlen bestickte Kappe, ähnlich einer Baskenmütze. Seine Energie ist bescheiden, ehrenhaft und stark.

Da sein letztes Leben der Spiritualität gewidmet war und viele seiner anderen Inkarnationen zu einer heilenden Veränderung auf der Erde beigetragen haben, ist es Kuthumis Mission, allen Seelen dabei zu helfen, sich auf ihren spirituellen Weg zu begeben. Er ermutigt uns, eine innige Verbindung zur göttlichen Quelle herzustellen, um eine dauerhafte spirituelle Erfahrung zu machen.

Ein spiritueller Pförtner

Alle, die als Medium oder Channeller aktiv sind, benötigen einen spirituellen Pförtner, um mit ihm zu arbeiten. Diese Wesen sind engelsgleiche Rauswerfer, die den Raum freihalten für alle, die sich auf eine transzendentale Ebene begeben. Dabei geht es weniger darum, negative Energien draußen zu halten, sondern mehr um unseren Schutz, da wir besonders verletzlich sind, wenn wir unser Herz in diesem Zustand öffnen.

Kuthumi übernimmt die Rolle des spirituellen Pförtners für alle, die sich an ihn wenden. Wenn Sie dabei sind, Ihre intuitiven und spirituellen Sinne zu entwickeln, um heilende Energie zu channeln oder Botschaften von der geistigen Ebene zu übermitteln, oder wenn Sie bereit sind, diese Ebene genauer zu erforschen, können Sie ihn bitten, Sie in sein goldenes Licht des Schutzes einzuhüllen. Kuthumi ist ein wundervoller Geistführer für jeden, der als Energiearbeiter tätig ist, tief in die Welt der Spiritualität eintauchen und dabei seinen eigenen Weg verfolgen möchte.

Der Goldene Strahl Alten Wissens

Der Goldene Strahl ist eine spirituelle Energie, die wir von der göttlichen Quelle zu uns herunterladen können, um Zugang zu tieferem Wissen zu bekommen. Wenn wir uns mit dieser Energie verbinden, erwecken wir all die Weisheit, die wir in unseren vergangenen Inkarnationen gesammelt haben, und darüber hinaus die Informationen, die direkt aus dem Herzen der Schöpfung kommen und in unserem Energiekörper gespeichert sind. Bereits die simple Affirmation: »Ich bin bereit, aufzuwachen und mich an das alte Wissen in meiner Seele zu erinnern!«, regelmäßig ausgesprochen, wird uns erlauben, nach und nach alle in uns gespeicherten alten Erinnerungen und Informationen freizulegen.

Eine andere Art, die Energie alten Wissens zu erwecken, besteht darin, den Goldenen Strahl in unser drittes Auge, oder Ajna, zu ziehen. Dies ist das Energiezentrum unserer spirituellen Vision und davon, wie wir die Welt sehen. Wenn wir unseren weiteren Weg nicht erkennen können, weil wir blockiert, aus dem Gleichgewicht oder von den aktuellen Umständen überfordert sind, können wir Ajna mithilfe des Goldenen Strahls erwecken, um die Dinge anders zu betrachten. Letzten Endes geht es beim Erwecken des goldenen Ajna darum, die Welt mit den Augen eines erleuchteten Meisters zu sehen (siehe die Aktivierung weiter unten).

Kuthumi hilft uns, die alte Weisheit zu wecken, damit wir eine nachhaltige und tiefgehende Verbindung mit unserer spirituellen Vision herstellen können. Er weiß, wie es ist, als Mensch den spirituellen Weg zu beschreiten und sich den vielen Herausforderungen zu stellen, die damit einhergehen. Kuthumi hilft uns dabei, unsere irdische Existenz mit unseren spirituellen Überzeugungen in Einklang zu bringen.

Besuch in Shambhala

Kuthumi ist auch einer jener Meister, die uns helfen können, den ätherischen Rückzugsort Shambhala zu erleben, ein spirituelles Königreich, das die Weisheit vieler Ältester, spiritueller Vorfahren, Lichtwesen und Meister sowie die erleuchtete Perspektive der Hohen Lamas des Ostens beheimatet. Obgleich es in den Bergen des Himalaja liegt, befindet es sich auf einer höheren Schwingungsebene. Wir können darum bitten, im Traum oder in der Meditation dorthin gebracht zu werden, oder spirituelle Upgrades direkt von dort herunterladen.

Während einer Ausbildung zur Klangheilung machte ich eine Übung mit einer meiner kristallenen Klangschalen. Ein Bestandteil der alchemistischen Legierung dieser Klangschale ist tibetisches Kupfer, und als ich mit geschlossenen Augen spielte, fühlte ich mich umgehend auf den Gipfel eines schneebedeckten Berges versetzt. Obwohl ich nur weniger als fünf Minuten dort war, hatte ich die intensive Vision, in Decken eingewickelt zu sein, und sah eine Gemeinde von Mönchen und Lamas, die Obertongesang übten und dabei einen tiefen, kehligen, vibrierenden Ton erzeugten. Ich fühlte, wie diese Energie mein Wesen erfüllte, und begann dann, diesen Ton mit meiner eigenen Stimme zu erzeugen. Ein tönender Klang drang aus meiner Kehle, überlagert von hohen »Pfeiftönen«. Als es vorbei war, kam ich auf meinem Teppich wieder zu mir und fragte mich: »Was ist da gerade passiert?« Später reflektierte ich das Erlebnis während meiner Meditation und vernahm innerlich, dass ich nach Shambhala gebracht worden war, um eine Klanginitiation zu empfangen. Es war ein unvergessliches Erlebnis.

Arbeiten mit Kuthumi

Mit Kuthumi zu arbeiten kann Ihnen helfen:

- Ihre spirituelle Verbindung zu vertiefen
- sich auf die Energie der Hingabe einzustimmen
- sich mit dem alten Wissen Ihrer Seele zu verbinden
- sich sicher zu fühlen, wenn Sie tiefergehende spirituelle Erfahrungen machen

Diese Aktivierung zieht die Energie des Goldenen Strahls in Ihr drittes Auge, um die uralte Weisheit in Ihrem Inneren zu erwecken und Ihnen eine erweiterte und erleuchtete Sicht auf die Welt und Ihren spirituellen Weg zu ermöglichen.

Aktivierung des alten Wissens

Nehmen Sie sich ein paar Minuten Zeit, um Ihr Bewusstsein auf Ihren Atem und Ihren Körper zu richten. Falls es irgendeinen Bereich in Ihrem Körper oder Bewusstsein gibt, der mehr Zeit braucht, lassen Sie es zu und richten Sie Ihren Atem dorthin.

Schicken Sie Ihr Atembewusstsein zu Ihrem dritten Auge. Schließen Sie die Augen und richten Sie Ihren inneren Blick nach oben und nach innen zu dem Raum zwischen Ihren Augenbrauen.

Treten Sie in dieses Energiezentrum. Machen Sie sich damit vertraut. Wie fühlt die Energie sich an?

Falls sie sich kraftlos anfühlt, lassen Sie den Kopf sinken und bedecken Sie mit den Handflächen Ihre Stirn. Visualisieren Sie liebevolle Energie, die von der Quelle des Lichts in Ihr Herz, Ihre Hände und dann in dieses Zentrum strömt. Wenn Sie fühlen, dass es genug ist, legen Sie Ihre Hände entspannt zur Seite.

Prüfen Sie die Energie noch einmal. Was möchte diese Energie Sie wissen lassen?

Falls Sie das Gefühl haben, in der Vergangenheit die Gaben des dritten Auges nicht genutzt zu haben, nehmen Sie sich einen Moment Zeit, um sich dieser Tatsache bewusst zu werden. Stellen Sie klar, dass Sie bereit sind, das jetzt zu ändern und die alte Weisheit Ihrer Seele zurückzufordern.

Sprechen Sie die Affirmation:

Ich bin bereit, alle karmischen Schulden oder Zweifel zu beseitigen, die zwischen mir und meinen Gaben sowie der uralten Weisheit stehen.

Dann laden Sie die Energie des Goldenen Strahls wie folgt ein:

- Visualisieren Sie, wie sich der Scheitelpunkt Ihres Kopfes öffnet. Sehen Sie goldene Lichtenergie, die aus dem Herzen der Quelle von oben in Ihren Kopf strömt und Ihr drittes Auge durchspült.
- Visualisieren Sie, wie Ihr drittes Auge aus seinem Schlummer erwacht. Sehen Sie, wie seine Energie golden wird, von Licht erfüllt. Stellen Sie sich vor, wie diese Energie das Licht alten Wissens in Ihrem Inneren erweckt.
- Dann sprechen Sie die folgende Aktivierung aus:

Danke, erleuchteter Meister Kuthumi, dass du mich mit deiner Gegenwart und deinem Licht segnest.
Danke, dass du meine Frequenz mit dem Goldenen Strahl der Weisheit erhöhst.
Ich heiße dich in diesem ungeheuren Licht willkommen, weil es die Gaben und die Weisheit aktiviert, die ich zuvor aufgegeben, abgelehnt oder ignoriert habe.
ICH BIN erfüllt mit dem Licht des Goldenen Strahls der Quelle.
ICH BIN aktiviert durch das Licht des Goldenen Strahls der Quelle.
ICH ERWECKE die uralte Weisheit des Lichts der Quelle in mir.

ICH BIN verbunden mit dem Licht des Goldenen Strahls der Quelle.
Danke, Kuthumi, dass du mein spiritueller Pförtner bist und mich beschützt, während das alte Wissen erwacht, das in mir verborgen liegt.
Danke, dass du mich auf meinem Weg führst und mir hilfst, wieder eine tiefe und hingebungsvolle Verbindung mit der Quelle zu erlangen, auf dass ich mich mehr verbunden, unterstützt und im Einklang mit meiner spirituellen Vision fühlen kann.
ICH BIN bereit, die Welt mit anderen Augen zu betrachten.
ICH BIN bereit, die Welt durch den Goldenen Strahl der Quelle zu betrachten.
ICH BIN erwacht.
ICH BIN aktiviert.
ICH BIN im Einklang.
Und so ist es.

Sie sind jetzt im Einklang mit dem Goldenen Strahl der Quelle. Nehmen Sie diese Aktivierung immer dann vor, wenn Ihrer Vision Grenzen gesetzt werden. Kuthumi wird Ihr Freund und Führer sein.

Maat

Maat ist eine antike ägyptische Göttin, die Wahrheit, Harmonie und Balance verkörpert. Sie erschien zum ersten Mal während der Zeit des Alten Königreichs und ist eine der ältesten Formen der himmlischen Göttin der Gerechtigkeit. Sie wird mit Flügeln abgebildet, die oft mit himmlischen Wesen assoziiert werden oder der Fähigkeit, die Welt von einer höheren Warte aus zu betrachten. Daher ist sie dem ähnlich, was wir heute Engel nennen – ein Wesen, das vom Himmel aus über uns wacht.

Die Ägypter der Antike hatten eine tiefe Ehrfurcht vor den Göttern und wussten, dass eine spirituelle Macht über sie wachte. Maat war diese Macht. Sie war in der Lage, das System wieder ins Gleichgewicht zu bringen, ähnlich wie es das Karma tut. Es wurde gesagt, dass zum Zeitpunkt des Todes die Seele zu ihrem Tempel gebracht wurde, wo die Göttin, die heilige Waage der Gerechtigkeit in Händen haltend, wartete. Sie legte die Entscheidungen des Lebens auf die eine Waagschale und die göttliche Feder auf die andere. Wenn die Waagschalen im Gleichgewicht waren oder sich zur Seite der Feder neigten, sprach dies für gute moralische Entscheidungen, und die Seele konnte ihre kosmische Reise fortsetzen. Neigten sich die Waagschalen zur Seite der Entscheidungen des Lebens, zeugte dies von mangelnden moralischen Werten, und die Seele wurde in die Unterwelt geschickt, um nach Vergebung zu suchen.

Harmonie wiederherstellen

Die Energie von Maat ist kraftvoll und engelsgleich, und wann immer ich mit ihr Kontakt aufnehme, habe ich tatsächlich das Gefühl, dass sie teils Engel, teils Göttin ist. Sie hat eine göttliche goldene Energie, die den ganzen Raum erfüllt, und ich sehe sie vor mir als eine afrikanische Frau, mit geflochtenem Haar, das hoch auf ihrem Kopf zusammengebunden ist. Sie ist mit goldenen Edelsteinen und leuchtenden Juwelen geschmückt. Ihre Augen sind gleichzeitig dunkelbraun und golden. Sie erinnert mich an eine Löwin – wild, anmutig und gelassen.

Einmal, als ich ihre Nähe fühlte, hörte ich die Worte:

Ich bin verkörperte Gerechtigkeit, ich stelle die Harmonie wieder her.
Wende dich an mich, und ich werde deine Welt einmal mehr mit Harmonie segnen.

Ich fühlte mich gesegnet, als ich diese Worte hörte, und erkannte, dass Maats Energie mit Ausgleich und Frieden zu tun hat. Sie ist eine göttliche energetische Macht, die der Harmonie und Balance gewidmet ist. Die Geschichte von ihren Waagschalen der Gerechtigkeit zeigt, dass wir bei moralischen Fehlentscheidungen und einer mangelnden ethischen Ausrichtung von der Hölle unseres eigenen Bewusstseins gequält werden können.

In der Vergangenheit ermutigte Maat ihr Volk, ein Leben in Würde zu führen und auf andere Rücksicht zu nehmen. Heute ermutigt sie uns, Balance und Harmonie in unserem Leben wiederherzustellen. Sie hilft uns, das Licht der Quelle anzuziehen, um den Schmerz vollständig zu überwinden und die Ängste und Sorgen in bestimmten Situationen loszulassen. Wenn Sie zum Beispiel Streit mit einem geliebten Menschen haben oder eine schwierige Scheidung durchmachen, wird diese Meisterin der Gerechtigkeit herbeikommen, alle Beteiligten segnen und die ganze Situation auf die bestmögliche harmonische Lösung hinlenken.

Falls es in Ihrer Vergangenheit etwas gibt, das Sie bereuen oder von dem Sie sich verfolgt fühlen, kann Maat Ihnen helfen, Frieden damit zu schließen und darauf zu vertrauen, dass all Ihre Erfahrungen Sie zu dem Gewahrsein und den moralischen Grundsätzen geführt haben, die Sie heute in Ihrem Herzen tragen.

Arbeiten mit Maat

Mit Maat zu arbeiten kann Ihnen helfen:

- zu verstehen, was die richtige Entscheidung ist
- die Harmonie in einer schwierigen Situation wiederherzustellen
- schwierige Zeiten und rechtliche Angelegenheiten durchzustehen
- zu vertrauen, dass Ihre Vergangenheit aus gutem Grund Vergangenheit ist.

Maats Aktivierung ist ein bewusstes Gebet, das die Energie der Harmonie erweckt. Sie schickt eine goldene Energiewelle, um Situationen zu klären, sowohl bewusste als auch unbewusste, löst karmische Schuld auf und schafft Raum für Harmonie und Heilung in Ihrer Welt.

Aktivierung kosmischer Harmonie

Atmen Sie tief ein und aus.

Wenn es irgendwelche Angelegenheiten oder Situationen in Ihrem Leben gibt – vergangene oder gegenwärtige – die Sie ins Gleichgewicht bringen möchten, holen Sie sich diese jetzt ins Bewusstsein.

Wenn es irgendwelche Entscheidungen aus Ihrer Vergangenheit gibt, die Sie bis heute verfolgen, Erfahrungen, die Sie lieber vermieden oder geändert hätten. oder Aspekte Ihrer Vergangenheit, die Sie bereit sind loszulassen, überprüfen Sie sie jetzt. Anstatt sich in das Drama hineinziehen zu lassen, überfliegen Sie die Situation kurz, so als würden Sie alte Schwarz-Weiß-Fotos durchblättern.

Wenn Sie bereit sind, sagen Sie:

Maat, kosmische Wächterin, Verkörperung universeller Gerechtigkeit,
Ich rufe deine goldene Präsenz jetzt herbei.
Danke, dass du mir hilfst, vertrauensvoll all die Energien und Erfahrungen aus meiner Vergangenheit loszulassen, die mich heute daran hindern könnten, Harmonie und Freude zu erfahren.
Führe mir deine Waagschalen der Gerechtigkeit vor Augen und stelle Frieden und Harmonie in meiner Welt wieder her.
Danke, dass du mir hilfst, das Licht der Vergebung auf mich selbst scheinen zu lassen.
Danke, dass du mir hilfst, meine Sichtweise auf andere Menschen zu verändern, wenn ich das Gefühl habe, dass sie ungerecht gehandelt haben.

Danke, dass du mir hilfst, die Kraft zu finden, die nötigen Veränderungen vorzunehmen, um mich stärker auf Harmonie und das Licht auszurichten.
Danke, dass du mir hilfst, die Sichtweise meines Egos und seiner einengenden Vorstellungen, die es in meinem Kopf erzeugt, hinter mir zu lassen.
Göttliche Maat, zerbrich alle Ketten, zertrenne alle negativen Fesseln und reiße die Schranken der Angst nieder.
Ich bin bereit, erneut in Harmonie zu leben.
Ich bin ein Friedensbringer.
Ich liebe aus einem Gefühl der Wahrheit.
Ich heiße das Licht der Harmonie in meiner Welt willkommen.
Und so ist es.

Wenn Sie mit dieser Aktivierung fertig sind, zünden Sie zu Ehren Ihrer Vergangenheit eine Kerze an. Das Licht repräsentiert Ihre neu gewonnene Weisheit.

Mahavatar Babaji

Mahavatar Babaji, auch einfach als Babaji bekannt, ist ein Meisteryogi und der Bewahrer des Lichts Christi in Indien. Sein Name wurde durch das vielgeschätzte Buch »Autobiografie eines Yogi« von Paramahansa Yogananda bekannt.

Im Sanskrit bedeutet das Wort *meha* so viel wie »groß«, *avatar* »Abstammung/Herkunft«, und *babaji* »Vater« oder »Großvater«. Daher ist Mahavatar Babaji der Große Inkarnierte Vater. Im Hinduismus ist der Glaube weit verbreitet, dass ein Avatara die Inkarnation einer Gottheit oder göttlichen Wesenheit ist.

Ein 2000 Jahre alter Yogi

Laut Paramahansa Yogananda wurde Mahavatar Babaji im Jahre 203 in einem kleinen Fischerdorf im südindischen Tamil Nadu geboren. Sein Geburtsname war Nagaraj, was »König der Schlangen« bedeutet – ein Hinweis auf die Kundalini-Energie, die wir alle in unserem Innen tragen (siehe Seite 99). Bereits mit 15 Jahren ging er auf eine spirituelle Reise, auf der er in alte Yoga-Praktiken eingeweiht wurde. Unter anderem erlernte er Kriya-Yoga (Reinigung) und Pranayama (yogische Atemtechniken). Danach setzte er seinen Weg fort in den Himalaya, um tief in spirituelle Studien einzutauchen und schließlich ein *Siddhu* zu werden, ein Begriff aus dem Yoga, der ein perfektes Wesen beschreibt, ähnlich einem Buddha.

Die Geschichte besagt, dass Mahavatar Babaji auf eine innere und äußere Reise ging, um die heilige Kraft des Yoga zu erforschen. Yoga ist letztendlich die mentale, physische und emotionale Praxis der Vereinigung von Geist und Körper. Man sagt, dass die junge Seele Babajis durch seine Übungen so von der ihn umgebenden göttlichen Lebenskraft Prana bezaubert und mit ihr verbunden wurde, dass er allein vom göttlichen Licht genährt wurde. Er sagte sich komplett von seinem Ego los, ließ seinen Körper auf zellularer Ebene von reinem Licht durchdringen und transzendierte somit Leben und Tod. Er traf jedoch die Entscheidung, auf der irdischen Ebene zu bleiben, um allen Menschen ein hochverehrter Lehrer zu werden, die ihn um seine Hilfe baten, vor allem jenen, die das Einswerden durch Yoga erreichen wollten.

Mahavatar Babaji stieg als junger Mann auf. Wenn ich ihn hellsehe, sieht er jugendlich aus, mit langem fließendem Haar, dunkler brauner Haut und tiefbraunen Augen, die meine Seele durchdringen. Er trägt einen simplen Lendenschurz. Licht strahlt von ihm aus.

Babaji hilft dabei uns mit der unendlichen Gegenwart und dem Licht Gottes zu verbinden, damit wir tief in unserem Herzen wissen, dass wir Teil des göttlichen Plans sind. Es wird gesagt, dass er willentlich eine vollkommen menschliche Gestalt annehmen und dann in eine spirituelle Form zurückkehren kann. Er hat einen verborgenen Tempel in den Bergen des Himalaja, und dieser heilige Ort wird Adepten und wandernden Yogis erscheinen, wenn sie bereit sind, in die alten Weisheiten eingeweiht zu werden.

Yogananda teilt uns mit, dass sich Jesus während seiner »verlorenen Jahre« auf seine eigene Seelenreise begab und Kontakt mit Mahavatar Babaji aufnahm, der ihn in Kriya-Yoga einweihte und die Weisheiten und Praktiken des Yoga lehrte. Obwohl es nicht bewiesen werden kann, stimmt es nachdenklich. Indische Siddhas sind beeindruckende Persönlichkeiten – sie können auf einem Nagelbett liegen und Schmerzen überwinden. Es wird sogar behauptet, sie seien in der Lage, zu levitieren und in der Luft zu schweben. Vielleicht war Jesus Christus in der Lage, auf dem Wasser zu laufen und die Schmerzen der Kreuzigung zu ertragen, weil er ein Meister yogischer Atemtechnik war. Etwas, das man in Betracht ziehen könnte.

Paramahansa Yogananda sagt:

Der Mahavatar ist in ständiger Verbindung mit Christus; gemeinsam senden sie Schwingungen der Erlösung aus und haben die spirituelle Technik der Erlösung für dieses Zeitalter geplant. Die Arbeit dieser beiden vollständig erleuchteten Meister – der eine verkörpert, der andere ein Geistwesen – besteht darin, die Nationen zu inspirieren, selbstmörderische Kriege, Rassenhass, religiöses Sektierertum und die zerstörerischen Aspekte des Materialismus aufzugeben.

Arbeiten mit Babaji

Mit Babaji zu arbeiten kann:

- Ihnen auf dem Weg des Yoga helfen
- Ihnen helfen, Körper, Geist und Seele in Einklang zu bringen
- Sie dabei unterstützen, eine klare Verbindung zum Göttlichen herzustellen
- Ihnen helfen, das Licht Christi auf Erden zu verkörpern

Mahavatar Babajis Aktivierung ist ein belebender Prozess, der Ihnen erlaubt, reines Bewusstsein herunterzuladen und das Christuslicht in Ihrem Herzen zu erwecken.

Aktivierung der kosmischen Ausdehnung

Visualisieren Sie sich selbst, umgeben von einem reinen goldenen Licht, und sprechen Sie diese Worte:

Mahavatar Babaji, ewiger Yogi, Meister des Lichts Christi,
Danke, dass du deine heiligen Lehren und Weisheit in meine Seele herunterlädst.
Danke, dass du mich zu den verborgenen Tempeln des Himalaja führst, damit ich das kraftspendende Licht des Kosmos empfangen kann.
Ich heiße das Licht Christi in meiner Seele willkommen, um meine Kundalini-Energie zu aktivieren und meine Frequenz neu zu konfigurieren.
Licht Christi, vereinige dich mit meinem Körper.
Licht Christi, vereinige dich mit meinem Geist.
Licht Christi, vereinige dich mit meiner Seele.
ICH BIN mit der Energie reinen Bewusstseins verbunden.
ICH BIN erfüllt von unendlichem Licht und Prana.
Ich erlaube meiner Seele und meinem ganzen Wesen sich auszudehnen.
Und so ist es.

Mutter Maria

Maria, die Mutter von Jesus – oder Maria von Nazareth – war eine einfache Frau aus dem ersten Jahrhundert, deren göttliche Aufgabe es war, eine heilige Liebe in die Welt zu bringen. Wie bereits an früherer Stelle erwähnt, verstarb sie nicht einfach zum Zeitpunkt ihres irdischen Todes, sondern fuhr zum Himmel. Ihre Seele wurde von Engeln hinaufgetragen, und sie selbst wurde zu einer engelsgleichen Präsenz, zur Königin der Engel.

Obgleich Maria eng mit dem Christentum verbunden ist – vor allem mit der katholischen Kirche, die sie als die wichtigste Figur nach Jesus betrachtet –, ist es wichtig, darauf hinzuweisen, dass ihre Energie über konfessionelle Schranken hinausgeht und sie sich mit jedem verbinden wird, dessen Herz offen ist für ihre göttliche Liebe.

Beschützerin der Mütter und Kinder

Da Maria die Mutter von Jesus war, wird sie als göttlicher Elternteil betrachtet, der beschützt und führt. Sie hat eine besondere Verbindung zu Müttern und Kindern, doch jeder kann sich an sie wenden, und wie eine mütterliche Figur wird sie ihn in ihr Licht einhüllen. Ich habe das Gefühl, dass kaum eine andere Energie des Himmels einen solch starken Schutz bietet wie ihre, da so viele Menschen weltweit sie verehren und in tiefstem Vertrauen um ihre Hilfe bitten.

Mutter Maria hat ein reines Herz – ihre Liebe ist göttlich. Es ist normal, dass alle, die sich mit ihr verbinden, von Gefühlen überwältigt sind. Jedes Mal, wenn ich mich mit ihrer Energie verbinde oder sie bei der Energiearbeit mit anderen erlebe, werde ich hoch emotional. Es ist, als könne mein menschliches Selbst die Liebe, die Maria der Erde bringt, nicht voll erfassen. Ihre Liebe ist bedingungslos – es spielt keine Rolle, wer Sie sind oder was Sie in der Vergangenheit getan haben, sie wird Ihnen ihr Herz öffnen und Sie in ihr heiliges Licht hüllen.

Saphirblaues Licht

Marias Energie zeigt sich als saphirblaues Licht. Sie ist eine der Hüterinnen des Saphirblauen Strahls, der spirituellen Energie, die mit dem Ausdruck unseres Willens verbunden ist und uns erlaubt, das Licht und den Schutz der göttlichen Quelle zu erfahren. Um Maria in Ihrem Leben willkommen zu heißen, können Sie sich selbst visualisieren, eingehüllt in saphirblaues Licht. Sorgen Sie sich nicht, wenn Sie in der Vergangenheit noch keinen Kontakt mit ihr aufgenommen haben – sie wird es Ihnen nicht übel nehmen. Sie ist bereit, jeden auf seinem weiteren Weg zu unterstützen.

»Fürchte dich nicht« und JA!

Eine der aussagekräftigsten Geschichten über Marias göttliche Aufgabe ist die Verkündigung an Maria, als Erzengel Gabriel die Ankunft Jesu verkündete. Es geschah eines Nachts, als Maria schlief und sie von einer göttlichen Lichtgestalt geweckt wurde, die am Fußende ihres Bettes stand. Es war Erzengel Gabriel in seiner geistigen Form. Er sagte: »Fürchte dich nicht, denn ich bin ein Engel des Herrn.« Maria fühlte die Gegenwart von Liebe und hörte sich an, was der Engel ihr zu sagen hatte. Gabriel fuhr fort und sprach zu Maria über ihr zukünftiges Leben, dass sie einen ganz besonderen Sohn gebären würde, er würde Jesus heißen und in der ganzen Welt als König der Könige bekannt werden.

Als Gabriel Maria ihr Leben offenbart hatte (ich glaube, das Ganze geschah durch eine innere Vision, in der sie auf eine Reise in die Zukunft mitgenommen wurde), fühlte sie, dass sie bei all dem ein Mitspracherecht hatte. Sie könnte ablehnen und sich weigern, doch sie tat es nicht. Vielmehr sagte sie: »Möge alles, was du mir gesagt hast, genauso geschehen.«

Lassen Sie uns dieses eindrucksvolle Ereignis genauer anschauen. Als Erstes hatte Maria die Vision eines Engels. Ein göttliches Wesen, das unangemeldet erscheint, könnte jeden von uns erschrecken, doch wenn Engel zu uns kommen, werden wir von ihrer unendlichen Liebe erfüllt und fühlen uns sofort sicher. Was Gabriel wirklich meinte, als er Maria sagte, sie solle keine Angst haben, war: »Fürchte dich nicht, so mächtig zu sein.«

Das ist eine wichtige Lektion. Maria war eine Frau, und sie empfing einen persönlichen Download aus der Sphäre der Engel. Man hatte sie gelehrt, dass Engel nur Propheten und Rabbinern erscheinen, und jetzt war sie es, der diese göttliche Begegnung zuteilwurde. Es muss überraschend gewesen sein, völlig unerwartet. Doch es war auch eine Lektion für die Welt: Frauen sind würdig, dem Göttlichen zu begegnen; die Erfahrungen von Frauen sind wichtig.

Auch der nächste Teil der Vision ist von großer Bedeutung, da er spirituelle Überzeugungen weltweit beeinflusst hat. Als Gabriel die Prophezeiung verkündete, wusste Maria instinktiv, dass sie eine Wahl hatte. Sie konnte ablehnen. Sie konnte um eine Alternative bitten. Wenn es um unseren Lebensweg und unsere Lebensaufgabe geht, haben wir immer eine Wahl. Wenn wir das Gefühl haben, irgendetwas funktioniert nicht für uns oder ist nicht im Einklang mit unserem Besten, können wir um eine Alternative bitten. Das ist okay. Außerdem können wir spirituelle Hilfe ersuchen, wenn wir möchten; doch sie wird uns erst zuteil, wenn wir darum bitten.

Arbeiten mit Mutter Maria

Die Arbeit mit Mutter Maria hilft Ihnen:

- sich auf allen Ebenen zu schützen
- Ihre Verbindung zu den Engeln zu verbessern
- Ihren spirituellen Weg zu finden
- Ihr göttliches Recht anzunehmen, machtvoll zu sein

Mutter Marias Aktivierung ruft den Saphirblauen Strahl aus dem Herzen der Quelle herbei, damit Sie sich sicher und beschützt fühlen, während Sie Ihre gottgegebene Macht annehmen.

Aktivierung des heiligen Schutzes

Atmen Sie tief und bewusst. Visualisieren Sie sich selbst, eingetaucht in blaues Licht.

Heißen Sie Mutter Maria mit folgenden Worten willkommen:

Heilige Mutter Maria, Mutter Gottes, Königin der Engel,
Ich heiße deine Gegenwart in diesem Raum willkommen.
Ich danke dir und deinen heiligsten Engeln dafür, die Hindernisse, Sorgen, Befürchtungen und anderen Energien zu beseitigen, die meine Energie trüben.
Danke, dass du aus meinem Energiefeld alle niederen Schwingungen, Energien, Fremdkörper oder Programmierungen entfernst, die meiner Größe im Wege stehen.

Danke, dass du mich mit deiner Liebe einhüllst.
Ich bin erfüllt von göttlichem Licht und Liebe.
Danke, dass du in allen Richtungen ein spirituelles Kraftfeld des Lichts um meine Energie ziehst, das nur liebevolle Erfahrungen willkommen heißt.
ICH BIN beschützt durch das saphirblaue Licht von Mutter Maria.
ICH BIN von dem saphirblauen Licht Mutter Marias umhegt.
ICH WERDE von Mutter Maria geliebt.
Heute entscheide ich mich, keine Angst zu haben.
Ich erwecke meine innere Macht.
Furchtlos betrete ich den Weg des Lichts.
ICH BIN das Licht.
Und so ist es.

Maria Magdalena

Den Evangelien zufolge war Maria Magdalena eine der wenigen Frauen, die mit Jesus gereist sind und seine geistige Mission unterstützt haben. Ihr Name bedeutet »Maria von Magdala«. Magdala war ein kleines Fischerdorf am westlichen Ufer des Sees Genezareth, und in jenen Tagen zeigte der Name eines Menschen häufig an, woher er kam.

Nach dem Lukas-Evangelium war Maria Magdalena die Frau, bei der Jesus sieben Dämonen austrieb. Diese Geschichte finden wir auch im Markus-Evangelium. In christlichen und gnostischen Kreisen ist spekuliert worden, dass Maria Magdalena eine Frau war, die ihre eigenen Dämonen bezwang, dass sie also persönliche Herausforderungen oder sogar Probleme mit ihrer geistigen Gesundheit überwand, die damals als »dämonische Besessenheit« betrachtet wurden, da es zu jener Zeit weder Psychiater noch Psychologen gab, um Leidenden beizustehen.

Engel-Seherin und Apostelin der Apostel

Was immer hinter Maria Magdalenas »Dämonen« gesteckt haben mag, fest steht, dass sie »die Apostelin der Apostel« war – Lehrerin der Lehrer. Die Geschichte besagt, dass Jesus nach der Kreuzigung in einer Gruft zur Ruhe gelegt wurde. Eines Morgens ging Maria Magdalena zu der Gruft und merkte, dass der Stein, der den Eingang blockiert hatte, zur Seite geschoben worden war. Sie ging hinein und konnte Jesus nicht finden. Stattdessen standen dort zwei Engel, einer an der Stelle, wo Jesus Kopf gewesen war, und der andere am Fußende. Sie begann zu weinen.

Die Engel sahen sie voller Mitgefühl an und fragten: »Warum weinst du?«

Maria erwiderte: »Sie haben meinen Lehrer entführt. Habt ihr meinen Lehrer gesehen?«

Während sie von Trauer überwältigt wurde, fühlte sie eine Hand auf ihrer Schulter und hörte, wie jemand ihren Namen sagte. Sie wandte sich um, und da stand ein Mann, doch sie erkannte ihn nicht.

»Maria«, sagte er.

Dann sah sie, dass es Jesus war, vollkommen geheilt und in Licht gebadet. Sie fiel vor ihm auf die Knie.

Danach trug Jesus Maria Magdalena eine spezielle Mission auf. Er lehrte sie geheimes Wissen und spirituelle Informationen, mit der Bitte, diese in die Welt zu tragen.

Nach dieser persönlichen Begegnung mit dem auferstandenen Christus ging Maria Magdalena zurück zu den Jüngern, um ihnen mitzuteilen, dass Jesus auferstanden war und was er ihr gesagt hatte. Zu Beginn waren viele der Jünger schockiert und stellten Maria Magdalenas Autorität infrage. Wer glaubte sie, dass sie sei, um ihnen irgendetwas zu sagen? Doch Matthäus Levi meinte: »Der Erlöser hat sie würdig gemacht, wer sind wir, sie zurückzuweisen? Er liebte sie mehr als uns.« Und nachdem die Apostel überzeugt waren, gingen sie hinaus in die Welt, um unter Maria Magdalenas Führung das christliche Evangelium zu verbreiten.

Also war Maria Magdalena der Beweis, dass Frauen spirituelle Führerinnen sein konnten. Zunächst einmal hatte sie die Fähigkeit, Engel zu sehen. Ich glaube, dass bei ihrem Besuch in der Gruft der physische Körper von Jesus präsent war, aber seine Seele den Körper verlassen hatte. Die Engel öffneten ihre geistigen Augen, damit sie die göttliche Gestalt Jesu erblicken und ihrerseits Apostelin der Apostel werden konnte.

Zur damaligen Zeit stand das Heilige Land jedoch unter römischer Herrschaft, und die Menschen waren weder bereit für die heiligen Lehren Jesu, noch dafür, Frauen als spirituelle Führer anzuerkennen. Also wurde Maria Magdalena aus dem Heiligen Land vertrieben. Sie verließ das Land auf einem Schiff, zusammen mit einem Mädchen namens Sarah, höchstwahrscheinlich ihrer Tochter, Joseph von Arimathäa, der entweder Marias oder Jesus Onkel war, Maria, der Mutter von Jesus, und wohl noch ein paar anderen. Sie gingen im Süden von Frankreich an Land, wo Maria Magdalena eine Einsiedelei errichtete und den Rest ihrer Tage der spirituellen Praxis widmete.

Maria Magdalena ist eine spirituelle Figur, zu der ich eine starke Verbindung habe. Sie ist eine mächtige feministische Heilige, und bevor ich überhaupt ihre ganze Geschichte gekannt habe, hatte ich einen Traum, in dem ich zu einer Höhle gebracht und dort von einer Frau mit einem roten Schleier vor dem Gesicht begrüßt wurde, die sagte: »Willkommen in der Höhle deines Herzens.« Dann wachte ich auf.

Maria Magdalena ist die Lehrerin der Lehrer, die das Ende ihres Lebens in einer Höhle zubrachte, damit wir es nicht tun müssen. Genau wie Christen glauben, dass Jesus gestorben ist, um uns zu erretten, so hat Maria Magdalena in gewisser Weise einen Schicksalsschlag auf sich genommen, damit er uns erspart bleibt. Auf spiritueller Ebene ist ihre Energie darauf ausgerichtet, jenen unter uns, die sich versteckt halten, zu helfen, aus ihrer »Höhle« herauszutreten und ihr Licht und ihre Gaben mit der Welt zu teilen.

Arbeiten mit Maria Magdalena

Mit Maria Magdalena zu arbeiten:

- hilft Ihnen, den inneren Lehrer zu erwecken
- ermutigt Sie, Ihre Komfortzone zu verlassen

- gibt Ihnen die Kraft und das Selbstvertrauen, Ihr Licht mit der Welt zu teilen
- unterstützt den Prozess der Vergebung

Wenn Sie in Ihrem Herzen die Aufgabe verspüren, Heilung und Veränderung in die Welt zu bringen, werden Maria Magdalena und ihre Engel Ihnen dabei helfen. Sie erlaubt Ihnen, die Kraft, die Sie durch Ihre früheren Lebenserfahrungen gewonnen haben, zu nutzen, um weiterzumachen und der Lehrer zu werden, der zu sein Sie geboren wurden.

Maria Magdalenas Aktivierung ist ein bewusstes Gebet, um den Lehrer in Ihrem Inneren zu erwecken. Es ermutigt Sie, diesen Lehrer hervortreten zu lassen und ein Licht für die Welt zu werden.

Aktivierung des göttlichen Lehrers im Inneren

Konzentrieren Sie sich und atmen Sie ein paarmal tief ein und aus.

Nehmen Sie sich einen Moment Zeit, um über die einzigartigen Talente und Qualitäten Ihrer Seele zu reflektieren.

Wenn es einen Lehrer in Ihrem Inneren gibt und Sie bereit sind, ihn oder sie hervortreten zu lassen, fokussieren Sie sich jetzt darauf.

Dann rufen Sie Maria Magdalena herbei mit den Worten:

Maria Magdalena, Engel-Seherin, Apostelin der Apostel, danke, dass du mich in dein heiliges Licht einhüllst. Danke, dass du dein Herz auf das meine legst, damit ich mich mit der Quelle göttlicher Liebe verbinden kann.

Heute, in deiner Gegenwart, bin ich bereit, mich daran zu erinnern, wer ich wirklich bin.
Ich beschließe, mich mit den göttlichen Aspekten meines Wesens wieder zu vereinen.
Ich beschließe, mich an meine göttliche Vision zu erinnern und sie zu würdigen.
Ich beschließe, den göttlichen Lehrer in meinem Inneren anzuerkennen und hervorzurufen.
Danke, Maria Magdalena, dass du meine Führerin bist und mich aus der Höhle meines Herzens hinaus in die Welt führst.
Zu lehren heißt zu lernen.
Zu teilen heißt, unterstützt zu werden.
Ich erwecke den Lehrer in meinem Inneren.
Ich rufe den göttlichen Führer in meinem Herzen hervor.
Ich betrete den Weg des Lichts.
Ich erwecke den Lehrer in meinem Inneren.
Ich erwecke den Lehrer in meinem Inneren.
Danke, Maria Magdalena, dass du mir den Weg zeigst.
Ich bin aus der Höhle hervorgetreten.
Der innere Lehrer ist aktiviert.
Und so ist es.

Sobald Sie aus diesem Raum aufgetaucht sind, achten Sie auf die Botschaften, die Ihnen zugesandt werden und seien Sie offen dafür.

Melchisedek

Melchisedek, dessen Name so viel bedeutet wie »König der Rechtschaffenheit«, ist der erste Hohepriester, der in der Bibel genannt wird, derjenige, der alle großen Lehrer initiierte, die ihm folgten. Er findet in mehreren abrahamitischen Texten Erwähnung, einschließlich der Schriftrollen vom Toten Meer und des kabbalistischen Textes Zohar. Darüber hinaus ist er ein ewiger Torwächter des Lichts, der all jenen hilft, die den Weg der Spiritualität beschreiten und die ersten Schritte ergreifen, um sich mit dem Licht zu verbinden.

Am besten stellt man sich Melchisedek als eine Art Zauberer vor. Wenn Sie ihn anrufen, fühlt es sich an, als würden Sie mit Dumbledore aus den Harry-Potter-Büchern in Kontakt treten. Er ist ein extrem hochgewachsenes Wesen mit langem weißem Haar und langem Bart. Er trägt graue, silberfarbene und weiße Roben und eine Halskette mit einer Merkaba, einem dreidimensionalen, sechszackigen Stern. Seine Energie ist strahlend und klar – wie eine frische Brise. In seiner Gegenwart fühle ich mich, als würde ich in eine Welt der Wunder und des Lichts eintauchen – er schafft den Raum, alles möglich zu machen.

Bei der Durchsicht der Schriften und Texte, die Melchisedek erwähnen, habe ich festgestellt, dass dieser Hohepriester weithin geachtet und sogar als frühere Inkarnation von Christus betrachtet wurde. Als ich mich auf seine Energie einstimmte, um ein tieferes Verständnis zu erlangen, fühlte ich, dass er in der Tat jemand war, der das Licht Christi auf die Erde gebracht hat. Ich glaube wirklich, dass er den Weg für die zukünftigen Überbringer des Lichts Christi, wie Maria und Jesus, bereitet hat. Ich bezweifle, dass er eine Inkarnation von Christus war; doch mit Sicherheit war er ein großer spiritueller Lehrer, der nach seinem physischen Übergang aufgestiegen ist und meines Erachtens ein Meisterlehrer wurde, der Jesus half, die notwendigen ersten Schritte zu tun, um seine wichtige Rolle als Lehrer anzunehmen. Heute führt er all jene, die neue Wege beschreiten wollen.

Der Orden des Melchisedek

Im Neuen Testament erwähnt Jesus den Orden des Melchisedek. Dieser göttliche Orden von Lichtwesen, Engeln und Aufgestiegenen Meistern ist eine Versammlung energetischer Kräfte mit der Aufgabe, die Dunkelheit zu erleuchten und zu überstrahlen. Sie sind die Hüter des Lichts Christi und der Energie des Heiligen Geistes. Wo dieses Licht angerufen wird, kann keine Dunkelheit mehr existieren, und alles, was eine niedere Schwingung hat, wird in Licht umgewandelt. Erzengel Michael ist einer der Engel, die in diesem Orden reinen Lichts wirken.

Die intergalaktischen und göttlichen Mitglieder dieses Ordens sind bereit, mit all jenen zu arbeiten, die eingeführt und mit den höchsten Frequenzen verbunden werden wollen. Indem wir uns mit dieser Versammlung hoher Wesen verbinden (siehe Aktivierung weiter unten), erteilen wir ihnen die Erlaubnis, unsere Energie durch Licht zu erhöhen, damit wir zu einem besseren Werkzeug des Lichts, der Heilung und Sinnhaftigkeit in der Welt werden können.

Hohepriester von Atlantis und Merlin

Melchisedek trat in vielen Inkarnationen in Erscheinung. Er war Hohepriester in Atlantis und diente dem Prinzip des Göttlich-Weiblichen. Darüber hinaus lebte er eine Inkarnation auf den britischen Inseln, wo er als Meisterzauberer Merlin die Energien des Heiligen Grals hütete und der spirituelle Lehrer von König Artus und den Rittern der Tafelrunde war.

Es scheint, dass Melchisedek während vieler Inkarnationen eng mit den Energien des Lichts, Christus und des Göttlich-Weiblichen in Verbindung stand. Ein Hauptaspekt seiner energetischen Aufgabe besteht darin, der Erde Licht zu bringen, mithilfe aller, die ihn um seine Hilfe bitten, und das Gleichgewicht zwischen den männlichen und weiblichen Energien in der Welt wiederherzustellen. Obwohl seine Präsenz ausgeprägt maskulin, kraftvoll und sogar wild erscheint, ist er ein ehrfürchtiger Priester der weiblichen Energie und setzt sich dafür ein, der Welt zu zeigen, dass wir das weibliche Prinzip brauchen, damit überall auf dem Planeten eine tiefgreifende Heilung eintreten kann.

Arbeiten mit Melchisedek

Mit Melchisedek zu arbeiten:

- hilft bei dem Prozess des Aufstiegs
- hilft Ihnen, sich mit Ihrer inneren Magie zu verbinden
- ist die beste Unterstützung bei jeder Art von zeremonieller Arbeit oder Initiationsritus
- hilft Ihnen, sich an Ihre weit zurückliegenden Leben zu erinnern

Aktivierung der Lichtinitiation

Diese Aktivierung wird besonders wirkungsvoll sein, wenn Sie sie während der hellsten Stunden des Tages vornehmen. Schauen Sie dabei nach Osten und strecken Sie Ihre Arme aus, mit den Handflächen nach außen (die Position, die Melchisedek einnahm, wenn er in Atlantis Priester und Priesterinnen initiierte).

Sprechen Sie die Worte:

Melchisedek, großer Vater des Lichts, Hohepriester von Atlantis,
Orden des Melchisedek, Lichtträger, engelsgleiche Wesen und kosmische Führer, danke, dass ihr mich in euer strahlendes, kristallklares Licht einhüllt.
Danke, dass ihr mir eure uralte Weisheit und euer Wissen übermittelt.
Ich heiße eure energetischen Upgrades, Lichtcodes und Einstimmungen willkommen.
Danke Melchisedek, Geist des heiligsten Lichts, dass du mein Herz und meine Seele mit deiner Gegenwart durchdringst.
Ich bin bereit, die Initiationen meiner vergangenen Inkarnationen zu verstehen.
Ich bin bereit, das Licht Christi anzurufen und in meinem ganzen Sein willkommen zu heißen.
Ich beschwöre das große Licht in meinem Inneren. Ich lade diese Präsenz ein, den zentralen Platz in meinem Herzen und meiner Seele einzunehmen.
Ich beschwöre die schützende Rüstung aus heiligstem Licht.

Ich bin im Einklang mit dem heiligsten Licht.
Ich werde beschützt vom heiligsten Licht.
Segen sei mit mir, Orden des Melchisedek.
Ich bin in diesen großen Kreis der Wahrheit initiiert.
Sei jetzt bei mir, oh großes heiliges Licht.
ICH BIN eins mit dem heiligsten Licht.
Und so ist es.

Morya

El Morya, auch schlicht Morya genannt, ist ein weiterer Meister des Alten Wissens, der der Welt bekannt gemacht wurde durch die Gründerin der Theosophischen Gesellschaft, Helena P. Blavatsky (siehe Seite 17). Er erfuhr Beachtung durch die 1400 Seiten umfassenden »Mahatma Briefe«, die Madame Blavatsky mit A. P. Sinnet austauschte.

Die wahre Identität von Morya, oder »M«, blieb ein Geheimnis, doch handelte es sich höchstwahrscheinlich um ein Pseudonym, um die Identität von Ranbir Singh zu schützen, dem sehr spirituell ausgerichteten Mitglied einer mächtigen Familie, die im 19. Jahrhundert in Kaschmir herrschte. Es wird gesagt, dass er sowohl auf energetischer als auch physischer Ebene eingriff, um die britische Invasion der Region im Jahre 1845 erfolgreich zu stoppen.

Es hat viele Spekulationen bezüglich der Verbindung zwischen Morya und Helena Blavatsky gegeben. War er ein lebender Meister, der über die Astralebene Kontakt mit ihr aufnahm? Oder der Geist einer aufgestiegenen Seele, der sie telepathisch aus der Geisterwelt kontaktierte? Wir werden es wohl nie genau erfahren, doch interessanterweise fanden die Mahatma-Briefe ein Jahr vor Ranbir Singhs Tod ein abruptes Ende.

Nach Aussagen der Theosophischen Gesellschaft hatte Morya viele Inkarnationen auf der Erde und war sowohl Melchior, der Weise aus dem Morgenland, der dem eben geborenen Erlöser Myrrhe als Gabe darbrachte, als auch einer der Herrscher von Atlantis.

Wenn ich Morya energetisch in mein Inneres einlade, erscheint diese königliche Präsenz als Inder, gekleidet in ein fließendes Gewand und mit einem Turban, geschmückt mit einem strahlenden saphirblauen Kristall. Er ist von einer Aura aus leuchtendem Blau und purem weißen Licht umgeben. Der Klang von Sprechgesang erfüllt meine Ohren. Moryas Energie fühlt sich ähnlich der eines wachsamen Schutzengels an. Ich weiß, dass er vertrauenswürdig ist, im Einklang mit der göttlichen Wahrheit, und dass er für Gott arbeitet.

Energetischer Schutz und Grenzen ziehen

Da Morya in seiner letzten Inkarnation in der Lage war, Kaschmir vor der Invasion der Briten zu schützen, ist er eine der Seelen innerhalb der Großen Weißen Bruderschaft, die uns auf der spirituellen Ebene zu schützen und alles aus unserem Energiefeld zu entfernen vermag, was unserem Leben, unserer Aufgabe und der Verbindung mit Gott nicht dienlich ist. Er wird besonders stark mit dem Saphirblauen Strahl assoziiert, der spirituellen Energie, die uns hilft, unerschütterlich zu unserer Wahrheit und unseren Absichten zu stehen.

Morya half mir zu verstehen, dass viele von uns versuchen, sich vor störenden Schwingungen zu schützen, indem sie ihre persönliche Energie und Schwingung nutzen. So visualisieren sie sich etwa in einer Blase. Das ist jedoch sehr kräfteraubend. Um total sicher zu sein, müssen wir auf den Schutz einer höheren Macht vertrauen, letzten Endes auf Gott. Heute weiß ich, dass immer dann, wenn ich Engel und Meister um Schutz bitte, in dem Wissen, dass sie Boten Gottes sind, meine eigenen Energiereserven erhalten bleiben und mir höchster spiritueller Schutz zuteil wird.

Morya ist eng mit Erzengel Michael verbunden, dem Erzengel des Blauen Strahls. Wir können beide gleichzeitig sowohl um Kraft, Mut und das Vertrauen bitten, Grenzen zu setzen, als auch um die Beseitigung energetischer Dolche. Ein solcher übersinnlicher

Dolch kann in unser Wesen eindringen, wenn jemand schlecht über uns denkt, selbst wenn derjenige nicht die Absicht hat, uns den Dolch zu senden. Häufig kann uns der böse Wille anderer Menschen nicht nur verletzen, sondern destabilisieren und sogar aufhalten.

Nach energetischen Dolchen scannen

Schließen Sie die Augen.

Visualisieren Sie Ihr Energiefeld.

Tasten Sie es von Kopf bis Fuß ab.

Falls Ihre Energie gedämpft oder leicht verschwommen erscheint, kann es sein, dass da etwas Negatives ist, das Sie im Laufe des Tages aufgenommen haben. Vielleicht sehen Sie sogar eine Art Kralle, Dolch oder Pfeilspitze in einem Bereich Ihres Energiekörpers.

Sobald Sie festgestellt haben, wo sich dieser Dolch oder diese Kralle befindet, sprechen Sie folgendes Gebet:

Danke, Morya und Erzengel Michael, dass ihr die Krallen, Dolche, Blockaden, dunklen und einschränkenden Gedanken, bösen Absichten, Ängste und alle anderen negativen Denkmuster, Ideen oder Absichten aus meinem Energiekörper entfernt.
Ich rufe den Blauen Strahl des Schutzes und den Goldenen Strahl des Lichts Christi in mein Energiefeld und trete ein in das Herz der bedingungslosen Liebe.
Ich gebe das Bedürfnis zu kämpfen auf.
Ich bin in Sicherheit.

Stellen Sie sich innerlich vor, wie die Blauen und Goldenen Strahlen durch Ihr Wesen fließen, vor allem durch den Bereich, wo der Dolch entfernt wurde. Betrachten Sie dieses Licht als ein Heilmittel, das die Öffnung in Ihrem Energiefeld reinigt, heilt und versiegelt.

Erwachende Präsenz

Es gehört zu Moryas Aufgaben, uns in herausfordernden Zeiten auf unserem spirituellen Weg zu unterstützen. Er kann uns auf energetische Weise führen, damit wir wissen, welchen Weg wir gehen müssen, und intuitiv erfassen, wer und was vertrauenswürdig ist. Zudem zeigt er uns, wann wir deutliche Grenzen setzen müssen, um Nein zu sagen. Er hilft uns dabei, unserer inneren Stimme, unserer Autorität und unserer angeborenen Verbindung mit dem Göttlichen zu vertrauen.

Die »ICH BIN«-Präsenz (siehe Seite 108) ist letztendlich unsere Verbindung zur Einheit des Lebens. Durch sie beseitigen wir alle energetischen Blockaden und trennenden Gedanken und betreten einen Bereich, in dem alles Eins ist. Durch die Arbeit mit Morya können wir damit beginnen, diese direkte Verbindung herzustellen. Er ermutigt uns zu erkennen, dass wir unsere ganz persönliche Verbindung mit dem Göttlichen verdienen.

Sollten Sie jemals an den Punkt kommen, wo Sie mit Ihrer spirituellen Verbindung Schwierigkeiten haben, können Sie sich an Morya wenden und Ihre Sorgen mit ihm teilen, genauso wie Sie es mit einem guten Freund tun würden.

Arbeiten mit Morya

Arbeiten mit Morya kann Ihnen:

- helfen, sich zu behaupten, vor allem wenn es darum geht, Grenzen zu ziehen
- helfen, Ihre eigene persönliche Beziehung mit Gott zu bilden
- beistehen, sich mit der Kraft von ICH BIN zu verbinden
- helfen, Ihre Energie vor niederen Schwingungen zu schützen

Diese energetische Aktivierung erlaubt Ihnen, sich mit dem unendlichen Licht des Universums zu verbinden. Sie ist schützend und unterstützend und ermöglicht Ihnen, sich bewusst der Inspiration und höheren Führung zu öffnen.

ICH BIN Aktivierung und Anrufung

Betrachten Sie sich selbst umgeben von einem herrlichen goldenen Licht.

Atmen Sie tief ein. Beim Ausatmen sprechen Sie die Affirmation:

ICH BIN das Licht.

Erkennen Sie, wie alle Lebewesen auf der Welt miteinander verbunden sind. Sehen Sie, wie alle eins sind. Sehen Sie, wie alle von goldenem Licht umgeben sind.

Atmen Sie tief ein. Beim Ausatmen sprechen Sie die Affirmation:

DU BIST das Licht.

Beobachten Sie, wie Sie sich mit all den Seelen im Himmel und auf Erden verbinden.

Atmen Sie tief ein. Beim Ausatmen sprechen Sie die Affirmation:

WIR SIND das Licht.

Halten Sie inne. Nehmen Sie sich jenseits von Raum und Zeit wahr, im Einklang mit Ihrem Schöpfer.

Atmen Sie tief ein. Beim Ausatmen sprechen Sie die Affirmation:

ICH BIN eins mit allem was ist.
ICH BIN.
ICH BIN.

Moryas Aktivierung der erwachenden Präsenz hilft Ihnen, sich des Lichtes und der Gegenwart Gottes bewusst zu werden. Dies ist ein wundervolles klares Gebet, um Ihnen zu helfen, sich aller selbst gesetzten Begrenzungen zu entledigen, auf dass Sie Ihre eigene direkte Erfahrung mit dem Göttlichen machen können, jenseits der Vorstellung anderer davon.

Aktivierung der erwachenden Präsenz

Visualisieren Sie Ihr Energiefeld, eingetaucht in ein saphirblaues Licht.

Visualisieren Sie, wie göttliches Licht aus dem Herzen der Quelle leuchtet und durch den Scheitelpunkt Ihres Kopfes dringt.

Lassen Sie Ihr ganzes Wesen von diesem klaren Licht erfüllen. Visualisieren Sie, wie sich der Kelch Ihres Herzens mit Güte füllt.

Morya kommt zu Ihnen, in einer Begegnung von Herz zu Herz.

Morya nimmt das Licht Gottes in Ihnen und um Sie herum wahr.

Sagen Sie:

Danke, Morya, für die Aktivierung der ICH-BIN-Präsenz in mir.
Es fühlt sich so gut an, mich zu erinnern, dass ich eins bin mit allem, was ist.
Ich heiße deine Führung und Unterstützung willkommen, indem ich erkenne, dass ich einer persönlichen Verbindung mit Gott würdig bin.
Danke, dass du mich führst, um gesunde Grenzen in meinem Leben zu setzen, damit ich meine Seele und meine eigenen Bedürfnisse besser würdigen kann.
Ich heiße jetzt deinen Blauen Strahl in meinem Energiefeld willkommen, damit ich stark bleiben und der Klarheit und Weisheit meiner Seelenstimme vertrauen kann.
Danke, dass du mich auf die nächste Stufe der Evolution meiner Seele geleitest.
Ich bin dankbar, dass du hier bist
Ich bin dankbar, eins mit Gott zu sein.
Und so ist es.

Lady Nada

Lady Nada ist eine spirituelle Verkörperung göttlicher Liebe. Sie ist eine der Führerinnen des Karmischen Rats sowie Mitglied beim Rat des Lichts. Ihre Aufgabe ist es, das Christusbewusstsein auf der Erde zu verbreiten. Im Aura-Soma-Heilungssystem ist Lady Nadas Substanz das göttliche Pendant zu Christus. Ihre spirituelle Mission besteht darin, der Menschheit zu helfen, die göttliche Liebe zu verinnerlichen.

Lady Nada ist ein Aspekt von Maria Magdalena. Obwohl ihre Energien unterschiedlich erscheinen, sind sie doch ein und dieselbe. Als ich meine Engelführer bat, mir diese Verbindung zu erklären, sagten sie mir, dass Maria Magdalena und Lady Nada zwei Aspekte der gleichen Seele sind, die sich auf unterschiedliche Weise ausdrücken, da sie mehrdimensionale Abbilder göttlicher Liebe sind.

Wenn ich mich energetisch auf Lady Nada einstimme, sehe ich sie als ein Wesen aus purem, goldenem Licht, mit einer leicht rosafarbenen Aura, die reine Liebe und Akzeptanz ausstrahlt. In meinen Augen erinnert ihre Erscheinung stärker an einen Engel als es bei einigen anderen Meistern der Fall ist, die häufig als Menschen erscheinen. Allerdings wird Lady Nada in der Regel von anderen spirituellen Adepten als hellblonde weiße Frau wahrgenommen, die in einen rosafarbenen Umhang gehüllt ist.

Priesterin von Atlantis

Lady Nada war eine Hohepriesterin von Atlantis, und alle, die sich zu ihr hingezogen fühlen, können wahrscheinlich auf Inkarnationen in Atlantis oder anderen untergegangenen Zivilisationen zurückblicken. Sie ermöglicht es uns – vor allem jenen, die das weibliche Prinzip in ihrem Leben voll annehmen – unsere Kräfte zu sammeln und die heiligen Aspekte unseres Selbst zu zelebrieren.

Wenn Sie fühlen, dass Sie hier sind, um die göttlich-weiblichen Aspekte Ihrer Seele voll zu entfalten, wird Lady Nada Ihnen den Weg leuchten. Wenn Sie das deutliche Gefühl haben, das Sie eine Priesterin sind oder es vor langer Zeit waren, kann die Arbeit mit ihr die Erfahrungen jener vergangenen Inkarnationen erneut hervorholen und Ihnen die Lektionen, die Ihre Seele damals gelernt hat, wieder in Erinnerung rufen. Wenn Sie bereit sind, die Priesterin in Ihrem Inneren zu erwecken, rufen Sie jetzt Lady Nada an.

Rosen und das blühende Herz

Lady Nadas Energie ist eng mit rosafarbenen Rosen verbunden. Diese Rosen werden seit jeher mit Liebe, Unschuld, Weiblichkeit und Anmut assoziiert. So lässt sich am besten die Energie beschreiben, die Sie bei der Anrufung von Lady Nada auf Anhieb fühlen.

Um Ihre Verbindung mit Lady Nada zu stärken oder die Qualitäten zu kultivieren, die Sie uns bringt, können Sie Folgendes tun:

- rosafarbene Rosen auf Ihrem Altar platzieren
- rosa Rosenblüten in Ihr Badewasser geben
- Ihre Chakras mit Rosenöl einreiben
- eine blühende rosafarbene Rose malen

Eine Leiterin des Karmischen Rats

Als eine der Leiterinnen des Karmischen Rats – eine Versammlung spiritueller Wesen mit der Aufgabe, das Gesetz von Ursache und Wirkung umzusetzen – besitzt Lady Nada die Fähigkeit, uns zu helfen, karmische Blockaden zu überwinden, die mit dem Herz zu tun haben. Sie können sie sowohl bei der Heilung Ihres Herzchakras als auch bei der Auflösung von Mustern in Ihrem Energiefeld um Hilfe bitten, die der Liebe im Wege stehen.

Karmische Blockaden werden oft missverstanden. Viele Menschen denken, dass eine Blockade eine Strafe des Universums aufgrund schlechter Entscheidungen oder falschen Verhaltens ist, doch das stimmt nicht. Das Universum ist auf unserer Seite. Es möchte, dass wir gute Erfahrung hier unten auf Erden machen, doch gleichzeitig erkennt es unsere individuellen Entscheidungen an.

Karmische Blockaden können durchaus Folge argloser Entscheidungen sein, zum Beispiel wenn wir das schlechte Verhalten anderer hinnehmen, da wir das Gute in ihnen sehen wollen; oder wenn wir uns entscheiden, die Liebe nicht zuzulassen, weil ein Teil von uns Angst vor dem Unbekannten hat. Häufig handelt es sich dabei um die Wiederholung von Mustern, die in irgendeiner Weise mit unserem spirituellen Plan (der bisherige Weg unserer Seele) verbunden sind, und zwar meistens, weil eine Erfahrung in einer früheren Inkarnation so traumatisch war, dass die Erinnerung (selbst wenn sie uns nicht bewusst ist) in unserem Wesen abgespeichert ist.

Mögliche Zeichen karmischer Blockaden:

- tiefsitzende Angst vor dem Unbekannten
- andere Ängste oder Phobien
- ständige Probleme bei der Partnersuche
- sich missverstanden fühlen
- es fällt schwer, Nähe zuzulassen

Wenn Sie karmische Blockaden überwinden wollen, ist die folgende Übung hervorragend dafür geeignet, sie zu beseitigen:

Bitte an den Karmischen Rat zur Beseitigung karmischer Blockaden

Nehmen Sie ein paar tiefe Atemzüge.

Stimmen Sie sich auf Ihren Körper ein.

Falls es einen Teil von Ihnen gibt, der besondere Fürsorge oder Aufmerksamkeit braucht, legen Sie Ihre Hand darauf und richten Ihren Atem auf diese Stelle.

Sobald Ihr Körper sich entspannt, nehmen Sie sich vor, Ihren Geist mit ein paar einfachen Worten in den Vordergrund Ihres Seins zu stellen:

Ich rufe meinen Geist nach vorne.

Bereiten Sie sich vor, karmische Fesseln und Barrieren loszulassen, und wenn Sie bereit sind, sprechen Sie diese Worte:

Ich rufe die Herrscher des Karmas an.
Danke, dass Ihr Zeugen dieser Absicht und dieses Einspruchs seid.
Ich verkünde, dass ich nicht geboren wurde, um zu leiden.
Ich akzeptiere dies jetzt als meine Wahrheit.
Ich verkünde, dass es mein Recht ist, Liebe in allen Formen und ohne Bedingungen zu erfahren.
Ich akzeptiere dies jetzt als meine Wahrheit.
Ich verkünde, dass ich Liebe frei empfangen und teilen kann.
Ich akzeptiere dies jetzt als meine Wahrheit.
Danke, Karmischer Rat, für die Beseitigung aller Blockaden, Schulden, unaufgelösten Muster, Erfahrungen,

seelischen Schmerzen oder jeglicher anderen Hindernisse, die zwischen mir und der Liebe stehen könnten.
Danke, Lady Nada, Königin der Rosen, dass du diesen heiligen Raum für mich bereithältst.
Ich heiße dein heiliges goldenes Licht willkommen.
Danke, dass du mir die Ehre erweist.
Ich beseitige jetzt alle meine Blockaden.
Ich bin ungebunden und frei.
Es ist mein göttliches Recht, zu lieben und geliebt zu werden.
Ich bin Liebe. Ich liebe. Ich werde geliebt.
Ich akzeptiere dies jetzt als meine Wahrheit.
Ich akzeptiere dies jetzt als meine Wahrheit.
Ich akzeptiere dies jetzt als meine Wahrheit.
Und so ist es.

Wenn Sie mit dieser Erklärung fertig sind, nehmen Sie sich Zeit für sich selbst. Gehen Sie raus in die Natur, nehmen Sie ein Bad oder tun Sie etwas anderes, das Ihnen wirklich Freude bereitet. Oft haben wir karmische Blockaden über viele Lebenszeiten hinweg mit uns herumgeschleppt. Daher braucht es Engagement, Konzentration und Entschlossenheit, sie zu beseitigen. Wenn Sie erst einmal dem Karmischen Rat Ihren Einspruch angekündigt haben, wird die Energie sich allmählich auflösen, doch häufig ist Selbstfürsorge nötig, um Ihrem ganzen Wesen die Möglichkeit zu geben, diese tiefgreifende Veränderung zu akzeptieren.

Sie können diese Erklärung so oft Sie möchten wiederholen. Vor allem wenn Sie Tiefschläge in Herzensangelegenheiten hinnehmen mussten und Ihr Karma wirklich »ungeschehen« machen wollen, empfehle ich Ihnen, die Erklärung 40 Tage und 40 Nächte lang täglich zu wiederholen.

Arbeiten mit Lady Nada

Lady Nada wird:

- Ihnen helfen, sich mit Ihrem Herzen zu verbinden
- Ihnen helfen, Ihr Herz der Liebe zu öffnen
- Sie führen, um die Macht der Verletzlichkeit zu erkennen
- Ihnen helfen, die göttlich-weiblichen Aspekte in Ihrem Inneren zu enthüllen

Diese Aktivierung unterstützt Sie dabei, alle Blockaden und Schranken zu beseitigen, die Ihr Herz verbarrikadieren. Die Liebe ist bereits in Ihnen und wartet darauf, losgelassen und mit der Welt geteilt zu werden. Dieses bewusste Gebet wird Ihnen helfen, die höheren Ebenen Ihres Herzens zu erwecken und das weibliche Licht Christi in der Welt zu verkörpern und strahlen zu lassen.

Aktivierung der Herzerweckung

Visualisieren Sie sich selbst, eingetaucht in goldenes und zartrosa Licht.

Sobald Sie in diesen göttlichen Umhang aus Licht eingehüllt sind, wissen Sie, dass Lady Nada bei Ihnen ist.

Stellen Sie sich eine rosafarbene Rosenknospe vor.

Beobachten Sie, wie die Blütenblätter sich vor Ihren Augen entfalten.

Erlauben Sie der Rose, zu erblühen.

Dann sagen Sie:

Lady Nada, Königin der Rose, Hohepriesterin von Atlantis, Essenz bedingungsloser Liebe, göttlich-weibliches Licht Christi,
Ich heiße deine Segnungen, deine Liebe und Hilfe willkommen.
Während ich die heilige Rose in meinem Geist erblühen sehe, erlaube ich meinem Herzen, sich zu öffnen.
Ich erkläre Liebe zu meiner Wahrheit, meinem Wesen und meinem Schicksal.
Danke, Lady Nada, dass du mir zeigst, welche Bereiche ich noch nicht mit meiner Liebe erfüllt habe.
Wo immer ich mich der Präsenz der Liebe widersetzt habe, heiße ich sie jetzt willkommen.
Ich erlaube meinem Herzensbereich, sich zu öffnen.
Ich erlaube meinem Herzensbereich, zu erblühen.
Ich akzeptiere Liebe als meine Wahrheit.
Danke, dass du mir den Weg zu meiner Wahrheit gezeigt hast.
Ich heiße deine Führerschaft heute willkommen.
Mein Herz ist erweckt und aktiviert.
Und so ist es.

Paul der Venezianer

Paul der Venezianer, auch einfach als »der Venezianer« oder Venezianischer Chohan bekannt, ist einer der ursprünglichen Meister in den theosophischen Lehren über die Aufgestiegenen Meister. Er ist Mitglied der Großen Weißen Bruderschaft und der Hüter des Rosaroten Strahls des Herzens. Es heißt, er sei eine aufgestiegene Form von Paolo Veronese, eines berühmten Künstlers der italienischen Renaissance. Die Bezeichnung »der Venezianer« bezieht sich auf die Tatsache, dass er Verbindungen mit Venedig hatte. Entsprechend den Lehren der Aufgestiegenen Meister wurde Paul – oder Paolo – zum Zeitpunkt seines Hinscheidens im Jahre 1588 die Gelegenheit gegeben, von einer geistigen Ebene aus seine ganze Weisheit mit der Menschheit zu teilen.

Es gibt viele widersprüchliche Ideen über Paul den Venezianer. C. W. Leadbeater, ein prominentes Mitglied der Theosophischen Gesellschaft, nannte ihn »Venezianischen Chohan«, brachte ihn aber nicht mit Paolo Veronese in Verbindung. Dieser Hinweis tauchte erst später im Kreis jener auf, die sich mit den Aufgestiegenen Meistern beschäftigten.

Doch sollte es tatsächlich widersprüchliche Informationen geben, egal um welches Thema es sich handelt, ist das okay. Wichtiger ist, dem zu vertrauen, was Sie fühlen, und Ihre eigenen Entscheidungen zu treffen. Ich persönlich hatte aus irgendeinem Grund stets das deutliche Gefühl, dass es eine Verbindung zwischen Venedig und Venus gibt und Paul der Venezianer in Wahrheit einer der Venusier ist. Diese Gruppe von Wesen hat sich verpflichtet, Licht und Anmut in die Welt zu bringen, weswegen es mehr als stimmig ist, dass er in einer seiner Inkarnationen ein italienischer Maler war. (Bezüglich Venusier siehe auch Sanatkumara und Lady Venus.)

Paul der Venezianer erscheint als eine weise, schön gekleidete Gestalt. Sein Energiekörper ist von hellen Rosa-, Gelb- und Goldtönen erfüllt. Er sieht irgendwie feminin aus, und obgleich er als Mensch erscheint, strahlt er etwas Überirdisches aus. Er besitzt Anmut und Würde, und ich fühle, dass seine Gabe darin besteht, sich um die Details zu kümmern und die Dinge mit Finesse und Feingefühl zu erledigen.

Für mich steht dieser Geistführer für die göttliche Energie der Anmut. Anmut hält uns an, Dinge zu tun, die für andere von Nutzen sind. Es ist die Kraft, die uns hilft, unsere Talente dafür einzusetzen, mehr Schönheit, Verbundenheit und Liebe in die Welt zu bringen. Falls es Ihnen jemals an Inspiration mangelt, wird Paul Ihr Wesen für die Energie der Anmut öffnen. Hier ist eine Botschaft, die ich von ihm empfangen habe:

Ich bin ein Bewunderer der Kraft der Anmut.
Ich bin ein Botschafter göttlicher Inspiration.
Öffne dein Herz, um diese Segnungen zu empfangen.

Arbeiten mit Paul dem Venezianer

Mit Paul dem Venezianer zu arbeiten kann:

- Ihnen helfen, Ihre Kreativität zu nutzen
- Ihnen helfen, Ihre Talente mit Anmut zum Ausdruck zu bringen
- Ihr Herz für die göttliche Inspiration öffnen

Paul der Venezianer sendet Wellen guter Energie, der Anmut und Ermutigung. Er ist ein wundervoller Führer für Maler, Musiker, Designer und alle anderen, die Unterstützung benötigen, um ihre Talente zu erkennen und umzusetzen. Er hat ein besonderes

Faible für jene, die ihre Hände benutzen, um ihre Gaben mit Anmut auszudrücken.

Wenn Sie eine kreative Idee haben oder es schwierig finden, Ihre Talente und Gaben auszuleben, weil Sie sich entweder blockiert fühlen oder nicht wissen wie, kann dieser Hüter des Rosaroten Strahls Ihnen helfen, die Verbindung mit Ihrem Herzbereich wiederherzustellen und sich und Ihre Talente ohne Bedenken offen zu zeigen.

Bei der Aktivierung von Paul dem Venezianer geht es darum, Anmut in Ihr Herz zu lassen, damit Sie die reinsten, verletzlichsten und zugleich mächtigsten Aspekte Ihres Wesens mit der Welt teilen können.

Aktivierung der Anmut

Schließen Sie Ihre Augen.
Rufen Sie den Rosaroten Strahl mit den Worten an:

ICH BIN eins mit dem Rosaroten Strahl.
ICH BIN im Einklang mit der göttlichen Liebe.
Ich richte mein Wesen auf unendliches Mitgefühl und Selbstfürsorge aus.

Visualisieren Sie sich, wie Sie in rosarotem Licht baden.
Dann sagen Sie:

Paul der Venezianer, göttlicher Künstler, kosmische Inspirationsquelle, danke, dass du deine Hand auf mein Herz legst.
Ich heiße heute deine sanfte und liebevolle Präsenz willkommen.

Danke, dass du das Vertrauen in meine Talente steigerst und aktivierst.
Danke für die Aktivierung der Gaben, die zu teilen ich geboren wurde.
Danke, dass du das Licht der Anmut aktivierst.
Ich öffne mein Sein dem Licht der Anmut.
Ich bin willens, mich von dem Licht der Anmut leiten zu lassen.
Danke, Paul der Venezianer, dass du meinen Herzbereich geöffnet, die Tore aufgeschlossen und die Barrieren beseitigt hast, die ich in meinem Inneren errichtet habe. Ich bin bereit, in Anmut zu leben.
Ich bin das Licht der Anmut.
Ich bin das Licht der Anmut.
Ich bin das Licht der Anmut.
Und so ist es.

Lady Portia

Lady Portia ist eine Aufgestiegene Meisterin, deren Name aus dem Lateinischen kommt und so viel bedeutet wie »Eingang«. Sie ist die Zwillingsflamme von Saint Germain (siehe Seite 253) und eine der Hüterinnen der Violetten Flamme. Sie arbeitet weltweit mit Lichtarbeitern zusammen, um niedrigschwingende Energien und Umstände zu überwinden, die ihrer wichtigen Arbeit im Wege stehen könnten.

Lady Portia kann auf viele irdische Inkarnationen zurückblicken, in denen sie ihr Leben der Aufgabe widmete, das zu tun, was moralisch und spirituell richtig ist. Von der geistigen Ebene aus ist sie Menschen auf der Erde erschienen, um den Lauf von Karma und Gerechtigkeit zu lenken. Einfach ausgedrückt, ist sie die spirituelle Kraft, die der Energie der Gerechtigkeit zugrunde liegt.

Wenn ich Kontakt mit Lady Portia aufnehme, empfinde ich ihre Energie als offen heraus und kraftvoll. Sie ist eine unerschütterliche Präsenz, die sowohl Stärke als auch Mut ausstrahlt. Auf der Ebene des Geistes ist sie von einem strahlend violetten und lavendelfarbigen Energiefeld umgeben. Ursprünglich nahm ich sie als reine kosmische Energie wahr. Dann, als ich ihr die Botschaft übermittelte, dass ich mich geehrt fühlte, Kontakt mit ihr zu haben, sah ich ihre Energie in Form eines menschlichen Antlitzes, mit hohen Wangenknochen und einer Haut wie Porzellan, gekrönt von einem violetten Edelstein auf der Stirn. Sie schien einen Schleier und ein fließendes Gewand zu tragen, beides von intensivem Violett. Sie fühlte sich engelsgleich und liebevoll an.

Karma und Gerechtigkeit

Lady Portia ist ein Mitglied des Karmischen Rats, der das Gesetz von Ursache und Wirkung reguliert. Das bedeutet, dass sie darüber hinaus eng mit den Engeln der Gerechtigkeit verbunden ist (Zadkiel, heilige Amethyst und Raguel). Sie ist eine Leitfigur, ein lichtes Wesen, und sie hilft uns zu verstehen, dass jede unserer Aktionen eine Reaktion hervorruft, eine Konsequenz, irgendeine Wirkung. Es ist wichtig zu erwähnen, dass diese Wirkung meistens positiver Natur ist. Karma wird oft als eine Aneinanderreihung von Bestrafungen missverstanden, während es sich in Wahrheit um ein spirituelles Prinzip handelt, das uns ermutigt, fundierte Entscheidungen aus dem Herzen heraus zu treffen, in dem Wissen, dass die positive Energie dieser Entscheidungen den vor uns liegenden Weg segnen wird.

Lady Portia hilft uns, die Auswirkungen unserer Urteile und Entscheidungen, unseres Handelns und Nicht-Handelns auf uns selbst und die Welt zu erkennen. Falls Sie je das Bedürfnis verspürt haben, etwas noch einmal zu überdenken oder zurückzunehmen, weil es negative Auswirkungen auf Sie selbst, einen geliebten Menschen oder sogar die Welt haben könnte, kann es gut sein, dass der Geist von Lady Portia gekommen ist, um Sie zu führen.

Jedoch ist es wichtig zu erwähnen, dass man Karma nicht lenken kann. Wünschen Sie anderen Menschen niemals »schlechtes Karma«. Das ist leider heute ziemlich verbreitet, wenn Menschen zum Beispiel Dinge sagen wie, »Ihr Karma wird Sie einholen«. Doch schon das allein ist eine Absicht, die karmische Konsequenzen haben könnte.

Lady Portia und der Karmische Rat haben es sich zur Aufgabe gemacht, Gewahrsein und Moral in die Welt zu bringen. Sie möchte Menschen helfen, die sich veranlasst fühlen, einen Bewusstseinswandel herbeizuführen, sei es bei sozialen, moralischen oder spirituellen Themen. Dabei ermutigt sie Menschen gern, die Dinge auch aus einem anderen Blickwinkel zu betrachten. Sie möchte, dass alle miteinbezogen werden, wenn Änderungen vorgenommen werden.

Arbeiten mit Lady Portia

Bitten Sie Lady Portia um Hilfe bei:

- globalen Problemen
- Menschenrechtsfragen
- juristischen Fällen und Angelegenheiten, oder allem, was mit Verträgen zu tun hat
- dem Versuch, politische Verantwortungsträger zu veranlassen, das Richtige zu tun
- der Veränderung gesellschaftlicher Strukturen, die andere Menschen einschränken oder verletzen

Göttliche Ordnung

Lady Portia ist die führende Kraft der göttlichen Ordnung. Wann immer eine Situation aus dem Ruder läuft oder jenseits unserer Kontrolle liegt, können wir sie bitten, ihr heilendes Licht und die göttliche Ordnung wirken zu lassen.

Die göttliche Ordnung ist die Kraft, die ungerechte Situationen und Energien korrigiert, welche gegen das höchste Gut aller Wesen gerichtet sind. Sie kann ein System korrigieren, dass ein Individuum oder eine Gruppe unterdrückt oder ihr schadet. Bei der Arbeit mit der Energie der göttlichen Ordnung geht es darum, um Führung zu bitten, damit man aktiv einen Wandel herbeiführen kann. Das beschränkt sich nicht allein darauf, zu beten und zu hoffen, dass sich etwas verändern wird, sondern darum, den Unterdrückten offen zuzuhören und Schritte zu unternehmen, die zu einer Heilung führen. Natürlich können wir weiterhin auf unsere eigene Weise nach Gerechtigkeit suchen, doch ist es wichtig, sich jenen anzuschließen, die am stärksten betroffen sind, und darauf zu vertrauen, dass das Universum den Heilungsprozess und die Veränderung unterstützt.

Wenn Sie die göttliche Ordnung mit dieser Aktivierung anrufen, werden Lady Portia und ihr Geist der Gerechtigkeit Ihnen helfen, Dinge von einer höheren Warte aus zu betrachten und die richtigen Schritte zu unternehmen, um Ordnung und Gerechtigkeit wiederherzustellen.

Aktivierung der göttlichen Ordnung

Kommen Sie zur Ruhe und atmen Sie tief durch.

Stellen Sie sich selbst diese Fragen:

- In welchem Bereich meines Lebens habe ich das Gefühl, dass etwas ungerecht ist oder war?
- Wo habe ich versucht, in das spirituelle Gesetz des Karmas einzugreifen, weil ich mich angegriffen fühlte?

Nehmen Sie sich einen Moment Zeit, um darüber nachzudenken. Lassen Sie alles zu, was hochkommt. Was immer an die Oberfläche steigt, ist das, was bereit ist, geändert zu werden.

Visualisieren Sie sich selbst, eingetaucht in ein lavendelfarbiges und violettes Licht, die Energie der Transformation.

Sprechen Sie:

Lady Portia, Göttin der Gerechtigkeit, danke, dass du mir hilfst, die Macht und Präsenz der göttlichen Ordnung in meinem Leben willkommen zu heißen.
In diesem Augenblick übergebe ich dir alle negativen Gedanken, Bindungen, Beziehungen oder Vorstellungen, die meinem Wachstum im Wege stehen könnten.
Ich bin bereit, vom Licht geführt zu werden.
Ich trete in die Violette Flamme der Gerechtigkeit.
Ich lasse die karmischen Bindungen los, die mich als Opfer gefangen halten.
Ich fordere meine Macht zurück.
Ich stehe zu meinem Licht und meiner Wahrheit.
Danke, Lady Portia, dass du mir hilfst, meine Denkweise zu verbessern, damit ich aus dem Herzen heraus aktiv werden und den Blickwinkel der anderen verstehen kann.
Danke, dass du mir hilfst, fundierte Entscheidungen auf der Basis von Wahrheit und Güte zu treffen.
Ich werde von der Violetten Flamme geführt.
Ich werde von der Violetten Flamme beschützt.
Ich werde von der Violetten Flamme gewürdigt.
Und so ist es.

Saint Germain

Saint Germain ist die Kurzform für Comte de Saint Germain (Graf von Saint Germain), ein europäischer Abenteurer und Alchemist aus dem 18. Jahrhundert. Diese spirituelle Koryphäe taucht bereits in den ursprünglichen Lehren über die Aufgestiegenen Meister auf. Viele Menschen auf der ganzen Welt fühlen sich mit diesem Meister verbunden.

Obwohl es Beweise dafür gibt, dass Saint Germain wirklich existierte und tatsächlich mit einigen der führenden Figuren der europäischen Gesellschaft verkehrte, sind sein richtiger Name und seine Herkunft von Geheimnissen umgeben. Es wird gesagt, er sei der Sohn des ungarischen Aristokraten Franz II. Rákószi gewesen. Wenn es auch keinen Beweis für diese Behauptung gibt, möglich wäre es. Wenn ich das, was ich gelesen und über Saint Germain erfahren habe, zusammenfüge, scheint es mir wahrscheinlich, dass er der Spross einer unerlaubten Affäre zwischen zwei hochrangigen Persönlichkeiten und sogar königlichen Ursprungs war. Ihm wurden der Titel eines Grafen, eine gute Erziehung und die finanziellen Mittel zuteil, die ihm ein »gutes Leben« ermöglichten. Doch wurde ihm jeglicher formelle Kontakt zu seinen wahren Eltern untersagt, vielleicht wusste er auch gar nicht, wer sie waren.

Mann der Wunder

Saint Germain wurde als ein Mann der Wunder verehrt, da er ein respektierter Alchemist und Zauberer war und offenbar nie alterte. Irgendwann einmal behauptete er, mehr als 500 Jahre alt zu sein, wobei es sich dabei mit ziemlicher Sicherheit um einen Scherz handelte.

Wahrscheinlich war er ein Freimaurer und Mitglied des Ordens der Rosenkreuzer, was zu seinem Wesenszug passte, Geheimnisse zu bewahren. Ohne Frage war er nachweislich ein hinreißender Unterhalter, der sein Publikum mit Geschichten, magischen Vorführungen und sogar Telepathie entzückte. Sein angeborener Charme half ihm, seinen Platz in der Welt zu finden, und ich habe den Eindruck, dass es der Mangel an starken familiären Banden war, der ihn auf der Suche nach Antworten quer durch Europa trieb, um Bekanntschaft mit Mitgliedern der königlichen Familien in England, Frankreich und den Niederlanden zu machen.

Gründerfiguren

Saint Germain ist eine der zentralen Figuren in den diversen Denkschulen der Theosophie und deren Lehren von den Aufgestiegenen Meistern. Tatsächlich haben viele Lehrer in dieser Bewegung davon berichtet, ihn getroffen zu haben. Sowohl Helena Blavatsky als auch Annie Besant stellten diese Behauptung auf, und Guy Ballard, der Gründer der »ICH BIN«-Bewegung (siehe Seite 31), berichtet in der Einleitung zu seinem Buch »Enthüllte Geheimnisse« (*Unveiled Mysteries*), dass er 1930 Saint Germain am Fuß des Mount Shasta in Nordkalifornien getroffen hatte und von ihm in die Mysterien eingeführt worden war. Ich persönlich fühle, dass selbst dann, wenn diese Lehrer Saint Germain »getroffen« haben, diese Begegnungen eher auf einer spirituellen/mentalen/telepathischen Ebene stattfanden und daher für uns alle durch Meditation möglich sind.

Saint Germain ist in der Tat ein Geistführer für jeden, der bereit ist, eine Transformation in seinem Leben zu erfahren. Wenn ich ihn vor meinem inneren Auge sehe, ist er ein gutgekleideter Mann mit olivfarbener Haut, Spitzbart und Schnäuzer. Oft trägt er eine königliche Uniform, und manchmal erscheint er sogar eingehüllt in einen violett- und goldfarbenen Umhang. Er ist stark mit der Farbe Violett, Amethyst-Kristallen und spiritueller Alchemie verbunden. Da er aufgrund seiner guten Erziehung mit äußerst einflussreichen Personen verkehrt hatte, ist er ein wundervoller Meister, den Sie um Unterstützung bitten können, wenn Sie sich auf ein wichtiges Treffen vorbereiten, Kontakt mit Menschen unterschiedlicher Herkunft aufnehmen oder auf irgendeine Weise Ihre Komfortzone verlassen müssen. Er wird Ihnen zur Seite stehen und dafür sorgen, dass Sie sich wohl, heiter und gelassen fühlen.

Saint Germains Zwillingsflamme ist anerkanntermaßen Lady Portia, die Göttin der Gerechtigkeit (siehe Seite 248), und er hat eine starke Verbindung zu dem Erzengel Zadkiel und dessen Zwillingsflamme, heilige Amethyst, die engelhaften Wesen und Hüter der Violetten Flamme.

Die Violette Flamme

In letzter Zeit ist Saint Germain weithin mit der Violetten Flamme in Verbindung gebracht worden, einer spirituellen Energie der Umwandlung und Verwandlung, da er als der Chohan, oder Hüter, des Violetten Strahls anerkannt wird. In den ursprünglichen Lehren der Aufgestiegenen Meister sowie der »ICH BIN«-Bewegung wird die Violette Flamme als ein Funke der Erhabenheit und Herzensenergie Gottes betrachtet. Sie hilft Wesen auf der irdischen Ebene, negative Energie umzuwandeln und alles zu überwinden, was Unfrieden und Zwiespalt sät. Immer wenn wir eine Situation oder sogar uns selbst visualisieren, umgeben von der Violetten Flamme, können wir alte karmische Bande diesem spirituellen Feuer übergeben und Raum für neue Energie schaffen.

Meines Erachtens ist die Violette Flamme ein energetischer Rückzugsort, den wir in der Meditation, in Träumen und Gebeten aufsuchen können. Ich selbst bin auf meinem spirituellen Weg oft an einen Ort transportiert worden, den ich die Halle des Lernens nenne, eine Schule oder Akademie auf der geistigen Ebene, wo Initiationen vorgenommen werden und wir unsere spirituellen Fähigkeiten entwickeln können. Ich wurde in einen violettfarbenen Raum gebracht, mit einer gigantischen Feuerstelle in der Mitte, in der ein violettes Feuer loderte. Während meines Aufenthaltes dort habe ich Meister und Engel getroffen, einschließlich Saint Germain, und wurde eingeladen, Situationen, die mir Sorgen bereitet hatten, der Flamme zu übergeben.

Wichtig ist zu erwähnen, dass die Violette Flamme eine Energie der Umwandlung ist, was bedeutet, dass sie eine Situation nicht auslöscht, sondern sie transformiert. Letztendlich ist sie eine Flamme der Alchemie, die das, was schwer, bleiern und belastend ist, in etwas Helleres, Goldenes und Befreiendes umwandelt.

Ich liebe die Idee der Violetten Flamme, da sie uns wirklich eine Gelegenheit bietet, etwas das uns Sorgen bereitet, anzugehen und in unserem Herz und unserer Seele Raum zu schaffen für ein Wunder. In meinen Seminaren habe ich mit den Teilnehmern über die Violette Flamme meditiert und dabei Saint Germain herbeigerufen. Auch Sie können in der Meditation zu der Violetten Flamme transportiert werden; falls Ihnen das Schwierigkeiten bereitet, können Sie sich selbst visualisieren, umgeben von violetten Flammen, und den Segen der Umwandlung und Transformation willkommen heißen. Oder Sie können es mit der untenstehenden Aktivierung versuchen!

Arbeiten mit Saint Germain

Rufen Sie Saint Germain an, um Ihnen zu helfen:

- die Energie einer Situation zu transformieren
- Familiendramen oder Karma zu überwinden
- sich jenseits einschränkender Glaubenssätze oder Narrative zu begeben
- die Führungspersönlichkeit zu werden, die in Ihnen steckt

Aktivierung der violetten Alchemie

Diese Aktivierung hilft Ihnen, die Energie der Violetten Flamme anzuziehen, um jegliche karmischen Blockaden oder Ängste wegzubrennen, die zwischen Ihnen und Ihrer eigenen Größe stehen. Durch diese Arbeit können Sie alle festgefahrenen Energien in eine Kraft umwandeln, die Ihre spirituelle Transzendenz unterstützen wird.

Richten Sie Ihre Aufmerksamkeit auf Ihren Atem.

Falls es einen Bereich in Ihrem Leben gibt, den Sie bereit sind zu transformieren, rufen Sie ihn sich jetzt ganz bewusst vor Augen.

Wenn Sie nicht wissen, was Sie umwandeln müssen, um Ihr inneres Wachstum zu fördern, seien Sie offen für entsprechende Anweisungen.

Formulieren Sie die Absicht, alle alten Muster, Ideen, Vorstellungen sowie einschränkenden Glaubenssätze, die Sie zurückhalten könnten, umzuwandeln und zu transformieren. Machen Sie sich bewusst, dass Sie die Fähigkeit besitzen, zu heilen und zu verändern.

Visualisieren Sie, wie Sie sich selbst in einen violetten Umhang hüllen. Sehen Sie, wie Ihre ganze Aura violett wird.

Während die violette Energie Sie vollends umgibt, sehen Sie, wie sie allmählich jegliche Energie aufnimmt, die schwer, festgefahren oder bleiern wirkt, und in leichte, fließende, goldene Energie umwandelt.

Sehen Sie, wie Ihre Aura violett wird, übersät mit goldenem Glitzern.

Sprechen Sie die Worte:

Danke, ihr Hüter der Violetten Flamme, dass ihr mich in einen violetten Umhang der Transformation einhüllt.
Ich heiße jetzt eure Führung, Unterstützung und göttliche Alchemie willkommen.

Warten Sie, bis Sie die Veränderung Ihrer Energie fühlen, und sagen dann:

Danke, Saint Germain, Meister der Violetten Flamme, dass du jetzt in mein Energiefeld kommst.
Danke, dass du deine heilige spirituelle Alchemie benutzt, um jegliche Energie in meinem Energiefeld, die alt, schwer, festgefahren und einschränkend ist, in Energien umzuwandeln, die frisch, leicht, fließend und golden sind.
Ich bin bereit, energetische Veränderungen in meinem Wesen vorzunehmen, einschränkende Vorstellungen hinter mir zu lassen und mich Neuem zu öffnen.
Ich bin bereit, die Macht und Präsenz der Liebe in allen Aspekten meines Wesens zu verkörpern.
Danke, dass du die karmischen Bindungen auflöst, die mich in einem Zustand der Schwäche halten.

Danke, dass du mir die Aspekte meines Selbst zeigst, die ich loszulassen bereit bin, auf dass ich der werden kann, der ich wirklich bin.
Danke, dass du den Weg zu meinem höchsten Gut frei machst.
Ich bin bereit, mein höchstes Gut zu erfahren.
Ich verpflichte mich meinem höchsten Gut.
Ich rufe die Violette Flamme an.
Ich bin eins mit der Violetten Flamme.
ICH BIN die Violette Flamme.
Ich heiße alle energetischen Upgrades willkommen.
Danke, Saint Germain, dass du sie jetzt vornimmst.
Ich bin dankbar für deine Unterstützung.
Ich bin transformiert.
Und so ist es.

Sanatkumara

Sanatkumara (auch Sanat Kumara geschrieben), dessen Sanskritname so viel wie »ewige Jugend« bedeutet, ist ein hoch entwickeltes kosmisches Lichtwesen, das sich verpflichtet hat, der Erde zu helfen, ins Licht aufzusteigen. In meinen Augen ist er einer der Führer der Aufgestiegenen Meister. Ich bin mir nicht sicher, ob diese Versammlung von Seelen einer tatsächlichen Hierarchie obliegt, doch ich fühle eindeutig eine Art gebieterischer Präsenz, wenn die Energie dieses Meisters erscheint.

Die Legende besagt, dass Sanatkumara vor sechseinhalb Millionen Jahren von der Venus kam und aufgrund der atmosphärischen Unterschiede gegenüber der Erde in alle Ewigkeit 16 Jahre alt ist. In den theosophischen Lehren ist »Lord« Sanatkumara der »Herrscher« über die Erde und die Menschheit, der Anführer der spirituellen Hierarchie, die die Erde regiert, führt und unterstützt. Viele Quellen besagen, dass er auf den ätherischen Ebenen in Shambhala residiert, der fantastischen Stadt, die in einem Raum zwischen dieser Dimension und der nächsten schwebt.

Weiser des Ostens

Genau wie die Engel sind die Aufgestiegenen Meister überall auf der Welt in unterschiedlichen Formen erschienen, und Sanatkumara ist da keine Ausnahme. Er wird sowohl im Buddhismus als auch im Hinduismus erwähnt. Es gibt einen buddhistischen Tempel nördlich von Kyoto in Japan, der Kurama-dera genannt wird und im Jahre 772 als Schrein für Sanatkumara, den »Verteidiger-Gott«, erbaut wurde. Ich habe es mir zum Ziel gesetzt, diesen Tempel in nicht allzu ferner Zukunft zu besuchen.

Vor einiger Zeit sprach ich mit der japanischen Übersetzerin eines meiner Orakelkartendecks, und sie erwähnte Sanatkumara, und dass er einst in Kyoto »gelandet« war. Diese Idee gefiel mir sehr! Ich stellte mir vor, wie er gerade aus einem Raumschiff eines Lichtjahre entfernten Sternensystems stieg. Vielleicht war es tatsächlich so.

Lichtbringer

Einige dieser uralten Texte haben unser heutiges Verständnis von Sanatkumara zweifellos beeinflusst. Sie besagen, dass er direkt aus dem Geiste Gottes geboren oder erschaffen wurde; oder, in meinen eigenen Worten, eine Erweiterung des Göttlichen ist. Wenn Sie sich vorstellen, dass das Universum Licht in Form von Wesenheiten erschafft, wäre Sanatkumara sicher eines von ihnen. Er ist Bodhisattva, *bhatka* und spiritueller Führer genannt worden, was meiner Meinung nach alles dasselbe zum Ausdruck bringt. Aufgrund all dessen, was ich mittlerweile über diesen Meister gelernt habe, fühle ich, dass er ein uraltes Wesen ist, das viele Male an verschiedenen Orten der Erde gelebt hat, letztlich immer, um Licht zu bringen.

Die Verbindung mit Sanatkumara in der Meditation hat mich sehr inspiriert. Ich weiß noch, wie ich eines Nachts meditierte und mich auf meine höheren Chakras einstimmte. Dabei ziehe ich mit jedem Atemzug die Macht der Sterne und des Kosmos durch mein Sternentorchakra zu mir herunter. In jener Nacht sah ich mich selbst im Zentrum des Universums schweben, umgeben vom tausendfachen Licht der Sterne. Vor mir befand sich ein erstaunliches, männlich scheinendes Wesen. Er war hochgewachsen und schlank, seine Haut bestand aus einem blendenden gelbgoldenen Licht, seine Augen strahlten dasselbe Licht aus, und obwohl er ein androgynes Aussehen hatte, strahlte er männliche

Energie aus. Seine Aura war erfüllt von hellrosafarbener und gelber Energie, und auch er schwebte wie ich in den Sternen. Ich empfing eine Art Licht-Transfusion von ihm. Eine intensive Erfahrung, doch ich fühlte mich sicher. Bevor unsere Begegnung endete, hörte ich die Worte: »Ich bin der Hüter des Lichts.« Das inspirierte mich zu meinem Orakelkartendeck »Die Hüter des Lichts« (*Keepers of the Light*).

Die Venusier

Mittlerweile ist man in spirituellen Kreisen übereingekommen, dass Sanatkumara ein Meister von der Venus ist. Ich stimme dem zu, denn wenn ich mich mit ihm verbinde, fühle ich, dass er – zusammen mit seiner Zwillingsflamme, Lady Venus – ein führendes Licht ist und Mitglied einer kosmischen Rasse von Wesen, bekannt als die Venusier.

Venus ist der zweite Planet unseres Sonnensystems. Benannt nach der römischen Göttin der Liebe und Schönheit, repräsentiert sie Liebe, Romantik und Beziehungen, doch auf einer spirituellen Schwingungsebene steht die Venus für eine übergeordnete, bedingungslose Form der Liebe. Wie Sanatkumara selbst, ist sie eine Lichtbringerin.

Die Venusier sind eine Gruppe von Wesen, deren Energie sich engelsgleich anfühlt. Ihre Aura ist hellrosa und golden, und sie sehen so ähnlich aus wie die Außerirdischen in dem Film »Cocoon«. Sie empfinden eine tiefe Liebe für die Erde und all ihre Bewohner. Ihre göttliche Mission ist es, uns darin zu bestärken, die Qualitäten von Verbundenheit, Gemeinschaftsgefühl, Kommunikation und Respekt auf dem Planeten zu kultivieren.

Arbeiten mit Sanatkumara

Mit Sanatkumara zu arbeiten:

- hilft uns bei der Einstimmung auf unsere göttliche Mission
- unterstützt uns dabei eine Verbindung mit höheren Energien einzugehen
- zeigt uns, wie wir uns wieder mit unserem eigenen Licht verbinden können
- kann uns helfen, mit anderen Dimensionen zu arbeiten

Sanatkumaras Aktivierung besteht darin, das Licht zurückzufordern, das zu sein Sie geboren wurden. Bevor Sie hier waren, in diesem Körper, waren Sie ein leuchtender Stern am Firmament. Wenn Sie Sanatkumara und sein engelsgleiches Venuskommando anrufen, werden Sie in einem energetischen Kokon gehalten und wieder vom Licht umarmt.

Licht Aktivierung

Schließen Sie Ihre Augen. Senden Sie tiefe Atemzüge hinunter zu Ihren Füßen.

Visualisieren Sie Wurzeln aus Licht, die von Ihren Füßen ausgehen und tief in das Herz der Erde reichen.

Verankern Sie Ihre Wurzeln an einem Kupferstern im Zentrum der Erde.

Atmen Sie tief in Ihr Erdsternchakra. Fühlen Sie sich gehalten. Stabilisiert. Stark.

Jetzt lassen Sie Ihren Atem nach oben und nach außen steigen.

Sehen Sie Ihr Kronenchakra, wie es sich öffnet und Licht herausströmt, das hoch hinauf in den mitternächtlichen Himmel strahlt.

Sehen Sie über Ihrem Kronenchakra Ihr Seelensternchakra in Form eines mehrdimensionalen Merkaba-Sterns, der in magentafarbenem Licht wirbelt.

Stellen Sie sich vor, wie sich Ihr Kronenchakra durch Lichtstränge mit Ihrem Seelensternchakra verbindet.

Verbinden Sie sich mit Ihrem Seelensternchakra.

Ein Lichtportal öffnet sich über Ihrem Seelenstern, und eine Milchstraße aus Sternenlicht umgibt Ihre Aura.

Sie haben sich direkt mit Ihrem Sternentor verbunden.

Durch dieses Tor können Sie Sanatkumara willkommen heißen, indem Sie – laut oder leise – chanten:

SAAAAAH NAAAAAT KUUUUU MAAAA RAAAAA
Danke, Sanatkumara, dass du jetzt zu mir kommst.
Ich begrüße deine Führung und Unterstützung.
Ich bin bereit, mich an meine Wahrheit zu erinnern.
Ich bin bereit, auf zellulärer Ebene vom Licht aktiviert zu werden.
Danke, Sanatkumara, dass du den Raum für mich freihältst, damit ich Zugang zu dem alten Wissen in meinem Inneren finden kann.
Ich bin bereit, mich zu erinnern.
Ich erkenne die Macht meiner Absicht.
Ich entfessle meine Wahrheit. Möge sie zur richtigen Zeit und am richtigen Ort offenbart werden.
Ich atme das Licht der göttlichen Quelle ein.
Ich erstrahle auf zellulärer Ebene.
Ich heiße das Licht der göttlichen Quelle willkommen.
Jede Entscheidung, die ich treffe, ist im Einklang mit dem höchsten Gut.

Ich werde vom Licht der göttlichen Quelle umarmt.
ICH BIN das Licht.
Und so ist es.

Serapis Bey

Serapis Bey war seit Anfang an Bestandteil der Lehren von den Aufgestiegenen Meistern und Mitglied der Großen Weißen Bruderschaft. Er gilt als der Aufgestiegene Meister, der für den Aufstieg verantwortlich ist.

Er steht mit Serapis in Verbindung, einem göttlichen Wesen, von dem gesagt wird, dass es die Griechen und die Ägypter in Frieden und Harmonie zusammengebracht hat. Serapis wurde traditionell als Grieche mit einem ägyptischen Kopfschmuck und Brustschild dargestellt, um zu zeigen, dass er diese beiden Nationen vereinen würde. In historischen Schriften, die bis 323 vor Christus zurückreichen, wird ein Tempel zu Ehren von Serapis erwähnt. War Serapis also ein ägyptischer Gott, der von den Griechen übernommen wurde? Oder umgekehrt? Wir wissen es nicht mit Sicherheit. Offensichtlich war er jedoch in der Lage, »zwei Welten zusammenzubringen« – einer der Gründe, warum Serapis Bey als der Göttliche Meister angesehen wird, der den Prozess des Aufstiegs unterstützt.

Entsprechend den Lehren von den Aufgestiegenen Meistern war Serapis Bey in der Zeit von Atlantis ein Priester, und so wie viele spirituell erwachte Menschen, die bewusst in Verbindung mit der Quelle lebten, floh er aus Atlantis, bevor es von einer vernichtenden Katastrophe heimgesucht wurde. Wie viele Bewohner von Atlantis ging er nach Ägypten, wo er der Legende nach mehrere Male eine Inkarnation als Priester wählte. Es geht sogar das Gerücht um, dass er als Pharao Amenophis III. lebte, jener Herrscher, von dem es bis zum heutigen Tag mehr Statuen und Büsten gibt als von allen anderen Pharaonen.

Als jemand, der ein hohes Interesse an antiken Mysterien hat, frage ich mich oft, ob Serapis Bey – wie die alten Yogis in Indien –, anstatt zu reinkarnieren, in seinem aufgestiegenen Zustand über viele Lebenszeiten hinweg existierte, die er damit verbrachte, die großartigen Werke und Lehren von Atlantis zu verbreiten, ähnlich wie Thot (siehe Seite 280).

Aufstiegskammer

Serapis Bey erscheint mir nicht als ein normaler Mensch, sondern als ein Lichtwesen. Er kleidet sich, wie es ein ägyptischer oder atlantischer Priester tun würde, strahlt jedoch ein glänzend klares und regenbogenfarbiges Licht aus. Wenn ich mich mit ihm verbinde, werde ich zu einem Tempel transportiert, der sich anfühlt, als befinde er sich im Inneren einer Pyramide der Kraft. Ich bekomme den Eindruck, dass dieser heilige ätherische Rückzugsort eine Aufstiegskammer ist, und dass viele spirituelle Adepten sie im Laufe der Jahrtausende besucht haben, um energetische Übertragungen und Codes zu empfangen, die ihnen bei ihrem eigenen Aufstiegsprozess halfen. Wenn ich mich in dieser Kammer befinde, gehen alle Lichter aus, und ich schwebe in totaler Dunkelheit. Ich höre die einfache Botschaft: »Du kannst nicht leuchten ohne Dunkelheit«, und dann findet sich das Licht wieder ein. Ich fühle, dass Serapis Bey das geistige Wesen ist, das spirituell Suchenden hilft, ihrem eigenen Licht zu vertrauen.

Beim Aufstieg geht es nicht darum, den Körper zu verlassen, wie bereits an früherer Stelle erwähnt. Bis zum Ende unseres physischen Lebens werden wir ermutigt, Licht in die Dunkelheit zu bringen, doch ist die Dunkelheit nichts Schlechtes, sondern es sind einfach die Teile unseres Selbst, die wir noch nicht verstanden oder kennengelernt haben, weil wir uns bisher nicht die Zeit dafür genommen haben. Serapis Bey weiß aus seiner Zeit in Atlantis, wie es ist, wenn Menschen ihre Macht missbrauchen oder Aspekten ihres spirituellen Selbst ausweichen; und jetzt unterstützt er von einer höheren Sphäre aus die Evolution des menschlichen Bewusstseins.

Er ist der Hüter des Kristallinen Strahls. Diese Energie ist nicht kristallklar, sondern regenbogenfarbig. Sie birgt die Heileigenschaften aller Farben des Regenbogens in sich. Indem wir uns mit Serapis Bey verbinden, können wir diese Energie herbeirufen. Es ist wie eine energetische Autowäsche, die jegliche Energien wegwäscht, die uns daran hindern könnten, das Licht zu sein, das zu sein wir geboren wurden.

Arbeiten mit Serapis Bey

Mit Serapis Bey zu arbeiten kann Ihnen helfen:

- Ihrem eigenen Licht und Weg zu vertrauen
- herausfordernde Zeiten gut zu überstehen
- den Weg des Aufstiegs zu gehen
- Ihr Licht zu verkörpern und leuchten zu lassen

Serapis Beys Aktivierung bringt Sie auf energetischem Wege zu seiner Aufstiegskammer, wo Sie mit dem notwendigen Licht aufgetankt werden, um Ihr eigenes Licht zu verkörpern und Ihr Leben dem Aufstieg zu widmen.

Aktivierung des aufgestiegenen Bewusstseins

Als Erstes rufen Sie den Kristallinen Strahl wie folgt herbei.

Atmen Sie tief. Visualisieren Sie sich selbst, eingetaucht in kristallklares und regenbogenfarbiges Licht.

Sprechen Sie folgende Affirmationen:

ICH BIN eins mit dem Kristallinen Strahl.

ICH BIN eins mit dem Wunderbaren.
Ich verbinde mich mit der göttlichen Klarheit und dem aufgestiegenen Selbst.

Wenn Sie die Veränderung der Frequenz spüren, sprechen Sie dieses bewusste Gebet:

Serapis Bey, atlantischer Priester, aufgestiegenes Licht, danke, dass du mich energetisch zu deiner Aufstiegskammer bringst.
Ich heiße deine Übertragung von Licht in mein Sein willkommen.
Danke, dass du das Licht in meinem Inneren erweckst, entschlüsselst und zum Strahlen bringst.
Ich trete ins aufgestiegene Bewusstsein.
Ich betrete den Weg aufgestiegenen Seins.
Ich entscheide mich, im Zustand höheren Bewusstseins zu leben.
Ich heiße die Übertragung von altem und heiligem Wissen und Einsichten willkommen, die mir helfen können, mein Leben auf einer höheren Ebene zu führen.
Ich hole das Bewusstsein und das alte Wissen meiner vergangenen Leben, die in meiner Seele verschlüsselt sind, ans Licht.
Ich bin bereit, mein Licht zu sehen.
Ich bin bereit, von meinem Licht erfüllt zu sein.
Ich bin vom Licht selbst beseelt.
Danke, Serapis Bey, dass du mir den Weg des Lichts weist.
Und so ist es.

Shiva

Shiva ist eine der wichtigsten Gottheiten im Hinduismus. Sein Name bedeutet »der Glückverheißende«. Manchmal wird er auch *Mahadeva* genannt, »Großer Gott«, und er ist Teil der hinduistischen Trinität, zusammen mit Brahma, dem Schöpfer; und Vishnu, dem Bewahrer. Shiva ist als der Zerstörer bekannt, weil er als mächtige beschützende Kraft des Universums verstanden wird. In jüngerer Zeit wurde er auch als der Transformator bekannt, da man ihn anrufen kann, um etwas Negatives zu transformieren.

Shiva erscheint in vielen Formen, jede mit ihrer eigenen Persönlichkeit. Eine meiner Favoriten ist Nataraja, der »kosmische Tänzer«, ein agiler Mann mit vier Armen, der mit einem angewinkelten Bein und stolzer Brust in einem Rad aus Feuer tanzt. Der Zweck dieser Form entspricht Shivas Hauptanliegen: die Zerstörung eines ermüdeten Universums, um so Brahma den Weg zu bereiten, einen neuen Schöpfungsprozess einzuläuten. Im spirituellen Kontext ist er die Macht, die wir um Hilfe bitten können, um Blockaden und Hindernisse aus unserem Weg zu räumen, damit wir wieder Raum haben für unsere künftige Entwicklung. Shiva kann uns helfen, einen Neubeginn in Angriff zu nehmen.

Er ist der göttliche Gemahl von Kali-Ma (siehe Seite 195), und so wie sie wird auch er aufgrund seiner feurigen, zerstörerischen Natur als zornige Gottheit betrachtet. In Wahrheit ist er aber ein Wesen bedingungsloser Liebe, und wenn wir seine Präsenz anrufen oder uns mit seiner Energie vertraut machen, wird er uns wie ein beschützender Vater in seinen Armen halten.

Shivas Symbole

Wenn Sie schon einmal Darstellungen von Shiva gesehen haben, fragen Sie sich vielleicht, was all diese Symbole oder Objekte bedeuten, mit denen er in Verbindung gebracht wird. Sie sind tatsächlich alle sehr schön und unterstreichen seinen Charakter.

Auf seinem Kopf trägt er häufig einen aufgehenden Mond, Symbol des Friedens, der Ruhe und des weiblichen Prinzips.

- Sein Dreizack ist ein Symbol für Schutz, wobei die drei Zacken die Hindu-Trinität und die drei Kräfte repräsentieren: Wissen, Wollen und Umsetzen.
- Um den Hals trägt er eine Schlange. Sie repräsentiert das Ego. Er schmückt sich mit ihr wie mit einem Edelstein, womit er zeigt, dass er keine Angst hat.
- In einer Hand hält er eine Trommel, zu Ehren der Musik; und in der anderen Hand eine Sonnenscheibe, die Licht und Leben repräsentiert.
- Manchmal hält er Gebetsperlen in der Hand oder trägt sie als Kette um seinen Hals. Sie repräsentieren Reinheit.
- Und schließlich sitzt Shiva häufig auf einem Tiger, was verdeutlicht, dass er sich des Wilden bewusst ist, aber nicht davon kontrolliert wird, indem er stark und gelassen dasitzt.

Ich fühle, dass diese Symbole tatsächlich dabei helfen, uns mit der Energie von Shiva zu verbinden. Er ist ein fantastischer Göttlicher Meister, der uns helfen kann, Einschränkungen und Ängste zu überwinden und stattdessen gelassen, stark und kraftvoll zu sein.

In Indien wurde mir vor Jahren die Ehre zuteil, einen Monat in der Stadt Tiruvannamalai zu verbringen, in der es den Arunachaleshwara-Tempel gibt, der Shiva gewidmet ist. Dieser liegt am Fuße eines heiligen Bergs namens Arunachala, wo sich der

Legende nach Shiva in spiritueller Form manifestiert. Ich ging mit einer Gruppe anderer Pilger den Berg hinauf. Wir zogen früh am Morgen los, und circa zwei Stunden später waren wir auf dem Gipfel. Kurz bevor man oben ist, wird man gebeten, die Schuhe auszuziehen, und man wird eine Gruppe von Gläubigen sehen, die den Hügel täglich barfuß hinaufsteigen, um Shiva zu ehren. Wenn Sie barfuß gehen, können Sie sich angeblich mit den Fußstapfen von Shiva selbst verbinden; auf dem Gipfel des Bergs sind zwei Füße markiert, damit Sie die Füße von Shiva ehren können.

Arbeiten mit Shiva

Mit Shiva zu arbeiten kann Ihnen helfen:

- den vor Ihnen liegenden Weg freizumachen
- die Ängste und Bösartigkeit Ihres Egos zu überwinden
- in herausfordernden Zeiten nicht wütend zu werden, sondern gelassen zu bleiben
- voller Vertrauen mit dem Universum zu tanzen

Zu Shivas Aktivierung gehört ein indischer Gesang, mit dem man seine Energie anzieht. Er beseitigt alle Hindernisse, damit Sie Ihrem Weg zum Licht folgen können.

Aktivierung der kosmischen Klärung

Beginnen Sie, indem Sie sich mit Ihrem Atem verbinden. Dann chanten Sie:

Shiva, Shiva, Shiva, Shambo, Mahadeva Shambo,
Shiva, Shiva, Shiva, Shambo, Mahadeva Shambo,
Shiva, Shiva, Shiva, Shambo, Mahadeva Shambo.

Legen Sie Ihre Hände auf Ihr Herz. Stellen Sie sich vor, von goldenem Licht umgeben zu sein. Ziehen Sie die göttliche Präsenz Lord Shivas mit diesen Worten an:

Lord Shiva, kosmischer Tänzer, göttlicher Transformator, danke, dass du mich mit deiner göttlichen Gegenwart segnest.
Es ist eine Ehre, mit dir in deiner unendlichsten und geheimnisvollsten Form verbunden zu sein.
OM namah Shivaya (OM: Einheit, die Schwingung, die das ganze Universum verbindet; Namah: zu ehren, zu respektieren, sich zu vereinigen mit; Shivaya: Shiva, der mächtige kosmische Führer), danke, dass du meinen Weg frei machst.
Ich heiße deine Weisheit in meinem Herzen und meinem Geist willkommen.
Danke, dass du mein Bewusstsein auf die Gedanken, Gefühle, Ideen und Glaubenssätze lenkst, die mich daran hindern, den Weg der Wahrheit zu beschreiten.
Danke, dass du mich führst, mich über die Einflüsterungen meines Egos zu erheben und mir hilfst, den Unterschied zwischen Angst und Führung zu erkennen.
Ich heiße deine führende Gegenwart willkommen.
Segne meine Energie, Shiva.
Ich heiße deinen Schutz, dein Licht und deine Führung willkommen.
Der vor mir liegende Weg ist frei.
Ich schreite voran, geführt vom Licht.

Ich tanze mit der Einheit des Universums.
Danke, Guru Devo, danke.
Und so ist es.

Visualisieren Sie ein strahlendhelles Licht, das Ihnen den Weg freimacht. Der Mahadeva zeigt Ihnen den Weg.

Sopdet, Königin von Sirius

Sopdet ist der altägyptische Name für den Stern Sirius, einer der wichtigsten Sterne im damaligen Ägypten. Die Göttin Sopdet ist seine weibliche Personifizierung. Ihr Name in Hieroglyphen kann als »Dreieck« oder »scharfkantig« übersetzt werden. Im Altgriechischen wird sie Sothis genannt, ein anderer Name für Sirius. Sie ist in vielen Formen dargestellt worden, meistens als Frau, die eine weiße Krone trägt, mit einem Stern obendrauf; doch manchmal wird sie mit einem länglichen Kopf oder Kopfschmuck dargestellt. Oft ist Isis an ihrer Seite, eine weitere Königin des Himmels (siehe Seite 180).

Sirius

Sirius ist der hellste Stern am nächtlichen Himmel und war für die alten Ägypter von höchster Bedeutung. Tatsächlich wurde unser heutiges Neujahr als die »Ankunft von Sopdet« gefeiert, da Sirius in der letzten Dezemberwoche zwischen Mitternacht und Morgengrauen hoch oben am Himmel zu sehen ist.

Dieser leuchtende Stern ist ein Mysterium. Es gibt ein berühmtes Buch, »Das Sirius-Rätsel« (*The Sirius Mystery*) von Robert Temple, in dem die These aufgestellt wird, dass das Volk der Dogon im westafrikanischen Mali einst in Kontakt mit Wesen aus dem Sternensystem Sirius war. Interessant dabei ist, dass die Dogon eine Tafel ihres Stammes mit der Bahn von Sirius A haben, dem hellsten Stern am Himmel, und seinem Gefährten, dem Weißen Zwerg Sirius B, der mit bloßem Auge nicht sichtbar ist und erst 1862 entdeckt wurde. Wussten diese Menschen davon, weil Wesen aus dem Sternensystem sie besucht hatten? Und ist es möglich, dass auch die alten Ägypter mit den Bewohnern von Sirius in Kontakt waren und dass Sopdet nicht »einfach« eine Gottheit war, sondern ein Wesen von den Sternen, mit dem sie persönlichen Kontakt hatten?

Sternenmenschen

Ich glaube wirklich, dass das Sternensystem Sirius die Heimat einer Rasse menschenähnlicher Wesen ist, die höchstwahrscheinlich in einer höheren Dimension als der unsrigen leben. Ich glaube, dass diese Wesen, genau wie Engel, durch Meditation und spirituelle Praktiken kontaktiert werden können. Ich habe mich auf sie eingestimmt und viele Eindrücke sowie Downloads empfangen und dabei gelernt, dass ihr Licht ein helles elektrisches Blau ist und Sopdet ihre Königin und Hohepriesterin. Ähnlich wie Hathor und die Hathoren (siehe Seite 159) sowie Lady Venus und die Venusier (siehe Seite 288), regiert sie die Sirianer und führt sie auf ihrer kosmischen Mission.

Da diese Wesen vom hellsten Stern am Himmel stammen, ist es ihre Mission, strahlendes Licht auf die Erde zu bringen. Mir wurde der Eindruck vermittelt, dass tatsächlich viele von ihnen derzeit als Lichtarbeiter auf der Erde inkarniert sind. Diese Menschen werden sich mit den Sternen verbunden fühlen. Einfach nur den Namen »Sirius« zu hören wird ihnen das Gefühl geben, in Kontakt zu sein und sich vielleicht an ihr wahres Zuhause zu erinnern. Häufig kommen Sternenmenschen, welchen Ursprungs auch immer, mit dem Gefühl auf die Welt, am falschen Ort zu sein und nicht hierherzugehören. Sie merken, dass sie immer wieder mal »den Bezug verlieren« und von Orten träumen, die weit weg zu sein scheinen. Dennoch sind sie aus einem bestimmten Grund auf die Erde gekommen, und indem sie sich an ihren Sternenursprung erinnern, werden viele von ihnen in der Lage sein, sich wieder mit der Aufgabe zu verbinden, die zu erfüllen sie hier sind.

Als ich versuchte, mit Sopdets Energie Kontakt aufzunehmen und sie bat, zu mir zu kommen, war ich nicht in der Lage, eine direkte Verbindung mit ihr herzustellen; meinem Gefühl nach war der Grund dafür, dass ich nicht von ihrem Sternensystem stamme. Es war nicht so, dass sie mich verurteilte oder im Stich ließ, sondern eher, dass sie sich ihren Leuten und deren Mission hier verpflichtet sieht. Ihre Schwingung fühlte sich sehr hoch an, und ich spürte deutlich, dass sie auf Frieden ausgerichtet ist. Danach bat ich meine Führer, ihr darzulegen, dass ich ein Bote bin, der sich dafür einsetzt, das Bewusstsein anderer zu erweitern, und dass unter den Menschen, die an meiner Arbeit interessiert sind, viele ihrer Schützlinge sein könnten. Sie gab nach, und mir wurde das Bild einer hochgewachsenen Frau gezeigt, bestehend aus unglaublichem Licht, auf einem Thron aus Sternen sitzend, eine Krone aus unbeschreiblichem Licht auf dem Haupt. Sie war eine echte Königin des Himmels und fühlte sich für mich allmächtig an.

Arbeiten mit Sopdet

Mit Sopdet zu arbeiten wird Ihnen helfen:

- Licht in der Dunkelheit zu finden
- eine Verbindung mit Ihrer Sternenkraft aufzubauen
- sich Ihres kosmischen Ursprungs zu erinnern
- Kontakt mit Helfern aus dem Volk der Sternenmenschen aufzunehmen

Wenn Sie den deutlichen Ruf verspüren, eine Verbindung mit Sopdet und ihren Sternenwesen einzugehen, werden Sie sich dazu inspiriert fühlen, diesen Stern am mitternächtlichen Himmel zu suchen, und das Gefühl erleben, wieder zu Hause zu sein, wenn Sie ihn finden.

Wo immer Sie herkommen, Sopdets Aktivierung wird Ihre Energie hochbeamen und Ihnen das Gefühl vermitteln, von unendlichem Licht umgeben zu sein.

Sternenlicht-Aktivierung

Diese Aktivierung nimmt man am besten nachts unter freiem Himmel vor. Wenn Sie Sirius am Himmel orten können – direkt neben dem rechten Fuß von Orion, dem Hundsstern, der dem Jäger folgt – schauen Sie hinauf und fassen Sie die Absicht, sich mit den Sternenmenschen von Sirius zu verbinden. Dann rufen Sie sie mit den Worten herbei:

Sopdet, Königin von Sirius, Sternenwesen von Sirius, danke, dass ihr eure Wellen elektrisch blauen Lichts meines Weges schickt.
Danke, dass ihr die Frequenz des Sirianischen Sternenlichts in meinem Innersten aktiviert.
Ich bin bereit, mich auf den hellsten Stern am Himmel auszurichten.
Ich erinnere mich an meine Bestimmung und die Aufgabe meiner Seele.
Danke, dass ihr mir das Wissen über meine Seelenreise auf der Erde und den Ursprung meiner Seele offenbart.
Ich rufe das Licht der Sterne zu mir herunter.
Ich bade im Licht der Sterne.
Ich bin eins mit dem Licht der Sterne.

Oh Strahlende, Sopdet, Königin des himmlischen Lichts,
danke, dass du mein Wesen mit deinem Segen erfüllst
und mich auf meinem Weg führst.
Ich bin bereit, mich an die Wahrheit meiner Seele zu erinnern.
Ich bekenne mich zu meiner kosmischen Identität.
Und so ist es.

Nehmen Sie sich Zeit, um das Licht der Sterne zu empfangen, und gehen Sie in den nächsten Tagen und Wochen immer wieder nach draußen, um weitere Downloads direkt aus dem Kosmos zu erhalten.

Thot

Thot ist der altägyptische ibisköpfige Gott der Schrift, der heiligen Magie und des Mondes. Verehrt als der heilige Erfinder des Schreibens, wird er als der geniale Geist hinter den Hieroglyphen und Bewahrer des ägyptischen Universums betrachtet.

In den magischen Zirkeln der westlichen Welt wird Thot als ein allmächtiger spiritueller Führer gesehen, der uns helfen kann, die Energie der Magie und die Macht unseres Willens zu verstehen. Er ist der Urheber der Hermetischen Schriften (siehe Seite 283). Die Griechen der Antike kannten ihn als Hermes Trismegistos, was so viel bedeutet wie »der dreimal größte Hermes«, während die Römer ihn als Merkur verehrten.

Insgesamt hat dieses göttliche Wesen in vielen Inkarnationen auf der Erde mannigfache Formen angenommen. Bei ihm dreht sich alles um Kommunikation, auf sämtlichen Ebenen, insbesondere jedoch zwischen unserer Welt und dem Göttlichen. Bei göttlicher Magie geht es darum, eine Verbindung zwischen Himmel und Erde herzustellen. Es geht darum, die Energien von »oben« und »unten« nutzbar zu machen, was uns dabei hilft zu erkennen, dass wir eine ewige innere Verbindung mit allem und letztendlich mit der göttlichen Quelle haben.

Mit Thot Kontakt aufzunehmen, ist eine wundervolle Erfahrung. Die Energie, der man dabei begegnet, lässt sich am besten mit der eines Großvaters beschreiben. Er übermittelt das Gefühl und die Energie von Sicherheit und fühlt sich wie ein magischer Führer an, der jede Menge Geschichten zu erzählen hat. Als ich anfing, den Kontakt mit ihm herzustellen, erschien er mir auf eine ähnliche Weise wie ein Engel: Ich sah das goldene und smaragdgrüne Licht, doch obwohl ich eine Präsenz fühlte, konnte ich kein physisches Wesen erkennen. Stattdessen war da eine energetische

Verbindung und eine innere Stimme, die leise sagte: »Ich bin eins mit der unendlichen Intelligenz, jenseits aller physischen Zustände des Seins, eins mit der Quelle der Schöpfung.« Dann erkannte ich einen dunkelhäutigen Mann, der wie ein Ägypter aussah, mit einem langen Schädel, das Gesicht rasiert, wobei seine Haare am Hinterkopf an Dreadlocks erinnerten. Seine Stirn war mit Gold bemalt, und er trug ein feierliches Gewand, aber mit entblößter Brust. Er schien in eine Zeremonie vertieft zu sein, doch die Szene veränderte sich, als wir uns von Tempel zu Tempel bewegten, von einer heiligen Stätte zur anderen, von Ägypten nach Atlantis. Ich erkannte, dass Thot mir seine vielen Inkarnationen auf der Erde zeigte.

Für mich fühlte es sich an, als wäre Thot, der Mann mit den vielen Namen und vielen Inkarnationen, irgendwie engelsgleich geworden. Er ist ein Lichtwesen, ein mehrdimensionaler Geistführer, bereit, mit allen zu arbeiten, die die nächste Stufe ihrer spirituellen Entwicklung erreichen wollen. Mit Thot zu arbeiten ist nichts für schwache Nerven, denn er wird alle Aspekte Ihres Lebens und der Welt enthüllen, die uns daran hindern könnten, Fortschritte zu machen. Doch es steht fest, dass er ein mächtiger spiritueller Verbündeter ist, der dabei hilft, uns auf die Frequenzen der göttlichen Magie einzustimmen, damit wir die Unterstützung des Universums nutzen können.

Da er ein göttlicher Führer des Himmels und der Erde ist, kann man Thot am besten als ein kosmisches Lichtwesen beschreiben, das viele Formen annehmen kann, es jedoch vorzieht, uns auf telepathischem Wege Inspirationen und Visionen zu senden.

Atlantis

Es wird gesagt, dass Thot ein Priesterkönig aus Atlantis war. Demzufolge war er nicht nur ein spiritueller Berater der Menschen von Atlantis, er war auch ihr Führer.

Durch die Verbindung mit seiner Energie habe ich erkannt, dass er versucht hatte, auf liebevolle Weise zu führen. Er war streng, aber gerecht. Viele der Atlanter jedoch befolgten nicht die spirituellen Gesetze, die Thot ihnen vermittelt hatte. Er versuchte, sie zu führen, doch wusste er, dass er sie aufgrund ihres freien Willens nie zwingen konnte, das Gleichgewicht zwischen irdischen Vergnügungen und der Hinwendung zum Licht zu finden.

Der Legende nach wusste Thot, dass Atlantis für den Missbrauch spiritueller und übersinnlicher Kräfte mit Konsequenzen rechnen musste. Daher bereitete er sich vor, Atlantis zu verlassen, wobei er nur die wichtigsten spirituellen Lehren rettete, einschließlich der Smaragd-Tafel (siehe unten). Er musste nach Afrika fliehen und fand sich schließlich in Ägypten wieder, wo er sein Wissen an das Land, die Tempel und die vielen Schüler weitergab, die er einweihte.

Die Seelenlektionen der Atlanter

Die Bewohner von Atlantis, die Thots Hauptlehren über spirituelle Integrität und Licht befolgten, sind heute eine Gemeinschaft hoch entwickelter Seelen, die mit Thot zusammenarbeiten, um all jene zu führen, die offen sind für eine Verbindung mit ihnen – so wie die Engel. Sie sind darauf spezialisiert, alle zu unterstützen, die sich von bestimmten Aspekten ihres Lebens in ihrer spirituellen Entwicklung beeinträchtigen lassen. Sie können uns helfen, irdische Vergnügungen auf eine respektvolle Weise zu genießen, die im Einklang mit den spirituellen Gesetzen ist. Im Grunde genommen sind sie bereit, uns zu helfen, die Fehler vieler ihrer Landsleute und die daraus entstandenen Leiden, die ihre Zivilisation ertragen musste, zu vermeiden.

Die Bewohner von Atlantis, die ihre spirituellen Kräfte missbrauchten oder ihren Weg nicht mit Hingabe und Demut beschritten, haben seitdem durch eine Reihe von Inkarnationen das Rad des Karmas durchlaufen, um zu lernen, das Licht zu würdigen und zu ehren. Ich glaube, dass viele heutige Lichtarbeiter atlantische Inkarnationen hatten und ihre Lektionen jetzt lernen.

Die Hallen von Amenti

Thot hat einen spirituellen Rückzugsort namens »Die Hallen von Amenti«. Es handelt sich dabei um einen Ort des Lernens, den wir im Traumzustand und in der Meditation aufsuchen können, um die Weisheit von Thot zu nutzen sowie Aktivierungen zu empfangen, die uns auf unserem spirituellen Weg unterstützen.

Viele spirituell Suchende denken, dass diese Hallen der heilige Ort sind, der im Inneren der Großen Pyramide von Gizeh verborgen liegt. Wenn ich Kontakt mit dieser Energie aufnehme, fühle ich jedoch, dass diese Hallen sich in einer völlig anderen Dimension befinden. Meinem Gefühl nach handelt es sich bei ihnen höchstwahrscheinlich um einen heiligen Tempel von Atlantis, der die Dimension gewechselt hat, bevor Atlantis unterging.

Die Hermetischen Schriften und die Smaragd-Tafel

Die Hermetischen Schriften sind eine Reihe ägyptisch-griechischer heiliger Schriften aus dem zweiten Jahrhundert nach Christus. Sie bestehen aus einer Ansammlung von Dialogen zwischen einem Lehrer (Thot/Hermes) und einem Schüler (der Leser). Die Texte bilden die Basis der Hermetik, einer spirituellen Tradition, die Wissenschaft und Spiritualität durch die Erforschung von Kosmos, Geist und Natur miteinander verbindet. Sie basiert auf dem Konzept der Alchemie, also der Kunst, Blei in Gold zu verwandeln – oder im übertragenen Sinn etwas Bleiernes, Schweres in etwas Wertvolles, Glänzendes umzuwandeln.

Der am meisten gefeierte Hermetische Text ist die sogenannte Smaragd-Tafel (*Tabula Smaragdina*). Laut der Überlieferung wurde diese »Tafel« aus einem grünen Edelstein gearbeitet (in der Antike wurden alle grünen Steine als Smaragde bezeichnet) und nach dem Untergang von Atlantis nach Ägypten gebracht, wo sie in einem verborgenen Tempel unter der Großen Pyramide aufbewahrt wurde. Obgleich diese Legende weite Verbreitung gefunden hat, ist die ursprüngliche Quelle der Smaragd-Tafel unbekannt. Der Autor signierte mit »Hermes Trismegistos«, und der Text, der aus 14 Seiten besteht, erschien zum ersten Mal in einem Buch, das irgendwann zwischen dem sechsten und achten Jahrhundert geschrieben wurde. Eine der einflussreichsten Stellen in dem Text lautet: »Wie oben, so unten«, ein Satz, der von magischen Kreisen weltweit übernommen wurde.

Ich besitze eine Kopie der Smaragd-Tafel, die in phönizischer Sprache auf durchscheinendem grünem Harz geschrieben ist. Als ich dieses Kunstwerk empfing, wurde mir gleichzeitig eine tiefere Erkenntnis über die Smaragd-Tafel zuteil. Wenn sie auch die Verbundenheit zwischen allen Dingen enthüllt, fühle ich, dass es um mehr geht. Den Text wiederholt zu lesen ist eine spirituelle Übung, die uns erlaubt, höheres Wissen anzuzapfen. Es ist fast so, als ob wir durch das Meditieren über diese mächtigen Worte das kosmische Lichtwesen namens Thot herbeirufen und allmählich ein tieferes Verständnis für das Universum und die Rolle erlangen, die wir darin spielen.

Es gibt viele Übersetzungen der Smaragd-Tafel, unter anderem einige von führenden Namen im Bereich der Spiritualität und Philosophie, wie zum Beispiel Isaac Newton und Helena Blavatsky. Hier ist meine persönliche Version:

Verkündet von der höchsten Wahrheit, mit absoluter Sicherheit.
Wie oben, so unten. Das Wunder des Einen wirkend.
Alle Dinge entstammen dem Einen.
Vater in der Sonne. Mutter im Mond.
Die Lebenskraft liegt in dir. Die Erde nährt uns.
Kraft und Intelligenz sind seit jeher perfekt.
Bewahre die Erde vor Schaden. Loslassen ohne Urteil.
Steige mit größtem Bewusstsein auf von der Erde zum Himmel.
Vereine dich mit dem Einen.
Verbinde dich mit dem Licht des ganzen Universums, und alle Unsicherheit wird wegfallen.
Mit diesem tiefen Wissen werden alle Lebewesen fähig sein, alle Herausforderungen zu überwinden.
Dies ist die Kraft der Schöpfung.
Der göttliche Plan entfaltet sich.
Ich bin Hermes Trismegistos, Bewahrer der Weisheit des Universums.
Meine Übertragung des Lichts ist vollständig.

Ich glaube, dass es bei der Smaragd-Tafel letzten Endes darum geht, das Licht im Inneren zu erwecken – sie enthält die vorbereitenden Richtlinien für den Aufstieg, auf dass wir große Leuchttürme des Lichts auf Erden werden können. In der nachfolgenden Aktivierung können Sie all diese Grundsätze in sich aufnehmen.

Arbeiten mit Thot

Mit Thot zu arbeiten hilft Ihnen:

- Ihr spirituelles Wachstum zu beschleunigen
- die Unterstützung von Himmel und Erde herbeizurufen
- die von Ihrem Ego bedingten Rückschläge zu überwinden
- klare Absichten zu setzen
- jegliche Dunkelheit in Ihrem Leben in eine großartige »goldene« Gelegenheit umzuwandeln

Diese Aktivierung erlaubt Ihnen, eine göttliche Übermittlung von Thot zu empfangen und die Weisheit der Smaragd-Tafel und der Hallen von Amenti herbeizurufen.

Aktivierung der Smaragd-Tafel

Nehmen Sie sich einen Moment Zeit, um Ihre Energie zu sammeln. Reiben Sie Ihre Handflächen aneinander und wecken Sie damit Ihre Energie, dann legen Sie die Hände auf Ihr Herz und verbinden sich mit der Stille und Weisheit im Inneren. Sie haben in Ihrem Herzen einen wunderbaren Lehrer. Darüber hinaus sind Sie ein Gefäß, dass das Licht auf die Erde bringen kann. Sie haben schon viele Inkarnationen gelebt.

Thot, großer Bewahrer der Wahrheit,
Priesterkönig aus Atlantis, bekannt unter vielen Namen, Hermes, Merkur, Dreifach-Großer, danke dass du mich durch das Sternentor meines Herzens in die Hallen von Amenti bringst.

Ich bin bereit, deine göttliche Übertragung und die Aktivierung der Smaragd-Tafel zu empfangen.
Danke, dass du die Weisheitsformeln der Alchemie in mein Sein legst, auf dass ich alle Dunkelheit und Unsicherheit in Licht umwandeln kann.
Ich rufe mir in Erinnerung, dass alles, was oben ist, mit allem verbunden ist, was unten ist.
Ich freue mich, wissend, dass alles, was unten ist, mit dem Himmel oben verbunden ist.
Ich heiße die Segnungen von Himmel und Erde in meinem Herzen willkommen.
Großer Vater des Himmels, segne mich mit deinem Sonnenlicht.
Große Mutter des Mondes, segne mich mit deinem Mondlicht.
Thot, danke für deine Hilfe, damit ich mich auf die Lebenskraft in meinem Inneren ausrichten und mit ihr verbinden kann.
Danke, dass du mir hilfst, mich an die Weisheit meiner vielen Leben zu erinnern.
Ich bin bereit, von deinem magischen Licht geführt zu werden, in dem Wissen, dass du mir durch meine Entscheidungen helfen wirst, meiner höchsten Berufung bewusst und verständnisvoll zu folgen.
Danke, dass du mir zeigst, wie ich schädliche Verhaltensweisen, Personen und Orte aus meiner Umwelt entfernen kann, damit ich von Licht und Gnade erfüllt werde und mein Leben in einer Weise führen kann, die meiner Seele Befriedigung schenkt.
Ich richte mich auf die Macht der Schöpfung aus.
Ich vertraue auf die Entfaltung des göttlichen Plans.
Und so ist es.

Lady Venus

Lady Venus ist eine hoch entwickelte kosmische Wesenheit aus seligem Licht, deren Aufgabe es ist, uns mit der göttlichen Weisheit zu verbinden. Sie ist eine interplanetarische Repräsentanz göttlicher Liebe und Übermittlerin höheren Bewusstseins, die den Prozess des Aufstiegs für Lichtarbeiter und unseren Planeten unterstützen wird. Als Zwillingsflamme von Sanatkumara (siehe Seite 260) wird sie oft als Lady Venus Kumara bezeichnet, jugendliche oder ewige Lady Venus. Sie ist die Hüterin des Planeten Venus und die Königin der kosmischen Wesen, die als Venusier bekannt sind (siehe Seite 290).

Obgleich sie weniger berühmt ist als ihre Zwillingsflamme, ist Lady Venus in letzter Zeit bekannter und besser verstanden worden. Es heißt, sie sähe aus wie eine junge Frau von circa 16 Jahren, mit strahlend blondem Haar und menschlichen Gesichtszügen ähnlich denen eines typischen Mädchens aus Skandinavien. Wenn ich hellseherisch mit ihr Kontakt aufnehme, sehe ich ein Wesen aus strahlendem Licht. Sie sieht irgendwie außerirdisch aus, hat aber dennoch eine menschenähnliche Gestalt. Sie ist überdurchschnittlich groß, und ihre Aura erstrahlt in den goldenen und hellrosa Farbtönen. Wenn sie anwesend ist, fühlt sich die Luft rein an. Ihre intensiven blauen, beinahe lilafarbenen Augen leuchten so hell wie Diamanten in der Mittagssonne. Wenn ich ihre Energie empfange, spüre ich, wie sich mein drittes Auge aktiviert und es an meinem Scheitel zu kribbeln beginnt.

Venus

Aus astrologischer Sicht steht der Planet Venus für Liebe, Themen des Herzens, Sexualität und Eitelkeit. Umwerbung, Anbetung, persönlicher Geschmack, persönliche Werte und unser Verhältnis zu Besitz sind Themen, die mit ihrer Energie verbunden sind. Als ich Lady Venus anrief, um mein Verständnis zu vertiefen, erhielt ich einen klaren Hinweis. Unsere astrologische Vorstellung von der Venus scheint durch den menschlichen Geist limitiert zu sein. Venus ist der Planet, der die Liebe repräsentiert – was wir lieben, und wie wir Liebe aus menschlicher Sicht erleben. Doch wenn wir in der Lage sind, das heilige Wissen dieses Planeten anzuzapfen, werden wir darüber hinaus noch viel mehr erfahren. Dies ist die Antwort, die ich empfangen habe:

Auf einer mehrdimensionalen Ebene ist Venus der Planet, der deine persönliche Verbindung mit dem Göttlichen repräsentiert. Wenn du die Energie der Venus und der Venusier herbeirufst, wirst du unterstützt, deine eigene Erfahrung der göttlichen Liebe zu machen. Auf dem Planeten Erde nähern sich viele von euch Menschen der göttlichen Verbindung und der Erfahrung des Göttlichen über Bücher und Wissen. Die Energie der Venus ermutigt dich, deine persönliche Beziehung und dein Verständnis des Göttlichen in deinem eigenen Herzen und auf einer höheren Herzensebene zu nutzen.

Das heißt, Lady Venus hilft uns, unser göttliches Potenzial zu erwecken und das Göttliche auf der Ebene des eigenen Herzens zu erfahren. Häufig versuchen wir, uns mit der göttlichen Quelle mithilfe von dem zu verbinden, was wir von anderen gelernt haben. Lady Venus hilft uns, die damit verbundenen Einschränkungen hinter uns zu lassen. Sie hilft uns zu verstehen, dass über Gott zu lernen und Gott zu erfahren zwei völlig verschiedene Dinge sind.

Falls Sie jemals das Gefühl hatten, nicht gut genug für Gott zu sein, ist Lady Venus genau die richtige Aufgestiegene Meisterin, die Sie anrufen sollten. Vielleicht sind Sie in einer religiösen Familie aufgewachsen oder haben eine Religion praktiziert, die Ihnen das Gefühl vermittelt hat, sündig oder wertlos zu sein. Dafür wurden Sie nicht geboren. Sie sind hier, um die göttliche Liebe mit Ihrem ganzen Wesen zu erfahren.

Die Venusier

Die Venusier sind fortgeschrittene kosmische Wesen, die den Engeln ähneln und vom Planet Venus kommen. Sie sind unsere Sternenahnen und haben es sich zur Aufgabe gemacht, uns zu helfen, die göttliche Liebe zu erfahren und zu verkörpern. Wenn wir sie anrufen, werden sie erscheinen und uns führen.

Genau wie bei den Engeln geht die Zahl der Venusier in die Millionen, und wir haben die Möglichkeit, in eine persönliche Beziehung mit einem dieser Wesen zu treten, so wie wir es mit einem Geistführer oder Schutzengel tun können. Der Unterschied besteht darin, dass die Venusier – wenn sie merken, dass ihre Arbeit mit uns vollbracht ist – weiterziehen, um anderen zu helfen. Nicht weil diese Wesen durch Raum und Zeit eingeschränkt sind, sondern weil sie sich selbst zurücknehmen, damit wir erkennen können, wie weit wir bereits auf unserem Weg des Erwachens und des Aufstiegs gekommen sind.

Wenn Sie sich von diesen Erkenntnissen angezogen fühlen oder eine starke Verbundenheit mit den Sternen oder Sternenmenschen verspüren, ist es gut möglich, dass derzeit viele außerirdische Wesen mit Ihnen arbeiten. Es ist wichtig zu erwähnen, dass es keine festgelegte Art der Zusammenarbeit oder Verbindung mit den Venusbewohnern gibt, doch sie werden, wenn nötig, in Träumen oder während der Meditation Kontakt mit Ihnen aufnehmen und Informationen mit Ihnen teilen, die Ihnen auf Ihrem Weg helfen werden.

Downloads, Upgrades und Lichtcodes

Mithilfe von Lady Venus können wir uns leichter den Downloads spiritueller Informationen und Erkenntnissen öffnen, die für unser geistiges Wachstum entscheidend sind. Die Informationen werden durch Botschaften und Visionen übermittelt, die wir hören oder sehen können, aber auch in Form energetischer Upgrades.

In der Vergangenheit hatte ich in meinen Meditationen häufig das Gefühl, Informationen empfangen zu haben, aber da ich weder eine klare Botschaft vernommen noch konkrete nächste Schritt gezeigt bekommen hatte, war ich mir nicht sicher. Als ich um zusätzliche Informationen bat, ließen meine Engelführer mich wissen, dass ich Lichtcodes in meinen Energiekörper heruntergeladen hatte, die mir bei meiner Arbeit helfen würden. Heute sehe ich oft den Download kommen. Er kann wie Symbole aussehen, oder – falls Sie den Film »Matrix« gesehen haben – wie jene elektronischen Codes, die auf dem Bildschirm erscheinen und sich nach unten bewegen.

Hier ein paar Möglichkeiten, um sicherzugehen, dass Sie einen Download, ein Upgrade oder einen Lichtcode empfangen:

- Sie hören zufälliges Pfeifen, hohe Töne, Obertöne oder ungewöhnliche Geräusche, die alle Frequenz-Downloads sind, die vom Himmel kommen.
- Sie erhalten Informationen in einer Sprache, die Sie weder kennen noch verstehen.

- Sie hören einen Führer, der zu Ihnen in einer anderen Sprache spricht, höchstwahrscheinlich einer Lichtsprache, eine mehrdimensionale hochfrequente Sprache, die hilft, Ihren Energiekörper zu aktivieren.
- Sie sehen die Nummernfolge 11:11 – ein klares Zeichen, dass Sie Hilfe von der Quelle erhalten.
- Sie haben das Gefühl, dass Sie eine Botschaft erhalten, selbst wenn Sie sich noch nicht im Klaren sind, worum es sich dabei handeln könnte.
- Sie zeichnen bei der Energiearbeit oder beim Tagebuchschreiben willkürliche Symbole in die Luft, was die menschliche Form ist, hochfrequente spirituelle Downloads zu verarbeiten.

Oft können wir einen Download nicht komplett verstehen, wenn er uns erreicht. Natürlich möchten wir genau wissen, was er bedeutet oder wie er uns unterstützen kann, doch meistens kommen diese Fragen von unserem Ego. Wenn Sie jemals das Gefühl haben, einer empfangenen Information auf den Grund gehen zu müssen, laden Sie Lady Venus und die Venusier in Ihren energetischen Raum ein und bitten sie, Ihnen beim Entschlüsseln des Downloads zu helfen.

Arbeiten mit Lady Venus

Lady Venus kann Ihnen helfen:

- Ihre Verbindung mit dem Spirituellen zu stärken
- sich einer persönlichen Erfahrung mit der Quelle/Gott zu öffnen
- Allianzen mit Sternenwesen zu bilden, die Ihre persönlichen Führer sein können

- Informationen herunterzuladen, die Ihr Wachstum fördern
- Ihre »energetische Bandbreite« zu vergrößern, um auf spiritueller Ebene mehr zu empfangen

Lady Venus kann Ihnen überdies helfen, sich über jedwede falschen und einschränkenden Ideen hinwegzusetzen, die Ihnen auferlegt wurden und Ihrem Wachstum und Ihrer Heilung im Wege stehen könnten. Wenn Sie bereit sind, sich von diesen Einschränkungen zu befreien, sprechen Sie 33 Tage lang das folgende Gebet:

Danke, Lady Venus, dass du mir hilfst, jene einschränkenden Ideen, Vorstellungen und Geschichten hinter mir zu lassen, die von anderen in mein Herz und mein Energiefeld gepflanzt worden sind. Ich bin jetzt bereit, die Fesseln und Ketten zu lösen, die mich davon abhalten, höher aufzusteigen.
Danke, Lady Venus, dass du mir den Weg raus aus meinem Verstand und rein in mein Herz zeigst, damit ich meine eigene persönliche Verbindung mit der Quelle erleben kann.
Danke, Energie der Quelle, dass ich dich direkt erfahren kann.
Ich bin bereit, mir meines persönlichen Werts bewusst zu werden.

Bei der Aktivierung von Lady Venus geht es darum, sich durch die höheren Chakras mit der göttlichen Weisheit zu verbinden und den energetischen Empfang zu erweitern, um eine Art infrarote Breitbandverbindung herzustellen.

Aktivierung des erweiterten Empfangs

Atmen Sie tief ein und zentrieren Sie sich.

Stellen Sie sich vor, dass Ihr ganzes Wesen in seligem Licht erstrahlt.

Beginnen Sie, innerlich zu chanten, oder auch laut, wenn Sie wollen. Dehnen Sie dabei die Silben:

Lady Venus (Leeeei diiii Veeeeenus),
Lady Venus,
Lady Venus, danke, dass du meine Energie in dein hochfrequentes Licht hüllst.
Ich heiße deine energetischen Upgrades in meinem Energiefeld willkommen.
Danke, dass du mir hilfst, meine eigene persönliche Verbindung mit der Quelle herzustellen.
Ich bin bereit, meine eigene Erfahrung mit der göttlichen Liebe zu machen.
Ich akzeptiere, dass ich ein Funke des göttlichen Geistes bin und mich jetzt mit dieser unendlichen Intelligenz verbinde.
Danke, dass du eine tiefgehende, konkrete Verbindung zwischen meinem Geist und dem Geist der Quelle herstellst.
Durch mein Kronenchakra, Seelensternchakra und Sternentorchakra stimme ich mich auf das alte Wissen, die Weisheit der Sterne und die Gegenwart des Lichts ein und verbinde mich damit.
Danke, dass du mir eine kraftvolle, inspirierte und verstärkte Verbindung mit dem Göttlichen ermöglichst.
Ich heiße deine Segnungen willkommen.

Ich bin bereit, mich von deiner Liebe führen zu lassen.
Danke, dass du mir hilfst, zu meinem Sternenursprung zurückzufinden.
Ich heiße die Gegenwart und Führung der Venusier willkommen.
Ich werde von der göttlichen Liebe gehalten.
Ich werde von der göttlichen Liebe gestärkt.
Ich werde von der göttlichen Liebe aktiviert.
Danke, Königin der Venus, Herrin des Lichts, dass du mich mit deiner Gegenwart segnest.
Ich bin verbunden.
Und so ist es.

Den inneren Meister erwecken

In Ihrem Inneren ist ein großes Licht.
Ein Licht, das nie erlöschen wird.
Ein Licht, das scheinen kann, wann immer Sie sich der Dunkelheit stellen.
Dunkelheit ist nicht die Abwesenheit von Licht, sondern die Einladung, es leuchten zu lassen.
Eine Einladung, präsent zu sein.
Eine Einladung, sich zu erinnern.
Eine Einladung, zu erwachen.
Rufen Sie Ihr inneres Licht hervor.
Laden Sie Ihr inneres Licht ein, Ihr Herz und Ihre Seele ganz zu erfüllen.
Lassen Sie sich von dem Licht leiten.
Lassen Sie sich von dem Licht führen.
Lassen Sie sich von dem Licht daran erinnern, wer Sie wirklich sind.
Ein verkörpertes kosmisches Wesen.
Ein Stern in seiner nächsten Inkarnation.
Altes Wissen in menschlicher Form.
Die Gegenwart der Liebe, die sich selbst zum Ausdruck bringt.
Ein Licht, das geboren wurde, um zu leuchten.
Lassen Sie die Welt an Ihrem Strahlen teilhaben.

Das intuitive Bedürfnis, eine Verbindung mit den Meistern des Alten Wissens herzustellen, ist ein heiliger Weckruf. Es gibt einen Grund dafür. Es geht nicht nur darum, dass Sie neugierig sind oder etwas bewegen wollen, sondern dass Sie sich an etwas zutiefst Heiliges in Ihrer Seele erinnern. Etwas passiert tief in Ihrem Inneren.

Ich glaube, dass Sie, bevor Sie in diesen Körper gekommen sind, bevor Sie überhaupt zu einem Menschen wurden – und das gilt für uns alle – kosmische Energie, reine Liebe, eine Quelle des Lichts waren. Sie tanzten über den Nachthimmel und haben die Welt allein durch Ihre Existenz zu einem helleren Ort gemacht.

Sie waren einmal ein Stern. Es wurde Ihnen die Gelegenheit geboten, als menschliches Wesen auf diesem Planeten zu inkarnieren. Es wurde Ihnen der Raum gegeben, herabzusteigen und die Lektionen des Lebens zu erfahren. Es wurde nicht alles vorgezeichnet, doch vor Ihrer ersten Inkarnation haben Sie die Absicht formuliert, sich daran zu erinnern, wer Sie in Wahrheit sind. Wahrscheinlich ist das jedoch nicht eingetreten, und das ist der Grund, warum Sie sich immer wieder inkarniert und mehr über die Welt erfahren haben.

Sie haben den karmischen Kreislauf durchlaufen, verschiedene Leben gelebt, als verschiedene Menschen, in verschiedenen Teilen der Welt. Jede Inkarnation hat sich wie ein ganzes Leben voller Lektionen und Erfahrungen angefühlt. Doch Ihre Seele ist an jeder Erfahrung der Liebe und des Verlusts gewachsen, hat sich mit jeder Inkarnation weiterentwickelt.

Ihr jetziges Leben ist anders. Sie haben sich an mehr erinnert als je zuvor. Sie fühlen sich als Teil von etwas Größerem – einer universalen Lebenskraft, einer Liebe, die nicht aufhört zu lieben. Sie wissen, dass diese Liebe Teil Ihres wahren Wesens ist, und wenn Sie diesen Zyklus vollendet haben, ist sie der Ort, an den Sie zurückkehren werden. Das Seltsamste dabei ist: Sie wissen, dass Sie eigentlich nie weggegangen sind. Tief in Ihrem innersten Wesen sind Sie nach wie vor eins mit allem, was ist, war, und je sein wird. Sie sind nach wie vor der Stern, der über den mitternächtlichen Himmel tanzt, doch Sie sind jetzt auch viele andere Dinge und Sie waren viele andere Menschen.

All dies ist der Grund, warum Sie einen großen Meister in Ihrer Seele tragen, uralt, weise und klug. Manchmal verschafft sich dieser Meister durch Ihre innere Stimme Gehör, doch Sie können ihn auch absichtlich herbeirufen.

Deshalb geht es bei der letzten Aktivierung in diesem Buch darum, den inneren Meister zu aktivieren. Es ist Zeit, diesen uralten Teil Ihres Wesens einzuladen und um Führung zu bitten. Lassen Sie sich von ihm bei der Aktivierung Ihrer spirituellen Gaben helfen. Lassen Sie sich zeigen, wie Sie vergangene Konflikte lösen und durch Vergebung wachsen, ein sinnerfülltes Leben führen und die Gegenwart Ihrer Engel und Geistführer fühlen können.

Der Meister in Ihrem Inneren, genau wie die anderen Meister, kann sich seinen Weg in Ihre Welt nicht erzwingen. Er benötigt eine Einladung. Wenn Sie diese Aktivierung vornehmen, sprechen Sie damit diese Einladung aus und erlauben der meisterhaften Energie in Ihrem Inneren, zu erwachen und Sie zu führen.

Aktivierung des inneren Meisters

Konzentrieren Sie sich auf Ihren Atem.

Legen Sie Ihre Hände auf Ihr Herzchakra.

Atmen Sie tief in Ihr Herz.

Verbinden Sie sich mit der Zärtlichkeit in Ihrem Herzen.

Betrachten Sie sich selbst jenseits dieser Lebenszeit.

Visualisieren Sie sich als einen Stern im Herzen des mitternächtlichen Himmels.

Fassen Sie die Absicht, Ihre wahre Essenz zu erkennen.

Machen Sie sich bewusst, dass Sie Teil von etwas Größerem sind.

Erkennen Sie, dass Sie nicht allein sind.

Viele Engel und Aufgestiegene Meister versammeln sich um Sie.

Sie sind durch die göttliche Matrix miteinander verbunden.

Verbinden Sie sich mit Ihrem inneren Licht.

Erlauben Sie diesem Licht, sich Ihnen zu enthüllen.

Lassen Sie zu, dass diese Energie Ihre menschliche Form erfüllt.

Dann sprechen Sie diese aktivierenden Worte:

Erwache jetzt, Oh großer ewiger Weiser in meinen Inneren, Lichtwesen, heilige Gezeiten des Lebens selbst, ruhend im Herzen meines Seins.
Ich lade dich ein, hervorzukommen.
Ich heiße dich bewusst in meinem Leben willkommen.
Danke, dass du mich führst.
Danke, dass du mir hilfst, mich an die Verbundenheit aller Dinge zu erinnern.
Danke, dass du mir die Möglichkeit gibst, die wichtigen Lektionen dieser Inkarnation zu lernen.
Ich bin bereit, jegliches frühere Karma zu überwinden und mich an mein wahres Selbst zu erinnern.
Wie ein großer leuchtender Stern am mitternächtlichen Himmel, aktiviere ich mein ewiges Licht.
Ich aktiviere meine Macht, zu wissen.
Ich aktiviere den ewigen Meister in meinem Inneren.
Ich kehre zurück zum wahrsten Ausdruck meines Selbst.
Danke, Sternenlicht-Selbst, dass du die Schale meines Seins füllst, bis ich überfließe.
ICH BIN Licht.
ICH BIN verkörpertes altes Wissen.
Ich erinnere mich.
Und so ist es.

Legen Sie Ihre Hände auf Ihr Herz. Atmen Sie tief ein und aus. Nehmen Sie jegliche Unterstützung, Visionen oder Erinnerungen an, die aufsteigen.

Der Meister in Ihrem Inneren ist aktiviert worden. Nun nehmen Sie ihn mit in die Welt hinaus.

Empfohlene Lektüre

Shirley Andrews, *Atlantis: Insights from a lost civilization*, Llewellyn Publications, 1997; AuthorHouse, 2018

–, *Lemuria and Atlantis: Studying the past to survive the future*, Llewellyn Publications, 2004

Helena Petrovna Blavatsky, *The Secret Doctrine*, 2 vols, Theosophical Publishing Company, 1888; Forgotten Books, 2008

Diana Cooper, *Dein Aufstieg ins Licht: Schlüssel zur Entfaltung deines Meisterpotenzials*, Hans-Nietsch-Verlag, 2007

Judy Hall, *Crystal Skulls: Ancient tools for peace, knowledge and enlightenment*, Weiser Books, 2016

Tom Kenyon, *Die Weisheit der Hathoren: Botschaften einer aufgestiegenen Zivilisation*, Koha, 2013

Godfré Ray King, *Unveiled Mysteries*, 1934; Martino Fine Books, 2011; Start Publishing, 2012

–, *Die magische Gegenwart*, Saint Germain Press, 2015

Drunvalo Melchizedek, *Die Blume des Lebens*, Koha, 2000

Robert Simmons, *The Book of Stones: Who they are and what they teach*, North Atlantic Books, 2005; überarbeitete Ausgabe, 2015

Robert K. G. Temple, *The Sirius Mystery*, St Martin's Press, 1976; überarbeitete Ausgabe, Inner Traditions, 1998

Hermes Trismegistus, *The Emerald Tablet of Hermes*, Merchant Books, 2013

Paramahansa Yogananda, *Autobiographie eines Yogi*, Self-Realization Fellowship, 2001

–, *Die Wiederkunft Christi*, Self-Realization Fellowship, 2013

Über den Autor

Kyle Gray hat seit früher Kindheit übersinnliche Begegnungen. Im Alter von vier Jahren suchte ihn die Seele seiner verstorbenen Großmutter auf. Als er aufwuchs, hatte er stets die Gabe, Dinge zu hören, zu fühlen und zu sehen, die über die natürlichen Sinne hinausgehen. Dies führte ihn dazu, die Kraft und Liebe der Engel zu entdecken.

Heute ist Kyle einer der angesagtesten und gefragtesten Experten auf diesem Gebiet. Auf seine unnachahmlich bodenständige und authentische Weise macht er einem modernen Publikum Engel und Spiritualität zugänglich und zeigt den heutigen Leser:innen, wie wichtig altes spirituelles Wissen ist. Kyle hält Vorträge auf der ganzen Welt, die gerade in Großbritannien und Europa schnell ausverkauft sind. Er lebt im schottischen Glasgow und ist Autor von sieben Büchern und vier Orakelkarten-Decks.

kylegrayuk

@kylegrayuk

@kylegrayuk

www.kylegrayuk.co.uk